SAVOIR-FAIRE

Savoir-Faire

An Advanced
French Course

**Catrine Carpenter
and Elspeth Broady**

Consultant editor: Sarah Butler

London and New York

First published 2000
by Routledge
11 New Fetter Lane, London EC4P 4EE

Simultaneously published in the USA and Canada
by Routledge
29 West 35th Street, New York, NY 10001

Routledge is an imprint of the Taylor & Francis Group

© 2000 Catrine Carpenter and Elspeth Broady

Typeset in Goudy by Keystroke, Jacaranda Lodge, Wolverhampton
Printed and bound in Great Britain by The Bath Press, Bath

British Library Cataloguing in Publication Data
A catalogue record for this book is available from the British Library

Library of Congress Cataloguing in Publication Data
Carpenter, Catrine
    Savoir-faire : an advanced French course / Catrine Carpenter and Elspeth Broady.
        p. cm.
    Includes index.
        1. French language— Textbooks for foreign speakers—English.
I. Broady, Elspeth. II. Title.
PC2129.E5C375 1999
448.2′421—dc21   98–36168
                                                                        CIP

ISBN 0–415–13090–5
        0–415–13089–1 (Teacher's Book)
        0–415–15312–3 (Cassettes)

CONTENTS

Acknowledgements *vii*
Welcome to Savoir-Faire *1*
Introduction *5*

Chapters	Section 1 Écoute	Section 2 Découvrir	Section 3 Lecture	Section 4 Écoute	Section 5 Grammaire	Section 6 Stratégies	Section 7 Écoute	Section 8 Savoir-Faire
1 L'écrit et l'oral *17*	*Micro-campus: les villes d'origine*	Différents types de textes *Extraits de textes*	'Faut-il fuir Paris?' Témoignages	*Un jeune Stéphanois parle de sa ville*	La construction de la phrase I	Savoir lire! 'Faut-il fuir Paris?'	*Interview: images de Paris*	Faire des interviews Rédiger un article
2 La presse et les actualités *47*	*Interview: la presse en France*	Le journal *Chapeaux*	'La presse quotidienne en crise'	*Interview: le métier de journaliste*	La construction de la phrase II	Savoir réviser un texte	*Le journal de France inter*	Rédiger un article Éditer un journal
3 L'exposé écrit et oral *79*	*Micro-campus: faire un exposé*	L'exposé 'Internet: un cassetête pour les États'	Internet: un précurseur de réseau d'autoroutes	*Exposé: l'essor des nouvelles télécommuni-cations*	Le système des pronoms	Savoir intéresser son auditoire	*Reportage: la voiture électrique*	Faire un exposé
4 L'interpré-tation et la traduction *111*	*Interview: le métier d'interprète*	L'interprétation L'union politique est-elle possible? Les institutions-clés de la CE	'La montée vers Bruxelles de Jacques Santer'	*Interview avec Jacques Santer*	Les articles	Savoir traduire 'La cuisine anglaise sur le gril' *Grande Bretagne*	*Chronique: la visite de Jacques Chirac en*	Préparer un dossier de traductions Interpréter
5 Écrire un récit et savoir le lire *141*	*Micro-campus: lire pour son plaisir*	Les procédés narratifs *Débuts et fins de romans*	*Vendredi ou la vie sauvage*	*Interview avec Michel Tournier*	Les temps du passé; la forme en *ant*	Savoir lire à haute voix	*Récit: Le Petit Prince*	Écrire un récit Lire un récit devant un auditoire
6 L'enquête: interviews et questionnaires *169*	*Micro-campus: attitudes des jeunes*	L'enquête *Les Français et la politique*	*Interview avec J. Mossuz-Lavau: Les Français et la politique***	*Le questionnaire de Balladur**	Les questions	Savoir rapporter et commenter *Courrier de star . . . Au hit-parade des préoccupations . . .*	*Sondage: valeurs et sports*	Mener une enquête Écrire un rapport
7 Du gag au scénario *201*	*Micro-campus: l'humour*	L'humour *Des blagues Le Chat Les Frustrés*	**Vive le rire-plaisir** *Sketch de Raymond Devos***	*Les Apprentis**	Les verbes pronominaux *Faire + infinitif*	Savoir écrire des indications scéniques	*Comptes-rendus de films**	Rédiger un compte-rendu de film Rédiger un scénario

CONTENTS

8 Lettre à la presse et débat 229	Le téléphone sonne: droits des femmes	L'argumentation Extraits du courrier des lecteurs	Femmes et politique	Débat: la parité en politique	Le subjonctif dans la proposition complétive Le conditionnel	Savoir débattre	Taslima face aux filles voilées *	Mener un débat Rédiger une lettre à la presse
9 Le CV et l'entretien 261	Micro-campus: l'expérience professionnelle	Les démarches nécessaires pour décrocher un emploi Lettres de candidature CV	Votre CV à la loupe	Interview avec une conseillère d'orientation	Le subjonctif	Savoir se préparer à un entretien	Entretien professionnel	Rédiger une lettre de candidature spontanée Passer un entretien
10 La table ronde et le rapport 289	Le téléphone sonne: l'exclusion	La table ronde: Le dossier d'information	L'insertion en campagne	Table ronde: vaincre l'exclusion	Les auxiliares de mode Le conditionnel passé L'expression de la quantité	Savoir intervenir	Le rôle majeur des institutions dans la solidarité *	Organiser une table ronde Écrire un rapport

* Dans les chapitres 6, 7, 8 et 10, certaines sections 'Écoute' sont consacrées à un passage de lecture.

** Dans les chapitres 6 et 7, la section 'Lecture' est consacrée à un enregistrement audio.

Les mots de la grammaire 316
Index des points grammaticaux 323

ACKNOWLEDGEMENTS

The authors and publishers would like to thank the following for permission to reproduce material in this book:

Casterman
Chapter 7, cartoons from *Le Chat* by Philippe Geluck © Casterman

Critique
Chapter 7, critique of *Buffet Froid* by Jacques Siclier © Critique

CNIDFF
Chapter 8, extract from *Femmes et Politique* by Claire Catimel © CNIDFF

Dell
Chapter 9, job advert © Dell

Denoël
Chapter 5, extract from *Les Vacances du Petit Nicolas* by Sempé-Goscinny © Éditions Denoël

La Documentation Française
Chapter 3, 'Un défi universel' from 'Les autoroutes de l'information' – Collection 'Les rapports officiels' © La Documentation Française, Paris 1994

Édimédia
Chapter 5, portraits of Michel Tournier and Antoine de Saint-Exupéry © Édimédia

L'Événement
Chapter 8, extract from 'Article sur Lida Fariman' © L'Événement 1996

Gallimard
Chapter 5, extract and cover from *Vendredi ou la vie sauvage* by Michel Tournier © Éditions Gallimard, and extract and illustration from *Le Petit Prince* by Antoine de Saint-Exupéry © Éditions Gallimard

Peter Greenland
Chapters 8 and 9, portrait photographs © Peter Greenland 1998

Hachette
Chapter 5, extract from 'Hélène (Trois de mon enfance)' by Bertrand Solet in *Onze Nouvelles* © Hachette FLE, Paris

Chapter 7, extract from *Les Apprentis* by Pierre Salvadori and Philippe Harel published in the collection *Scénars*, Hachette Jeunesse © Arte Éditions/Hachette, 1996

ACKNOWLEDGEMENTS

La Croix
Chapter 10, 'L'insertion en campagne' and 'Le rôle majeur des institutions dans la solidarité' © La Croix

Le Monde
Chapter 2, 'La rédaction d'InfoMatin croit encore à la survie du titre' © Le Monde 8 January 1996

Chapter 2, Front page © Le Monde 8 January 1996

Chapter 2, 'Les quotidiens nationaux français' © Le Monde diplomatique February 1996

Chapter 4, 'La montée vers Bruxelles de Jacques Santer' © Le Monde 17 January 1995

Chapter 8, 'Menaces sur les droits des femmes' © Le Monde Dossiers et Documents October 1995

Le Point
Chapter 4, 'La cuisine anglaise sur le gril' by Marc Roche, Le Point no. 695 © Le Point

Chapter 6, 'Courrier de star pour Balladur' by François Dufay, Le Point no. 1147 © Le Point

Chapter 7, 'Sans Gêne et Sans Honte' by Michel Pascal, Le Point no. 1264 © Le Point

Le Soir Illustré
Chapter 7, 'Vive le rire-plaisir' by Joëlle Smets © Le Soir Illustré July 1989

Libération
Chapter 2, extract from article 'InfoMatin' © Libération 7 January 1996

Chapter 6, extract from 'Au hit-parade des préoccupations' by Vanessa Schneider © Libération 6 October 1994

Milan Presse
Chapter 2, 'La presse quotidienne en crise' by Jean-Luc Ferré and Françoise Le Moël, *Les Clés de l'Actualité* 24 January 1996 © Milan Presse

Chapter 3, 'Internet: un casse-tête pour les États' by Jean-François Collinot, *Les Clés de l'Actualité* 2 November 1995 © Milan Presse

Chapter 4, 'L'Euro, la monnaie de l'Europe' by Michel Heurteaux, *Les Clés de l'Actualité* 10 January 1996 © Milan Presse

Chapter 4, 'L'union politique est-elle possible?' by Michel Heurteaux, *Les Clés de l'Actualité* 14–20 March 1996 © Milan Presse

Nathan
Chapter 3, extract from *Guide de l'Europe des 15* by Boucher and Echkenazi © Nathan 1995

New York Times Syndicate
Chapter 1, 'Faut-il fuir Paris?' by Guillaume Malaurie, *L'Express* 1 February 1996 © New York Times Syndicate

Chapter 1, '90 mètres carrés contre 4 hectares' by Karen Saranga, *L'Express* 1 February 1996 © New York Times Syndicate

Chapter 1, 'Même dehors, on est enfermé' by Georges Dupuy, *L'Express* 1 February 1996 © New York Times Syndicate

Chapter 1, 'Il y a une vie après le périph' by Bernard Mazières, *L'Express* 1 February 1996 © New York Times Syndicate

Chapter 8, photo 'Une nouvelle révolution française', *L'Express* 6 June 1996 © New York Times Syndicate

Chapter 8, 'Une course d'endurance' graph, *L'Express* 13 June 1996 © New York Times Syndicate

Le Nouvel Observateur
Chapter 8, 'Taslima face aux filles voilées' by Edwin Schemla © Le Nouvel Observateur

Chapter 8, photo of three women by Vincent Migeat © Le Nouvel Observateur

Chapter 7, 'Vingt minutes pour comprendre' by Claire Brétécher, *Frustrés* 5 © Le Nouvel Observateur

Odile Jacob
Chapter 6, extract from 'Les Français et la Politique' by Janine Mossuz-Lavau © Odile Jacob

Office du Tourisme, Strasbourg
Chapter 1, extract from tourist brochure © Office du Tourisme, Strasbourg

Office for National Statistics
Chapter 2, table 'readings of national daily newspapers', *Social Trends*, Office for National Statistics, Crown © 1997

Christine Osborne
Chapter 5, image 'Desert island' © Christine Osborne Pictures

Rebondir
Chapter 9, 'Votre CV à la loupe' © Rebondir May 1994

Bob Seago
Chapter 2, journalist photos
Chapter 4, interpreter photo
Chapter 8, discussion photos
© Bob Seago

Gérard Rondeau
Chapter 2, photo H. © Gérard Rondeau

Paul Slater
Chapter page photos 1, 2, 5, 6, 9 and 10, © Paul Slater 1998

Tadeusz Paczula
Chapter 7, photos from 'Les Apprentis' © Tadeusz Paczula

WELCOME TO *SAVOIR-FAIRE*

Savoir-faire = know-how

Savoir-faire means 'know-how' or 'skill' – and that's what this book aims to help you develop: skills for using your French more effectively, know-how for approaching various language tasks, skills which are vital if you want to use French professionally.

Savoir = to know and to know how

Each chapter has a topic *and* a skill focus. As you learn more about French technological innovations, for example, in Chapter 3, you work on how to give successful presentations in French.

Faire = to do

The work in each of the ten chapters leads towards a final project, detailed in the SAVOIR-FAIRE section, which draws on the skills you have been practising. The project might be producing a newspaper, writing a scenario or producing a dossier of translations, but it will require from you creativity, research and organisational skill.

So what's in each chapter?

1.1 ÉCOUTE:
Micro-campus: les villes
- mots connecteurs
- l'accord du participe passé
À VOUS 1: interview et exposé

1.2 DÉCOUVRIR:
Différents types de textes
Extraits de textes
- les buts d'un texte
- noms → adjectifs

1.3 LECTURE:
'Faut-il fuir Paris?: témoignages'
- les registres

1.4 ÉCOUTE:
Un jeune Stéphanois parle de sa ville
À VOUS 2: rédiger un texte informatif

1.5 GRAMMAIRE:
La construction de la phrase I
- les compléments circonstanciels
- les compléments d'objet
- la proposition subordonnée
- ressources pour construire une phrase complexe
- la proposition infinitive
- l'apposition

1.6 STRATÉGIES:
Savoir lire!
'Faut-il fuir Paris?'
- utiliser différentes stratégies de lecture
- aborder un texte complexe
- deviner le sens des mots
- utiliser le dictionnaire
À VOUS 3: discussion sur Paris

1.7 ÉCOUTE:
Interview: images de Paris
- l'imparfait et le passé composé

1.8 SAVOIR-FAIRE:
Interviews
Article de 200 à 250 mots

Input

Each chapter is built around audio recordings (ÉCOUTE) and written texts (LECTURE), all taken from authentic sources. The recordings are mostly discussions or interviews; some have been specially recorded with a group of young francophones living in Britain, while others originate from the French radio station, *France inter*.

The sequence of exercises in the ÉCOUTE and LECTURE sections is similar:
▷ AVANT DE LIRE/D'ÉCOUTER: questions to get you thinking about the topic you are about to work on; vocabulary for you to check beforehand
▷ IDÉES: questions to guide your comprehension and interpretation
▷ MOTS ET EXPRESSIONS: exercises to focus on useful or unusual vocabulary
▷ STRUCTURES: exercises on grammar points illustrated in the passage

Skills, strategies and production

The DÉCOUVRIR section invites you to reflect on how different tasks, such as doing a translation, undertaking a survey or conducting an interview, are structured, so that *you* can become more effective in using *your* French in those areas. The STRATÉGIES section also focuses on approaches and techniques for performing tasks in French.

The À VOUS activities require oral or written production, such as a discussion or a short exposé. There are between three and five in each chapter and they provide opportunities for practising some of the skills that form the focus of the final SAVOIR-FAIRE section.

J ♥ la grammaire!

Grammar

Be warned – there's lots of grammar! But that dreaded G-word is really nothing more than an attempt to explain how a language works. These explanations can help *you* check whether *your* use of French is accurate or not. 'Grammar rules' are in fact interpretations – and you too can play the rule-making game. Throughout *Savoir-Faire* – both in the STRUCTURES exercises and in the central GRAMMAIRE section – we ask you to come up with your own explanations based on examples from the texts and audio passages.

  The GRAMMAIRE section in each chapter also provides detailed explanations and practice exercises on particular areas of grammar. Much of the information is presented in tables or lists for easy reference. You'll find an index of grammatical points at the end of the book on page 323.

In order to talk about the way French is organised, French grammatical terms such as *proposition subordonnée*, *antécédent* and *complément d'objet* are used. A glossary is provided at the end of the book on page 316.

The GRAMMAIRE sections do not deal with the conjugations of verbs and the endings of nouns and adjectives. These are areas which you will need to revise in the Introduction before you start on the main chapters.

Vocabulary

You will need to start, or restart, a vocabulary collection. First catch your vocabulary . . . then note it down in some kind of organised form. The more you organise your collection, the easier it will be to retrieve individual items. Some learners record words under thematic headings, others according to parts of speech (*noun*, *verb*, *adjective*, *adverb*), still others make lists of, say, fifteen key items of vocabulary from every text they read. What is important is that your vocabulary collection should contain useful specimens – not just a word jotted down with a translation, but the word in a phrase so that you have a record of how it is actually used. The MOTS ET EXPRESSIONS exercises will draw your attention to interesting words and phrases in the texts and audio passages, but you now need to take the initiative in collecting vocabulary which is useful to *you* – and of course, ensuring that it gets used!

INTRODUCTION

0.1 Testez-vous!

A Les noms

1 Donnez le féminin des noms masculins et le masculin des noms féminins:
une danseuse, un patron, une actrice, un technicien, une boulangère, un
élu, une avocate, un épicier, une Allemande, un Grec.

2 Donnez le pluriel des noms suivants:
l'ordinateur, l'hôpital, le travail, le feu.

3 Donnez le genre (*le* ou *la*) des noms suivants:
__ prononciation, __ collège, __ démocratie, __ problème, __ détail,
__ garage, __ développement, __ maison, __ voyage, __ République.

4 Remplissez les blancs avec *en*, *à* ou *de*:
une machine __ laver, une carte __ identité, un sac __ dos
une table __ bois, un carnet __ chèques, une montre __ or.

B Les adjectifs

1 Formez un adjectif à partir de chacun des noms suivants:
la région, la publicité, le danger, une impression, la justice, la province,
l'histoire, le problème, le progrès, l'école.

2 Placez l'adjectif entre parenthèses dans la phrase. Faites les accords
nécessaires.
   a. C'est un *arbre* qui est tombé. (vieux)
   b. Nous avons passé des *années* à l'étranger. (long)
   c. La *main d'œuvre* a afflué après 1950. (étranger)
   d. Elle habite dans un *appartement*. (nouveau)
   e. Tu veux une *boisson*? (frais)
   f. Victor Hugo était un *écrivain*. (grand)
   g. Mon *copain* travaillait dans un supermarché. (ancien)
   h. Les *enfants* avaient dû attendre trois heures à la gare. (pauvre)
   i. Il m'a acheté une *montre*. (cher)
   j. L'année dernière, il nous est arrivé le *problème*. (même)

C | Les verbes

1   Remplissez les blancs ci-dessous avec l'un des verbes encadrés, au temps du présent:

> *vendre – finir – lire – être – dire – prendre – devoir – connaître – habiter – faire*

   a.   Elles _____ passer un concours pour entrer à l'université.
   b.   Qu'est-ce que vous _____ ce soir? Vous sortez?
   c.   Les Français _____ peu la presse quotidienne.
   d.   Les enfants _____ toujours le train de 7h45.
   e.   Nous _____ très satisfaits de ce travail.
   f.   J'aime les films qui _____ bien.
   g.   Est-ce que tu — les Monnier? Ils _____ en face de chez toi.
   h.   Vous _____ que le gouvernement va tomber? Ce n'est pas possible!
   i.   L'été, je _____ des glaces et des boissons fraîches sur la plage.

2   Dans chacune des phrases suivantes, il y a deux erreurs. Corrigez-les:
   a.   Comment vous appeller-vous?
   b.   Elle s'achète très souvent des vêtement, puis elle les revends.
   c.   Je jette touts les publicités que je recois.
   d.   Lorsque j'été en Afrique, je nagais tous les jours.
   e.   J'espére qu'il va bientôt m'appelé .
   f.   Cet été, j'iré en Espagne si j'ait suffisamment d'argent.
   g.   Elle ne pouvez pas participer à la course car elle ne savez pas conduire.
   h.   Il c'est rendu compte qu'il avait oublier son argent chez lui.
   i.   Je voudrai vous parler de mon projets.
   j.   Quand j'ai arrivé chez elle, elle n'été toujours pas levée.

3   Mettez les verbes entre parenthèses au temps voulu:
   a.   En 1995, je (aller) aux États-Unis.
   b.   Quand le médecin est arrivé, le malade (se lever) déjà.
   c.   Ma fille (aimer) faire une carrière dans l'enseignement. Mais c'est trop tard maintenant. Elle (partir) vivre à l'étranger.
   d.   Si j'avais un emploi, je (pouvoir) me payer une voiture.
   e.   Elles (terminer) leur travail lundi prochain.
   f.   Il faut que vous (faire) attention à ne pas tirer sur le fil.
   g.   Au fond du café, il y avait un jeune homme qui (lire) un roman.
   h.   Après avoir parlé au directeur, Jeanne (quitter) son bureau et (se diriger) vers la gare.

Corrigé

Calculez votre score sur 100.

A1 (*1 point pour chaque réponse correcte*) un danseur, une patronne, un acteur, une technicienne, un boulanger, une élue, un avocat, une épicière, un Allemand, une Grecque.

A2 (*1 point pour chaque réponse correcte*) les ordinateurs, les hôpitaux, les travaux, les feux.

A3 (*1 point pour chaque réponse correcte*) **la prononciation, le collège, la démocratie, le problème, le détail, le garage, le développement, la maison, le voyage, la République.**

A4 (*1 point pour chaque réponse correcte*) une machine **à** laver, une carte d'identité, un sac **à** dos, une table **en** bois, un carnet **de** chèques, une montre **en** or.

B1 (*1 point pour chaque réponse correcte*) régional, publicitaire, dangereux, impressionnant, judiciaire, provincial, historique, problématique, progressif, scolaire.

B2 (*1 point pour chaque réponse correcte*) (a) un vieil arbre, (b) de longues années (*voir 4.5C*), (c) la main d'oeuvre étrangère, (d) un nouvel appartement, (e) une boisson fraîche, (f) un grand écrivain, (g) mon ancien copain, (h) les pauvres enfants, (i) une montre chère, (j) le même problème.

C1 (*1 point pour le choix correct du verbe, 1 point pour la forme correcte*) (a) doivent, (b) faites, (c) lisent, (d) prennent, (e) sommes, (f) finissent, (g) connais, habitent, (h) dites, (i) vends.

C2 (*½ point pour chaque réponse correcte*) (a) Comment vous appelez-vous? (b) Elle s'achète très souvent des vêtements, puis elle les revend. (c) Je jette toutes les publicités que je reçois. (d) Lorsque j'étais en Afrique, je nageais tous les jours. (e) J'espère qu'il va bientôt m'appeler. (f) Cet été, j'irai en Espagne si j'ai suffisamment d'argent. (g) Elle ne pouvait pas participer à la course car elle ne savait pas conduire. (h) Il s'est rendu compte qu'il avait oublié son argent chez lui. (i) Je voudrais vous parler de mes projets. (j) Quand je suis arrivé chez elle, elle n'était toujours pas levée.

C3 (*2 points pour chaque réponse correcte*) (a) je suis allé(e), (b) s'était déjà levé (*voir 5.5B*), (c) aurait aimé (*voir 10.5E*) elle est partie, (d) pourrais (*voir 10.5F*), (e) termineront, (f) fassiez (*voir 8.5C*), (g) lisait, (h) a quitté, s'est dirigée.

0.2	Les noms

A Genres et formation des noms

MASCULIN	FÉMININ
un voisin	une voisine
un fermier	une fermière
un mécanicien	une mécanicienne
un instituteur	une institutrice
un coiffeur	une coiffeuse*

SINGULIER	PLURIEL
l'université	les universités
l'eau, le feu	les eaux, les feux
le temps, la voix, le nez	les temps, les voix, les nez
l'hôpital, le travail	les hôpitaux, les travaux
	≠ les festivals, les détails

* Les noms dérivés de verbes prennent la terminaison 'euse': coiffer – coiffeur – coiffeuse.

B Rapport entre la terminaison et le genre

MASCULIN			FÉMININ		
Terminaisons		Exceptions	Terminaisons		Exceptions
-age	sondage	*plage, page*	-ace, -ade	façade	*stade, grade*
-ai, -oi	emploi	*foi, loi*	-aison	saison	
-al, -ail, -eil	animal		-aine, -eine	semaine	*domaine*
-euil	fauteuil		-ance, -anse	France	
-at	baccalauréat		-ande	demande	
-eau	chapeau	*eau, peau*	-ée	matinée	*lycée, musée*
-ège, -ème	collège	*crème*	-ence, -ense	turbulence	*silence*
-er, -ier	papier	*mer*	-èche, -èque	flèche	*chèque*
-et	projet		-èse, ève	grève	
-isme, -asme	tourisme		-ie	philosophie	*parapluie*
-ment	monument		-ière	prière	
-oir	couloir		-ine	vitrine	*magazine*
-ou	bijou		-ique	informatique	*graphique*
			-ise	expertise	
			-sion/tion	solution	
			-tié	moitié	
			-tude	certitude	
			-ure	culture	
			-double		
			consonne + e	assiette	*verre, tonnerre*
				caisse	

C | À, *de*, *en* + nom

CONSTRUCTION	LA FONCTION DU DEUXIÈME NOM	EXEMPLE
Nom + *de* + nom	• joue le rôle d'adjectif • indique la composition, le contenu	une salle de classe un chapeau de cuir une bouteille de lait
Nom + *à* + nom **Nom + *à* + verbe**	• indique la fonction du premier nom • apporte une description • indique la fonction du premier nom • indique l'obligation ou la nécessité	une boîte à lettres la robe à fleurs une machine à laver une lettre à écrire
Nom + *en* + nom	• indique la composition • indique la façon dont quelqu'un est habillé • la manière dont quelque chose est disposé	une robe en soie l'homme en T shirt le jardin en terrasses

0.3 | Les adjectifs

A | Formation des adjectifs

Un adjectif s'accorde en genre et en nombre avec le nom auquel il se rapporte.

MASCULIN		FÉMININ	
Singulier	Pluriel	Singulier	Pluriel
grand	grands	grande	grandes
gras	gras	grasse	grasses
public	publics	publique	publiques
blanc	blancs	blanche	blanches
sec	secs	sèche	sèches
rapide	rapides	rapide	rapides
pareil	pareils	pareille	pareilles
tel	tels	telle	telles
canadien	canadiens	canadienne	canadiennes
dernier	derniers	dernière	dernières
neuf	neufs	neuve	neuves
long	longs	longue	longues
gentil	gentils	gentille	gentilles
bon	bons	bonne	bonnes
français	français	française	françaises
frais	frais	fraîche	fraîches
furieux	furieux	furieuse	furieuses
faux	faux	fausse	fausses

B Les adjectifs irréguliers

On utilise la forme en italique lorsque l'adjectif précède un nom masculin singulier commençant par une voyelle: *le nouvel an* mais *le nouveau professeur*.

MASCULIN		FÉMININ	
Singulier	Pluriel	Singulier	Pluriel
beau / *bel*	beaux	belle	belles
nouveau / *nouvel*	nouveaux	nouvelle	nouvelles
vieux / *vieil*	vieux	vieille	vieilles

C | La position des adjectifs

La plupart des adjectifs se placent **après** le nom: *l'étudiante **anglaise***. Certains,
couramment employés, se placent généralement **avant** le nom:

beau, joli	≠	vilain	*C'est une **belle** cathédrale gothique*
gentil, excellent, bon	≠	mauvais	*C'est une **excellente** performance*
meilleur	≠	pire	*C'est la **meilleure** note de la classe*
long, gros			*Quelle **longue** route!*
nouveau, jeune	≠	vieux	*C'est un **jeune** garçon suédois*
petit	≠	grand	*C'est une **petite** maison blanche*

Certains adjectifs changent de sens selon leur position:

former	ancien	*old*	une **ancienne** élève	un meuble **ancien**
nice	brave	*courageous*	un **brave** homme	un homme **brave**
certain	certain	*undeniable*	un **certain** jour	un fait **certain**
dear	cher	*expensive*	mon **cher** Michel	une montre **chère**
last, lastest	dernier	*previous*	le **dernier** numéro	l'année **dernière**
various	différent	*different*	les **différentes** images	les approches **différentes**
great	grand	*tall*	une **grande** actrice	une homme **grand**
same	même	*very*	la **même** chose	au centre **même** du sujet
unfortunate	pauvre	*not rich*	**pauvre** Didier!	un pays **pauvre**
own	propre	*clean*	ma **propre** idée	une ville **propre**
only	seul	*alone, lonely*	la **seule** possibilité	l'homme **seul**
real	vrai	*true*	un **vrai** problème	une histoire **vraie**

D | Les adjectifs possessifs et démonstratifs

Ils **précèdent** le nom auquel ils se rapportent et s'accordent **en genre** et en
nombre avec celui-ci.

> ***Mon** frère étudie à l'université; **ma** sœur a deux ans de plus que moi.*
> ***Cette** fois-ci tu as raison; **ces** derniers jours, le temps a été épouvantable.*

LES ADJECTIFS POSSESSIFS			LES ADJECTIFS DÉMONSTRATIFS
mon*	ma	mes	ce/cet** cette ces
ton*	ta	tes	
son*	sa	ses	
notre	notre	nos	
votre	votre	vos	
leur	leur	leurs	

*mon, ton, son remplacent *ma, ta, sa* lorsque ceux-ci précèdent un nom féminin commençant par une voyelle: **mon** *amie*, **ton** *arrivée*, **son** *élégance*.

ce est remplacé par cet lorsqu'il précède un nom masculin commençant par une voyelle ou un *h* aspiré: **cet *hôtel*; **cet** *homme*

0.4   Les verbes

A   Les groupes de verbes

GROUPES	INFINITIF	PARTICIPE PRÉSENT	PARTICIPE PASSÉ
1 -ER	parler	parlant	parlé
2 -IR	finir	finissant	fini
3 -RE	vendre	vendant	vendu

B   Pour conjuguer un verbe

RADICAL   +   TERMINAISON
parler   e, es, e, ons, ez, ent (*présent*) ▷ Je parle, tu parles . . .

C La formation des verbes réguliers

Temps simples

Temps	Groupe 1 PARL–ER	Groupe 2 FIN–IR	Groupe 3 VEND-RE
Présent	**parl**-e, es, e, ons, ez, ent	**fin**-is, is, it, issons, issez, issent	**vend**-s, s, _ , ons, ez, ent
Futur	**parl**-erai, eras, era, erons, erez, eront	**fin**-irai, iras, ira, irons, irez, iront	**vend**-rai, ras, ra, rons, rez, ront
Conditionnel	**parl**-erais, erais, erait, erions, eriez, eraient	**fin**-irais, irais, irait, irions, iriez, iraient	**vend**-rais, rais, rait, rions, riez, raient
Imparfait	**parl**-ais, ais, ait ions, iez, aient	**finiss**-ais, ais, ait, ions, iez, aient	**vend**-ais, ais, ait, ions, iez, aient
Passé simple	**parl**-ai, as, a, âmes, âtes, èrent	**fin**-is, is, it, îmes, îtes, irent	**vend**-is, is, it, îmes, îtes, irent
Subjonctif	**parl**-e, es, e, ions, iez, ent	**finiss**-e, es, e, ions, iez, ent	**vend**-e, es, e, ions, iez, ent
Impératif	**parl**-e, ons, ez	**fin**-is, issons, issez	**vend**-s, ons, ez
Participe passé présent	**parl**-é **parl**-ant	**fin**-i **finiss**-ant	**vend**-u **vend**-ant

Les temps composés	Auxiliaire avoir	Auxiliaire être*
Passé composé J'ai parlé, je suis parti	ai, as, a, avons, avez, ont	suis, es, est, sommes, êtes, sont
Plus-que-parfait J'avais parlé, j'étais parti	avais, avais, avait, avions, aviez, avaient	étais, étais, était, étions, étiez, étaient
Futur antérieur J'aurai parlé, je serai parti	aurai, auras, aura, aurons, aurez, auront	serai, seras, sera, serons, serez, seront
Conditionnel passé J'aurais parlé, je serais parti	aurais, aurais, aurait, aurions, auriez, auraient	serais, serais, serait, serions, seriez, seraient

Temps composés

*Se conjuguent avec *être*: les verbes pronominaux (**se** regarder, **se** laver, etc.)
et un certain nombre de verbes, en général de mouvement: *aller, venir, arriver,
(re)partir, naître, mourir, rentrer, sortir, (re)monter, descendre, rester, retourner,
tomber.*

L'accord du participe passé

Avec l'auxiliaire *avoir*: l'accord se fait avec un **complément d'objet direct** placé avant le verbe:

Les enfants? Je *les* ai vus tout à l'heure.

Avec l'auxiliaire *être*: l'accord se fait avec le **sujet**:

Elle s'est couchée tard hier soir.

D Verbes irréguliers

Infinitif Participe présent	Présent		Futur Conditionnel	Imparfait Passé composé	Passé simple	Subjonctif présent
aller allant	je vais tu vas il va	nous allons vous allez ils vont	j'irai j'irais	j'allais je suis allé	j'allai il alla ils allèrent	j'aille nous allions ils aillent
s'asseoir s'asseyant	je m'assieds/ *ou* je m'assois tu t'assieds il s'assied	nous nous asseyons vous vous asseyez ils s'asseyent	je m'assiérai je m'assiérais	je m'asseyais je me suis assis	je m'assis il s'assit ils s'assirent	je m'asseye nous nous asseyions ils s'asseyent
avoir ayant	j'ai tu as il a	nous avons vous avez ils ont	j'aurai j'aurais	j'avais j'ai eu	j'eus il eut ils eurent	j'aie nous ayons ils aient
connaître connaissant	je connais tu connais il connaît	nous connaissons vous connaissez ils connaissent	je connaîtrai je connaîtrais	je connaissais j'ai connu	je connus il connut ils connurent	je connaisse nous connaissions ils connaissent
croire croyant	je crois tu crois il croit	nous croyons vous croyez ils croient	je croirai je croirais	je croyais j'ai cru	je crus il crut ils crurent	je croie nous croyions ils croient
devoir devant	je dois tu dois il doit	nous devons vous devez ils doivent	je devrai je devrais	je devais j'ai dû	je dus il dut ils durent	je doive nous devions ils doivent
dire disant	je dis tu dis il dit	nous disons vous dites ils disent	je dirai je dirais	je disais j'ai dit	je dis il dit ils dirent	je dise nous disions ils disent
écrire écrivant	j'écris tu écris il écrit	nous écrivons vous écrivez ils écrivent	j'écrirai j'écrirais	j'écrivais j'ai écrit	j'écrivis il écrivit ils écrivirent	j'écrive nous écrivions ils écrivent
envoyer envoyant	j'envoie tu envoies il envoie	nous envoyons vous envoyez ils envoient	j'enverrai j'enverrais	j'envoyais j'ai envoyé	j'envoyai il envoya ils envoyèrent	j'envoie nous envoyions ils envoient

Infinitif Participe présent	Présent		Futur Conditionnel	Imparfait Passé composé	Passé simple	Subjonctif présent
être étant	je suis tu es il est	nous sommes vous êtes ils sont	je serai je serais	j'étais j'ai été	je fus il fut ils furent	je sois nous soyons ils soient
faire faisant	je fais tu fais il fait	nous faisons vous faites ils font	je ferai je ferais	je faisais j'ai fait	je fis il fit ils firent	je fasse tu fasses ils fassent
falloir	il faut		il faudra il faudrait	il fallait il a fallu	il fallut	il faille
lire lisant	je lis tu lis il lit	nous lisons vous lisez ils lisent	je lirai je lirais	je lisais j'ai lu	je lus il lut ils lurent	je lise nous lisions ils lisent
mettre mettant	je mets tu mets il met	nous mettons vous mettez ils mettent	je mettrai je mettrais	je mettais j'ai mis	je mis il mit ils mirent	je mette nous mettions ils mettent
ouvrir ouvrant	j'ouvre tu ouvres il ouvre	nous ouvrons vous ouvrez ils ouvrent	j'ouvrirai j'ouvrirais	j'ouvrais j'ai ouvert	j'ouvris il ouvrit ils ouvrirent	j'ouvre nous ouvrions ils ouvrent
partir partant	je pars tu pars il part	nous partons vous partez ils partent	je partirai je partirais	je partais je suis parti	je partis il partit ils partirent	je parte nous partions ils partent
pleuvoir	il pleut		il pleuvra il pleuvrait	il pleuvait il a plu	il plut	il pleuve
pouvoir pouvant	je peux tu peux il peut	nous pouvons vous pouvez ils peuvent	je pourrai je pourrais	je pouvais j'ai pu	je pus il put ils purent	je puisse nous puissions ils puissent
prendre prenant	je prends tu prends il prend	nous prenons vous prenez ils prennent	je prendrai je prendrais	je prenais j'ai pris	je pris il prit ils prirent	je prenne nous prenions ils prennent
recevoir recevant	je reçois tu reçois il reçoit	nous recevons vous recevez ils reçoivent	je recevrai je recevrais	je recevais j'ai reçu	je reçus il reçut ils reçurent	je reçoive nous recevions ils reçoivent
savoir sachant	je sais tu sais il sait	nous savons vous savez ils savent	je saurai je saurais	je savais j'ai su	je sus il sut ils surent	je sache nous sachions ils sachent
sortir sortant	je sors tu sors il sort	nous sortons vous sortez ils sortent	je sortirai je sortirais	je sortais je suis sorti	je sortis il sortit ils sortirent	je sorte nous sortions ils sortent

INTRODUCTION

Infinitif Participe présent	Présent		Futur Conditionnel	Imparfait Passé composé	Passé simple	Subjonctif présent
suivre suivant	je suis tu suis il suit	nous suivons vous suivez ils suivent	je suivrai je suivrais	je suivais j'ai suivi	je suivai il suivit ils suivirent	je suive nous suivions ils suivent
tenir tenant	je tiens tu tiens il tient	nous tenons vous tenez ils tiennent	je tiendrai je tiendrais	je tenais j'ai tenu	je tins il tint ils tinrent	je tienne nous tenions ils tiennent
venir venant	je viens tu viens il vient	nous venons vous venez ils viennent	je viendrai je viendrais	je venais je suis venu	je vins il vint ils vinrent	je vienne nous venions ils viennent
vivre vivant	je vis tu vis il vit	nous vivons vous vivez ils vivent	je vivrai je vivrais	je vivais j'ai vécu	je vécus il vécut ils vécurent	je vive nous vivions ils vivent
voir voyant	je vois tu vois il voit	nous voyons vous voyez ils voient	je verrai je verrais	je voyais j'ai vu	je vis il vit ils virent	je voie nous voyions ils voient
vouloir voulant	je veux tu veux il veut	nous voulons vous voulez ils veulent	je voudrai je voudrais	je voulais j'ai voulu	je voulus il voulut ils voulurent	je veuille nous voulions ils veuillent

1

l'écrit et l'oral

1.1 ÉCOUTE:

Micro-campus: les villes
- les mots connecteurs
- l'accord du participe passé

À VOUS 1: interview et exposé

1.2 DÉCOUVRIR:

Les différents types de textes
Extraits de textes
- les buts d'un texte
- noms → adjectifs

1.3 LECTURE:

'Faut-il fuir Paris?: témoignages'
- les registres

1.4 ÉCOUTE:

Un jeune Stéphanois parle de sa ville
À VOUS 2: rédiger un texte informatif

1.5 GRAMMAIRE:

La construction de la phrase I
- les compléments circonstanciels
- les compléments d'objet
- la proposition subordonnée
- ressources pour construire une phrase complexe
- la proposition infinitive
- l'apposition

1.6 STRATÉGIES:

Savoir lire!
'Faut-il fuir Paris?'
- utiliser différentes stratégies de lecture
- aborder un texte complexe
- deviner le sens des mots
- utiliser le dictionnaire

À VOUS 3: discussion sur Paris

1.7 ÉCOUTE:

Interview: images de Paris
- l'imparfait et le passé composé

1.8 SAVOIR-FAIRE:

Interviews
Article de 200 à 250 mots

1.1 *ÉCOUTE* Micro-campus: les villes

Dans l'interview suivante, quatre francophones parlent de leur ville d'origine. Il s'agit de trois grandes villes françaises et de la capitale de la plus grande communauté francophone outre-mer – la province du Québec.

A Avant d'écouter

Quels pays francophones avez-vous visités? Quelles villes francophones connaissez-vous? Quelles villes francophones aimeriez-vous visiter ou revisiter? Regardez la liste de villes ci-dessous: les connaissez-vous?

B Idées

Ecoutez une première fois cette interview et remplissez la grille. Parmi ces quatre villes, laquelle vous plairait le plus? Pour quelles raisons?

INTERVENANT	VILLE	SITUATION GÉOGRAPHIQUE CARACTÉRISTIQUES	ADJECTIFS
Didier	Lille		
Marie	Lyon		
Édith	Paris		
Jocelyne	Québec		

Expressions québecquoises: les pâtes et papier = the paper pulping industry, je suis très **choyée** = je me sens très privilégiée, je me sens très chanceuse = j'ai la chance de . . . Les Halles: quartier de Paris, emplacement jusqu'en 1969 de tous les commerces alimentaires de gros. À la place du marché, un centre commercial *Le Forum des Halles* a été construit.

C Mots et expressions

Qu'entendez-vous par les expressions en italique?

1 J'ai une image de Lyon comme une ville *un peu embourgeoisée*
2 C'était une ville avec une *vie de quartier*
3 . . . donc *un quartier très populaire*
4 il y a un peu *le cachet français*

D Structures

Les mots connecteurs: *donc, puis, ensuite, alors* » 1.5, 2.5, 6.3, 8.3

> Didier: . . . Lille est un point stratégique entre, donc, Paris, Londres et Bruxelles . . . donc, c'est au cœur. Et on a construit, donc, des complexes de bureaux et puis beaucoup de grandes entreprises sont venues s'y installer.
>
> Jocelyne: Je viens de la province de Québec, plus précisément de la ville de Québec. Alors, c'est la plus vieille ville francophone en Amérique du Nord. Elle a été fondée en 1608 par Champlain, donc on a d'abord été colonie française et ensuite on est devenu colonie anglaise . . . c'est une ville gouvernementale, donc il n'y a pas beaucoup d'industries . . . près de la montagne aussi, donc on peut faire du ski l'hiver . . . Il y a un peu le cachet français, donc beaucoup de cafés . . .

Ces mots s'emploient beaucoup dans la conversation, comme vous avez pu le constater. Ils permettent de relier des phrases entre elles. À partir des exemples ci-dessus et d'une réécoute attentive, expliquez les différences d'usage entre ces quatre mots.

L'accord du participe passé « 0.4 » 6.1, 10.1

> a. c'est une ville qui s'est beaucoup ouverte sur l'extérieur
> b. beaucoup de grandes entreprises sont venues s'y installer
> c. Elle vous a convaincus, j'espère?

Quand doit-on 'accorder' le participe passé, c'est-à-dire mettre *e*, *s* ou *es* pour indiquer une relation avec un nom dans la phrase? Regardez les exemples ci-dessus et justifiez l'accord dans chacun des cas.

À VOUS 1 | *INTERVIEW ET EXPOSÉ*

Interview

1   Faites une liste de dix adjectifs pour décrire votre ville d'origine. Notez les aspects positifs et négatifs de votre ville.

2   Interviewez d'autres étudiants sur leur ville d'origine. Notez les différents adjectifs qu'ils utilisent. Rapportez ce qu'ils vous ont dit devant la classe.

Exposé

1   Il y a différentes façons de parler d'une ville; on peut parler de:
   ▷   son histoire
   ▷   sa situation géographique
   ▷   son caractère social et économique
   Notez d'autres aspects à aborder.

2   Vous allez parler pendant deux minutes d'une ville de votre choix selon une des différentes approches notées ci-dessus. Vous avez cinq minutes pour préparer votre petit exposé. Puis chaque membre du groupe parlera à tour de rôle pendant deux minutes.

1.2 *DÉCOUVRIR*   Différents types de textes

A   Les buts d'un texte

Toute communication, qu'elle soit écrite ou orale, a un but. Un locuteur ou un scripteur adresse un message à un(e) destinataire dans un contexte de communication particulier, avec un but explicite ou implicite. On peut distinguer cinq buts généraux:

NARRATIF	**raconter une histoire, rapporter des faits**
DESCRIPTIF	**décrire un lieu, un personnage, une situation**
ARGUMENTATIF	**exprimer une prise de position, persuader, convaincre, argumenter**
INFORMATIF	**informer, exposer, analyser, expliquer**
AFFECTIF	**créer ou maintenir une relation avec le destinataire**

Bien évidemment, cette typologie n'est pas exhaustive – et il ne s'agit pas de catégories exclusives: différentes parties d'un même texte peuvent en effet avoir des buts différents. Par exemple, le but d'un roman est le plus souvent de raconter une histoire, mais pour situer cette histoire, on trouvera des passages à caractère descriptif. De même, un texte argumentatif – par exemple, un éditorial dans un journal – comportera des séquences informatives où l'auteur expose une situation pour appuyer sa prise de position.

   Différents types de textes peuvent se classer dans ces catégories. Par exemple, une publicité, un éditorial et un article scientifique ont tous un but argumentatif dans le sens où ils cherchent à convaincre le destinataire d'une thèse, que ce soit 'X est meilleur que Y: achetez-le!' ou 'X est la seule explication raisonnable: croyez-moi!'. Mais les moyens utilisés pour atteindre le but sont différents. Dans le cas d'une publicité, on cherche souvent à convaincre par le côté affectif, en insistant sur le caractère séduisant du produit. Par contre, l'auteur d'un article scientifique adopte un ton objectif, cherchant à persuader par la logique de ses arguments et ses preuves, et non pas par le pouvoir affectif de ses affirmations.

B Analyse

Comparez les cinq extraits de textes ci-dessous. Pour chacun:

1 Identifiez **le genre** (article de journal, lettre personnelle, publicité etc.).
2 Identifiez **le but** (narratif, descriptif, argumentatif etc.).
3 Résumez l'essentiel du **contenu**.
4 Commentez les différences de **style** (vocabulaire, syntaxe, structure etc.).
5 Évaluez **la difficulté** de chaque texte (1 = très difficile à lire; 5 = très facile) et justifiez votre jugement.

Les Franciliens = les habitants de l'Île de France, la région dans laquelle se trouve Paris
la délocalisation = relocation (*of companies*)
le RER = le réseau express régional, le 'métro' pour la banlieue parisienne.
la Madeleine = l'église de la Madeleine à Paris

Extraits de textes

1

ST. ÉTIENNE, chef-lieu du département de la Loire, situé à 462 km au sud-est de Paris et à 59 km au sud-ouest de Lyon, avec une population de 201 569. Ville universitaire, ses principales activités économiques sont la métallurgie et le textile.

Très tôt l'exploitation de la 'trilogie hercynienne' (eau, forêt, mine) a conféré à Saint-Étienne une vocation artisanale et manufacturière. La révolution industrielle renforce cette situation en faisant de St.-Étienne l'une des plus précoces aires industrielles du pays, autour de trois spécialisations majeures: charbon, textile, métallurgie, aujourd'hui toutes trois frappées à la fois par la crise économique et la crise technologique.

L'extraction houillère a cessé en 1983. La métallurgie a dû accentuer sa diversification: aux productions d'armes et d'armements se sont ajoutées les spécialisations de la machine-outil, tandis que la mécanique générale et de sous-traitance automobile se diversifiait aussi.

2

Les Franciliens sont-ils des enfants gâtés? Les réactions provoquées par l'annonce de délocalisation d'établissements publics du cœur de Paris pourraient le laisser croire.

Certes, les habitants de l'**Île de France** disposent d'un bon réseau de transport en commun, d'une proximité des lieux de décision et d'un marché d'emploi envié par nombre des autres régions de France. Mais vivre dans l'un des plus beaux jardins du monde n'est pas chose aisée. Faire cohabiter ensemble dix millions d'individus implique des contraintes.

Elle court, elle court la banlieue, du RER au métro, entre deux embouteillages, entre deux gares, pour quitter un univers de béton et rejoindre l'univers de bureaux. Les Franciliens veulent profiter du patrimoine culturel et économique sans sacrifier une qualité de vie quotidienne. Ils devront apprendre à mieux partager leurs richesses avec leurs voisins immédiats et leurs cousins de province.

3

Strasbourg est une ville moderne et dynamique, au rayonnement international, où le passé reste inscrit dans un harmonieux décor de pierre dont l'élément le plus précieux est la Cathédrale, témoignage éclatant de l'art européen au Moyen-Âge et symbole de la cité. Siège du Conseil de l'Europe et du Parlement Européen, Strasbourg est une ville qui a su conserver le charme d'une cité où il fait bon vivre. Sur le plan culturel, la ville a regroupé un chapelet de musées autour du secteur de la Cathédrale. La Petite-France et les quartiers du Vieux-Strasbourg proposent leur artisanat, leurs galeries, magasins d'antiquités et de souvenirs, ainsi que les 'winstub', débits de vin typiques aux spécialités régionales. Grâce à l'existence d'une infrastructure hôtelière performante, Strasbourg est en mesure d'offrir aux visiteurs des prestations d'accueil de qualité.

4

Ma chère Cécile,
Un petit mot de Biarritz... J'ai beaucoup pensé à toi ici, je me suis dit souvent que tu t'étais promenée dans ces rues-là. J'ai été un peu déçue, je m'attendais à quelque chose d'autre. C'est vrai, la plage est belle et les grands hôtels de luxe sur le front de mer sont impressionnants, mais toute cette splendeur un peu démodée me déprime. Par contre, Pau m'a beaucoup plu, on y a passé deux jours. Les Pyrénées sont magnifiques, on a fait quelques balades en montagne, ça m'a beaucoup reposée. J'espère que tout va bien pour toi. Je t'embrasse très fort.
Agnès

5

C'était une de ces soirées d'été où l'air manque dans Paris. La ville, chaude comme une étuve, paraissait suer dans la nuit étouffante [. . .] · Quand Georges Duroy parvint au boulevard, il s'arrêta encore, indécis sur ce qu'il allait faire. Il avait envie maintenant de gagner les Champs-Élysées et l'avenue du Bois de Boulogne pour trouver un peu d'air frais sous les arbres; mais un désir aussi le travaillait, celui d'une rencontre amoureuse [. . .]

Il tourna vers la Madeleine et suivit le flot de foule qui coulait accablé par la chaleur. Les grands cafés, pleins de monde, débordaient sur le trottoir, étalant leur public de buveurs sous la lumière éclatante et crue de leurs devantures illuminées. Devant eux, sur de petites tables carrées ou rondes, les verres contenaient des liquides rouges, jaunes, verts, bruns, de toutes les nuances; et dans l'intérieur des carafes on voyait briller les gros cylindres transparents de glace qui refroidissaient la belle eau claire.

GUY DE MAUPASSANT, *BEL-AMI* (1885)

C | Mots et expressions

Que signifient les expressions suivantes? Sans consulter de dictionnaire, proposez une traduction ou une explication:

1 l'une des plus précoces aires industrielles du pays (texte A)
2 Les Franciliens sont-ils des enfants gâtés? (texte B)
3 au rayonnement international (texte C)
4 où il fait bon vivre (texte C)
5 des prestations d'accueil de qualité (texte C)
6 une étuve (texte E)
7 accablé par la chaleur (texte E)

D Structures

Noms ◊ adjectifs « 0.3 » 5.4

Dans les textes informatifs (journalistiques et scientifiques), on trouve souvent des adjectifs formés à partir de noms:

> **a.** une infrastructure *hôtelière* (d'hôtels) = a hotel infrastructure
> **b.** l'extraction *houillère* (de la houille) = coal extraction, mining

Exercice 1

Voici encore des exemples. Trouvez les noms correspondant aux adjectifs en italique, puis traduisez ces expressions:

a. le secteur *étatisé* de l'industrie
b. des revendications *salariales* des syndicats
c. la zone *portuaire*
d. une station *balnéaire*

e. un centre *hospitalier*
f. la production *romanesque* d'un auteur
g. le trafic *fluvial*
h. une piste *cyclable*

Exercice 2

Comment traduit-on les expressions suivantes en français:

a. the road network
b. a blood group
c. the university system
d. a mining town
e. an advertising budget
f. a criminal record

1.3 *LECTURE* Faut-il fuir Paris?: témoignages

Vous allez lire trois témoignages qui font partie d'un dossier spécial intitulé 'Faut-il fuir Paris?', paru dans la revue hebdomadaire *L'Express*. Vous lirez un autre extrait de ce dossier dans la section 1.6. Vous trouverez un petit plan de la région parisienne à la page 43.

A | Avant de lire

1   Aimeriez-vous vivre à Paris? Pourquoi? Pourquoi pas?
2   Revoyez les notes que vous avez prises à partir de l'enregistrement 1.1. Que disait Édith, la Parisienne, sur sa ville d'origine?
3   Le dossier s'appelle 'Faut-il fuir Paris?' Notez les raisons possibles qu'auraient les habitants de la capitale de la fuir. Selon vous, quels secteurs de la population parisienne voudraient partir?

A

«Même dehors, on est enfermé»

Ras le bol de Paris! C'est décidé. Demain, dans un mois, dans six mois, la famille Boucharlat – Pierre-Yves, Chantal, sa femme, Benjamin (6 ans) et Manon (5 ans) – partira pour Bordeaux. Passe encore que la pollution n'arrange pas vraiment l'asthme de Chantal ou que Pierre-Yves en ait assez de conduire sa moto dans les fumées des pots d'échappement. «Je ne suis pas dans le trip écolo. À Paris, la pollution intellectuelle est encore plus importante», dit ce grand gars mince à barbiche, qui dénonce l'individualisme forcené régnant dans la capitale et les conditions de vie décalées. À 27 ans, après dix-sept ans de vie parisienne, Pierre-Yves veut s'en aller parce que, d'après lui, Paris n'est fait ni pour les familles, ni pour les jeunes parents, ni pour les enfants. «C'est une vitrine à laquelle nous n'avons plus accès. Et nous menons une vie de province sans la province», analyse-t-il. Ainsi, alors que Chantal et lui étaient, autrefois, plus souvent dehors que chez eux, ils ne sortent plus que le samedi soir: «Paris est super pour ceux qui n'ont pas de contraintes.» Coincés entre leurs obligations professionnelles et l'éducation de Benjamin et de Manon, ils ont vu leurs activités culturelles se réduire à presque rien. À quoi bon persister quand, de plus, la capitale n'est pas le cadre idéal pour élever ses enfants. «Ici, même dehors, ils sont enfermés. Alors comment voulez-vous qu'ils ne pètent pas les plombs en appartement? J'aimerais leur proposer une autre vie quotidienne», affirme Pierre-Yves, qui s'insurge contre «tous ces faux besoins que la capitale fait naître chez les gamins et chez les ados». Pour Benjamin et pour Manon, Pierre-Yves rêve d'authenticité, d'espace et de nature: «À Paris, il n'y a pas de saisons, il y a "beau" et "moche".»

Mais les Boucharlat n'ont pas fait une croix sur leurs amours parisiennes. Ils entendent bien remonter souvent à la capitale pour voir leurs amis et faire le plein de ciné et de sorties. Malgré tout, Paris sera toujours Paris.

Georges Dupuy

90 mètres carrés contre 4 hectares

«Si je sors de Paris, je meurs . . . » C'est du moins ce qu'Hélène Kassimatis, consultante dans les métiers de la mode, a cru pendant les trente-six premières années de sa vie. Jusqu'à ce que son mari, navigant sur Air France, ne supporte plus le bruit et la pression de la capitale et qu'elle se laisse convaincre, lasse de courir après le temps. «On a eu envie d'une maison, d'espace; de lever un peu le pied et profiter de nos deux enfants», résume-t-elle. Après avoir épluché durant deux ans les petites annonces du *Particulier*, visité «des trucs moches, chers ou sans âme», elle s'expatrie dans le Calvados au nom de la sacro-sainte qualité de la vie. «Il m'a fallu un grain de folie, une bonne dose d'optimisme, explique-t-elle, pour larguer ma ville! Toute une démarche pour me per-suader que j'existerais toujours à 180 kilomètres de Paris.» Point d'accostage: Les Tendres, un petit hameau de 20 habitants, sans tabac, sans bistrot. Mais une maison de 350 mètres carrés, avec 4 hectares de terrain, piscine, maison d'amis, boxes à chevaux! «Inimaginable à Paris.» Le boulot? Hélène existe encore. Elle organise désormais ses activités à partir de son domicile et gagne la cap-itale quand le devoir l'appelle. «C'est alors la vie de dingue qui recommence, mais ça me fait ap-précier ce que j'ai ici!» Seule ombre au tableau: le désert culturel de sa campagne. Hélène rêve d'une escapade hebdomadaire dans la capitale pour ne pas décrocher du monde. Elle envisage même de s'équiper d'une parabole pour recevoir les chaines par satellite: «Je ne suis pas venue ici pour m'enterrer.» Loin de Paris, mais toujours branchée.

Karen Saranga

B

C

«Il y a une vie après le périph'»

«Pour nous, Parisiens, il était inconcevable de franchir le périphérique pour aller nous installer en banlieue.» Mais, voilà. Quand, il y a six ans, le propriétaire de la petite maison que Régis et Anne-Monique Latimier louent du côté de Bercy, dans le XIIe arrondissement, leur annonce qu'il récupère son bien, ce couple d'architectes d'une trentaine d'années, avec, à l'époque, deux jeunes enfants et des revenus variant en fonction des marchés qu'ils décrochent, doit bien se ren-dre à l'évidence: pour 4 500 francs par mois – leur ancien loyer – ils ne trouveront rien d'équivalent dans la capitale. Acheter? Avec l'aide des parents et des banques, c'est possible. Du moins, ils le croyaient. «Grâce aux emprunts, on pouvait tabler sur 1 million de francs. Mais avec 1 million, dans Paris, on n'a rien ou presque», se rappelle Régis, qui n'a pas oublié le minuscule appartement de trois pièces donnant sur les voies de la gare de Lyon qu'on leur avait proposé pour ce prix.

La mort dans l'âme, ils se résignent à émigrer de l'autre côté du périph'. «On avait tous les clichés dans la tête, se sou-vient Anne-Monique. La peur de l'isolement, l'insécurité, les heures de voiture pour aller travailler.» Après avoir éliminé la banlieue ouest – trop chère – détesté celle du sud – trop laide – ils se décident pour l'est. Ce sera un pavillon à Fontenay-sous-Bois, de l'autre côté du bois de Vincennes, à une petite demi-heure de RER du centre de Paris. Pas vrai-ment l'enfer. Bien sûr, au début, leurs connaissances parisiennes se moquent un peu d'eux. «Dîner? Non. Mais on vien-dra passer le week-end!» Six ans plus tard, Anne-Monique et Régis n'ont pas perdu un seul de leurs amis. Ceux-ci viennent régulièrement passer la soirée chez eux, et inversement. «C'est vrai, nous avons la chance de pouvoir travailler à domicile, de ne pas avoir d'horaires fixes et, donc, de ne pas subir les encombrements aux portes de Paris. C'est un gros avantage», reconnaît Régis. Aujourd'hui, ils sont sous le charme. «Même si près de Paris, il y a un petit côté province. Les gens sont plus aimables, moins indifférents. Tout est facile, et proche, pour les activités extrascolaires des enfants», dit Anne-Monique. Les deux voitures du couple sont garées sur le trottoir, devant chez eux. En six ans, ils n'ont eu aucun PV! Mais la venue d'un nouvel enfant va les obliger à déménager à Nogent-sur-Marne. Banlieue, quand tu nous tiens!

Bernard Mazières

L'Express, 1–7/2/96

B Idées

1 Parcourez les trois interviews. Les personnes interrogées, qu'ont-elles en commun?

2 Complétez la grille suivante après une lecture approfondie des interviews.

	A LES BOUCHARLAT	B LES KASSIMATIS	C LES LATIMIER
Habitent actuellement			
Profession(s)			
Raisons de quitter Paris			
Avantages de ne plus habiter Paris			
Raisons de regretter Paris			

3 Quelle est la réponse globale apportée par ces trois témoignages à la question 'Faut-il fuir Paris?'

C Mots et expressions

1 Une première lecture de ces interviews vous aura permis de constater que malgré leur forme écrite, leur style relève de l'oral. Identifiez les caractéristiques orales de ces textes.

Les registres

Le journaliste a choisi de citer directement ses témoins. Ainsi retrouvons-nous dans ce texte des expressions *familières*, qui s'emploient facilement dans la conversation mais qui n'ont pas leur place dans un texte écrit formel. Par exemple:

Je ne suis pas *dans le trip écolo* (Pierre-Yves Boucharlat)

Si le journaliste avait choisi de rapporter seulement *l'idée* exprimée par Pierre-Yves, il aurait sans doute 'neutralisé' l'expression familière:

Ce ne sont pas les idées écologistes qui inspirent la désaffection de Pierre-Yves pour Paris.

Pour signaler ces différences de style, on parle de **registres** au nombre de quatre:

▷ Français soutenu

c'est le français essentiellement de l'écrit: des discours officiels, des dissertations, des articles scientifiques, de la correspondance professionnelle.

▷ Français standard

le français neutre, qui ne choque ni à l'oral, ni à l'écrit, ni dans les contextes formels, ni dans les contextes informels.

▷ Français familier

'être dans le trip' et 'écolo' relèvent d'un registre familier. Ce sont des expressions qui s'emploient naturellement dans la conversation et que vous pouvez utiliser dans des contextes informels.

▷ Français très familier

le langage essentiellement oral d'un groupe (ex. les jeunes) et qui est souvent grossier ou vulgaire: un registre qui choquerait dans un contexte 'public', un registre à reconnaître mais à ne pas employer!

Exercice

Classez les énoncés anglais selon les quatre registres: très familier, familier, soutenu, standard:

a. That virus has completely buggered up my PC.

b. Mr and Mrs Cole request the pleasure of your company at their daughter's wedding.

c. I'm going to have a splurge this weekend; blow all my money on clothes.

d. An academic essay is normally made up of three parts.

2 Trouvez les phrases suivantes dans les interviews. Reformulez-les à l'écrit afin de communiquer l'idée exprimée de façon neutre.

a. 'Ici, même dehors, ils [les enfants] sont enfermés. Alors comment voulez-vous qu'ils ne pètent pas les plombs en appartement?'

b. 'À Paris, il n'y a pas de saisons, il y a beau et moche.'

c. 'C'est alors la vie de dingue qui recommence.'

d. 'Loin de Paris, mais toujours branchée.'

3 Maintenant traduisez ces phrases en anglais en utilisant un registre correspondant.

1.4 *ÉCOUTE* | Un jeune Stéphanois parle de sa ville
....

un Stéphanois = un habitant de St.-Étienne

A | Avant d'écouter

Relisez l'extrait A sur St.-Étienne dans la section 1.2. Notez les informations essentielles sur la ville.

B | Idées

Première écoute
1   Notez l'attitude du locuteur envers sa ville.

Deuxième écoute
2   Notez:
    a.   les informations objectives qu'il donne sur sa ville
    b.   les opinions qu'il exprime sur sa ville

C | Analyse

1   Comment caractériser le but de son discours (narratif? descriptif? argumentatif? informatif? affectif?)? Appuyez votre réponse en donnant des exemples.
2   Le discours oral peu formel de ce locuteur contraste beaucoup avec le texte A (voir section précédente 1.2) sur la ville de St.-Étienne, écrit dans un style neutre et objectif. Par exemple, il emploie souvent des **locutions vides**, c'est-à-dire, des expressions comme 'disons que' qui n'apportent aucune information. Relevez les différences de style entre les deux textes, dont des extraits figurent ci-dessous.

> Très tôt, l'exploitation de la 'trilogie hercynienne' (eau, forêt, mine) a conféré à St.-Étienne une vocation artisanale et manufacturière. La révolution industrielle renforce cette situation en faisant de St.-Étienne l'une des plus précoces aires industrielles du pays, autour de trois spécialisations majeures, charbon, textile, métallurgie – toutes trois frappées à la fois par la crise économique et la crise technologique.

> Disons que je trouve qu'à St.-Étienne d'abord, c'est une ville minière, c'était une ville minière très en retard par rapport à d'autres villes si on regarde réellement. Par rapport à Lyon, rien qu'à Lyon déjà, c'est pas loin, c'est à 56 kilomètres, il y a mieux de distractions à Lyon qu'à Saint-Étienne. Lyon est plus riche que Saint-Étienne déjà au plan de vue pour tout ... il y a mieux de distractions pour les jeunes.

3   À partir de cette analyse et celle que vous avez faite dans la section 1.3C, résumez les différences entre le français oral/spontané et le français écrit/soutenu.

| À VOUS 2 | *Rédiger un texte informatif* |

A partir du texte A de la section 1.2 (« p.20) et de l'enregistrement, rédigez un court texte informatif (70 mots) sur la ville de Saint-Étienne à insérer dans un guide pour étudiants étrangers. Vous simplifierez le registre soutenu du texte d'encyclopédie; de l'interview, vous ne communiquerez que les idées importantes, également dans un registre neutre.

1.5 *GRAMMAIRE*   La construction de la phrase 1

A Réflexion

Lisez les extraits ci-dessous tirés des documents de ce chapitre. Indiquez pour chacun s'il s'agit d'un document oral ou écrit.

1. Nous avons eu la chance d'avoir un maire très dynamique qui a été le premier ministre de François Mitterrand, ce qui veut dire qu'il a débloqué beaucoup de fonds pour la ville et en particulier maintenant nous avons le TGV qui vient donc à Lille et la ville a été complètement redéveloppée autour de ce TGV.

2. Quand Georges Duroy parvint au boulevard, il s'arrêta encore, indécis sur ce qu'il allait faire.

3. Strasbourg est une ville moderne et dynamique, au rayonnement international, où le passé reste inscrit dans un harmonieux décor de pierre, dont l'élément le plus précieux est la Cathédrale, témoignage éclatant de l'art européen au Moyen-Âge et symbole de la cité.

Les différences entre l'ecrit et l'oral

La langue parlée de tous les jours est caractérisée par une suite linéaire d'idées, souvent reliées entre elles par des **conjonctions de coordination** (*et, mais, donc*) ou des **pronoms relatifs** (*qui, que*), comme dans l'exemple (1).

Le discours écrit est en général plus dense, plus précis que le discours oral: en particulier, les relations entre les idées doivent être exprimées plus explicitement. Les ressources grammaticales employées dans le discours écrit sont ainsi plus complexes que celles du discours oral.

B | La phrase simple

Les éléments de base d'une phrase sont le sujet et le verbe:

Georges Duroy	s'arrête.
S	V

Autour de cette structure de base, on ajoute d'autres éléments – ou **compléments** – pour apporter plus d'informations.

C | Les compléments circonstanciels

À propos de la phrase simple ci-dessus, on pourrait poser des questions telles que: où? quand? pourquoi? comment? En réponse à ces questions, on ajoute à la phrase des **compléments circonstanciels**:

Où?	▷	Georges Duroy s'arrête *devant la maison*
Quand?	▷	Georges Duroy s'arrête *pendant trois minutes*
Pourquoi?	▷	Georges Duroy s'arrête *à cause du bruit aigu qu'il entend*
Comment?	▷	Georges Duroy s'arrête *tout d'un coup*

Un complément circonstanciel est un mot ou un groupe de mots qui exprime les circonstances de l'action. On peut supprimer un complément circonstanciel ou le déplacer sans rendre la phrase non-grammaticale. Pour varier la construction des phrases dans un texte on peut, par exemple, placer le complément circonstanciel en début de phrase. Dans le texte C sur Strasbourg («1.2») vous remarquerez que deux des quatre phrases commencent par un complément circonstanciel.

Exercice 1
Ajoutez un complément circonstanciel à chacune des phrases suivantes:

1   Il marchait (où?)
2   Elle n'est pas allée au bureau (pourquoi?)
3   Nous leur avons écrit (quand?)
4   Je me suis cassé le bras (comment?)
5   N'oublie pas de lui téléphoner (quand?)

D | Les compléments d'objet

Observez les phrases suivantes. Les deux sont composées d'un sujet, d'un verbe et d'un complément circonstanciel. Cependant, l'une est incomplète: laquelle?

> 1 Georges Duroy s'arrête brusquement.
> 2 J'ai pris à la gare.

À la différence du verbe *s'arrêter*, le verbe *prendre* nécessite **un complément d'objet** – on prend *quelque chose*. *Prendre* est un verbe **transitif**, alors que *s'arrêter*, qui se construit sans complément d'objet, est **intransitif**.

Les verbes transitifs peuvent être suivis d'un complément d'objet **direct** (COD) ou d'un complément d'objet **indirect** (COI) ou des deux. Les compléments indirects sont introduits par une préposition (*à* ou *de*).

COD	COI *une préposition sépare le verbe de son objet*
J'ai pris **mon billet** à la gare	J'ai parlé *à **mon professeur*** J'ai parlé ***du film***

Différents verbes se construisent avec différents compléments, et un même verbe peut avoir différentes constructions. Le verbe *parler*, par exemple, peut être intransitif ou transitif et peut se construire avec un complément d'objet direct ou indirect. Ces informations sont indiquées dans un dictionnaire. D'après vous, que signifient les abréviations ci-dessous?

> **parler** *I*. *V.intr.* 1 Articuler les sons d'une langue naturelle. *Un enfant qui apprend à parler*. *II*. *V.tr.indir*. 1 parler de qqch. *Parler de la pluie et du beau temps* . . . 2 parler de qqn. *Il fait beaucoup parler de lui* 3 parler de (suivi d'un inf.) Manifester l'intention de. 4 parler à qqn: lui addresser la parole *III*. *V. tr.dir*. 1 Pouvoir s'exprimer au moyen de telle ou telle langue. *Parler français, italien, russe*.
>
> **partir** *I*. *V. intr*. 1 Se mettre en mouvement pour quitter un lieu
>
> **poser** *I*. *V. tr*. 1 Mettre (une chose) en un endroit qui peut la recevoir et la porter [. . .] 4 Formuler (une question, un problème) poser une question à qqn.

E   De la phrase simple à la phrase complexe

Une phrase simple – ou **proposition** – comporte un seul verbe conjugué. Pour comprendre comment construire une phrase 'complexe', regardons de plus près la construction de la phrase suivante:

> Quand Georges Duroy parvint au boulevard, il s'arrêta encore, indécis sur ce qu'il allait faire.

On peut y dégager quatre propositions:

1	Georges Duroy parvint au boulevard	2	**il s'arrêta encore**
3	il était indécis sur quelque chose	4	[il allait faire quelque chose]

Une phrase complexe se construit autour de l'idée la plus importante, la **proposition principale:** *il s'arrêta encore.* Pour relier les autres propositions à la proposition principale, on peut utiliser, comme dans l'exemple, différentes constructions: *quand* (conjonction de subordination), *ce que* (pronom relatif) et l'apposition de l'adjectif *indécis:*

> **Quand** Georges Duroy parvint au boulevard, **il s'arrêta encore,** i̶l̶ ̶é̶t̶a̶i̶t̶ indécis sur **ce qu'**il allait faire.

Exercice 2

Dans les phrases encadrées de la section A ci-dessus, identifiez les mots qui relient les différentes propositions.

F   La proposition subordonnée

Dans la phrase complexe ci-dessus, l'élément '*Quand Georges Duroy parvint au boulevard . . .*' est une proposition subordonnée. Une proposition subordonnée comporte un verbe, mais ne peut pas, à elle seule, constituer une phrase complète, comme vous pouvez le constater à la lecture des subordonnées ci-contre:

Exercice 3

Complétez les phrases suivantes:

1 *Pendant que* tu jouais au golf _____
2 *Comme* je ne savais pas quoi faire _____
3 La ville *que* je connais le mieux en France _____
4 La personne *qui* m'a parlé _____

5 Pour *trouver* un emploi _____
6 Sans *savoir* pourquoi _____
7 Ne *voyant* pas mes amis, _____
8 En *jouant* au tennis, _____

G | Tableau récapitulatif: construire une phrase complexe

Conjonctions de coordination 1.1, 2.5	La plage est belle *et* les grands hôtels de luxe sur le front de mer sont impressionnants *mais* toute cette splendeur un peu démodée me déprime.	**Addition**: *et, puis* **Cause**: *car, en effet* **Conséquence**: *donc* **Opposition**: *cependant, mais, or*
Les conjonctions de sub-ordination 2.5	*Quand* Georges Duroy parvint au boulevard, il s'arrêta . . .	**But**: *afin que, de façon que, pour que* **Cause**: *puisque, comme, parce que* **Condition**: *au cas où, à condition que, à moins que, pourvu que, si* **Conséquence**: *de façon que, si bien que* **Opposition**: *alors que, bien que, tandis que* **Temps**: *avant que, après que, depuis que, lorsque, pendant que, quand*
Les pronoms relatifs 3.5	Strasbourg est une ville moderne et dynamique, au rayonnement international, *où* le passé reste inscrit dans un harmonieux décor de pierre, *dont* l'élément le plus précieux est la Cathédrale . . .	*qui, que, dont, où* préposition + *qui/lequel* *ce qui, ce que, ce dont*
La proposition infinitive 1.5	Il avait envie de gagner les Champs-Élysées *pour trouver* un peu d'air frais . . .	*à condition de, afin de, à force de, à moins de, au lieu de, avant de, de manière à, de peur de, faute de, pour, sans* + infinitif
Le participe présent 5.5	Les grands cafés [. . .] débordaient sur le trottoir, *étalant* leur public de buveurs sous la lumière éclatante . . .	
Le gérondif 5.5	La révolution industrielle renforce cette situation *en faisant* de St.-Étienne l'une des plus précoces aires industrielles	
L'apposition 1.5	St-Étienne, *chef-lieu* du département . . . *Ville universitaire*, ses principales activités [. . .] sont la métallurgie et le textile.	On appose un nom, un adjectif ou un participe passé fonctionnant comme un adjectif.

H | La proposition infinitive

On peut employer un infinitif, précédé d'une préposition, pour combiner
deux propositions qui ont le même sujet:

> *Georges Duroy* avait envie de gagner les Champs-Elysées
> *Georges Duroy* voulait trouver un peu d'air frais sous les arbres
> ▷ Il avait envie de gagner les Champs-Elysées *pour trouver* un peu d'air frais

BUT	**pour, afin de, de manière à, de façon à**
CAUSE	**de crainte de, de peur de, faute de, à force de, pour + infinitif passé**
CONDITION	**à condition de, à moins de**
OPPOSITION	**sans, au lieu de**
TEMPS	**avant de, après + infinitif passé**

Exercice 4
Combinez les deux phrases suivantes à l'aide de la préposition entre
parenthèses et d'un infinitif.

1 Je suis allée à Paris. Je voulais voir Simone. (pour)
2 Dans le train, j'ai relu mes notes sur Chomsky. Je n'en ai pas compris un
   mot. (sans)
3 J'ai vérifié le numéro de Simone dans l'annuaire. J'ai téléphoné à
   Simone. (avant de)
4 (Après) J'ai déposé mes bagages à la consigne. Je suis allée prendre une
   bière au bar.
5 (À force de) Je lis beaucoup de romans policiers. J'ai envie d'en écrire.

I | L'apposition

On peut 'apposer' un nom, un adjectif ou un participe passé fonctionnant
comme un adjectif, évitant ainsi une proposition avec *être*, comme dans les
exemples ci-dessous:

> 1 . . . il s'arrêta encore, (~~et il était~~) indécis sur ce qu'il allait faire . . .
> 2 . . . la Cathédrale, (~~qui est un~~) témoignage éclatant de l'art européen,

Cette construction est très fréquemment utilisée dans le français écrit. Tout comme un **complément circonstanciel**, un élément <u>apposé</u> peut se placer en début de phrase:

<u>Déjà appréciée par nos ancêtres gaulois pour ses eaux minérales</u>, St-Galmier devient au <u>XIIIe siècle</u> la résidence des Comtes du Forez.
<u>Aujourd'hui</u>, St-Galmier et la source Badoit jouissent d'une renommée mondiale. <u>Vivante</u>, elle bénéficie d'un équipement sportif et culturel complet et s'anime <u>chaque année</u> de manifestations inédites.

Dans une des plus belles régions de France, en bordure de mer, Dieppe est une station balnéaire privilégiée.
Avec son port de pêche et ses quartiers authentiques et animés, elle offre tout le charme d'une ville typiquement normande.
<u>Cité accueillante et dynamique</u>, Dieppe vous réserve dans un site majestueux des séjours inoubliables.

Compléments circonstanciels = **en caractères gras**.
Apposition = souligné.

Exercice 5

Transformez chaque groupe de phrases ci-dessous en une seule phrase complexe en apposant les éléments possibles:

1 Cannes est connu principalement pour son Festival du cinéma. Cannes est également un important centre aéronautique.
2 Bruxelles est depuis 1957 le siège administratif de la Commission européenne. Bruxelles compte environ un million d'habitants à nette majorité francophone.
3 Bordeaux fut un important port anglais jusqu'en 1453. Bordeaux tira sa prospérité du commerce du vin, du sucre et des esclaves.
4 Québec fut fondé par le Français, Champlain, en 1608. Québec fut le berceau de la civilisation française en Amérique.
5 Reims est la capitale du Champagne. Reims est également connu pour sa Cathédrale. Sa cathédrale a été construite au 13e siècle.

Exercice 6

Dans cet exercice, vous allez reconstituer des faits-divers à partir des éléments donnés.

1 Remplacez les éléments en italique dans ce texte:

à Toulouse, – par EDF – ville pilote en ce domaine – d'ici à la fin de l'année – pour la trentaine de véhicules électriques circulant actuellement à titre expérimental.

TOULOUSE
» **Bornes pour voitures électriques**
Les premières bornes de recharge pour voitures électriques vont être installées. Elles fonctionneront en libre-service

EDF = Électricité de France

2   Voici le commencement et la fin d'un fait-divers. Reconstituez-les (il est composé de deux phrases) à partir des éléments en italique.

> *la grève lancée par Force Ouvrière – Le mouvement, – suivent – massivement – pour demander l'augmentation de leur prime de risque. – prévu pour une durée déterminée,*

VOITURES

Les inspecteurs du permis de conduire _____ se poursuit.

3   Voici le titre d'un fait-divers. Reconstituez-le à partir des éléments donnés. Il est composé de trois phrases, dont les sujets apparaissent en ordre; les autres éléments sont présentés dans le désordre! Faites attention à la ponctuation!

GARDE À VUE ET MAUVAISES HERBES

Sujets
Un habitant de Trégunc
Le feu
les gendarmes

Verbes conjugués
a passé . . . en garde à vue
ont arrêté
s'était étendu

Compléments d'objet
cet homme de 44 ans,
la nuit de mardi à mercredi

Compléments cironstanciels
Propositions subordonnées
pour avoir brûlé des mauvaises herbes dans sa propriété.
brûlant près de 1 000 m² de broussailles.

Préposition + nom
de façon inattendue
dans les locaux de la gendarmerie
En vertu d'un arrêté préfectoral

Propositions relatives
qui a finalement été relâché mercredi après-midi.
qui interdit à tout particulier d'allumer des feux en extérieur pendant l'été,

---

1.6 *STRATÉGIES*   Savoir lire!

A   Utiliser différentes stratégies de lecture

1   Regardez le texte ci-contre. Commentez son origine, son but et le type d'informations que vous pensez y trouver.
2   Comment liriez-vous ce genre de texte? Emploieriez-vous la même stratégie pour lire un roman? un ouvrage scientifique?

PARIS, cap. de la France et ch.-l. de la Région Île-de-France, sur la Seine, constituant un département, formé de 20 arrondissements; 2 152 423 h. (Parisiens). Plus de 9 millions d'habitants avec la banlieue. La ville seule couvre 105 km², mais l'agglomération, environ 2 000.

Capitale politique et intellectuelle de la France, Paris est le siège du gouvernement et des grandes administrations, du commandement militaire de défense d'Île-de-France, d'un archevêché, de nombreux établissements universitaires et culturels. Les industries se localisent surtout en banlieue; la ville elle-même, qui s'est dépeuplée, est de plus en plus un centre de services. La croissance de l'agglomération, qui groupe près du sixième de la population du pays, a repris. Les problèmes (transports et logements notamment) liés à cette concentration démographique et économique demeurent aigus.

Exercice 1: Repérage

Accordez-vous 5 minutes. Trouvez dans le texte d'encyclopédie les réponses aux questions suivantes:

1   Quelle est la population de Paris?
2   La population de Paris est-elle en hausse ou en baisse?
3   Quelle proportion de la population française vit dans l'agglomération parisienne?
4   Notez deux problèmes associés à la vie en agglomération parisienne.

Ce texte, ci-dessus, extrait d'une encyclopédie, a pour but de fournir un maximum d'informations en un minimum d'espace. On ne le lit pas: on le parcourt en vitesse pour repérer des informations spécifiques.

'Faut-il fuir Paris?'

Exercice 2: Lecture en diagonale

Observez maintenant le texte 'Faut-il fuir Paris?'. Cet article constitue l'introduction à un dossier spécial sur Paris et ses habitants, paru dans la revue hebdomadaire L'Express. La compréhension de cet article nécessite plusieurs lectures afin d'en tirer le maximum, sans pour autant buter sur les difficultés.

Parcourez l'article et regardez les graphiques. Au bout de 5 minutes, notez à l'écrit:
1   Tout ce que vous savez ou que vous pouvez anticiper sur son contenu.
2   Vos impressions sur sa difficulté de lecture.

Faut-il fuir Paris?

Moins 100 000 habitants en vingt ans: les familles et les retraités fuient une capitale devenue trop chère et font place aux célibataires diplômés. Restent les touristes. Cela fait-il une ville?

> Guillaume Malaurie

Paris vaut-il toujours la peine? La peine de surveiller ses toux grasses à chaque pic de pollution? La peine, pour les banlieusards qui viennent y travailler sur quatre roues, de perdre quelque trois cent mille heures par an dans les embouteillages? Pour les Astérix de l'intérieur du périphérique – 2,1 millions d'âmes, soit 100 000 de moins en vingt ans – le malaise sera fiscal. Le régime de faveur de la capitale va en effet décroissant: en mars, la taxe d'habitation, qui a déjà grimpé de 40% entre 1992 et 1995, risque une nouvelle poussée de 6 à 8%.

Paris, fille aînée de l'État, Paris superlatif avec son Grand Louvre, sa Grande Arche et sa 'très grande' Bibliothèque nationale de France s'est rapetissée économiquement. Les sièges sociaux continuent de filer vers les Hauts-de-Seine, et le crash des prix de l'immobilier parisien ne lui permet pas de retrouver sa compétitivité sur le marché des bureaux: 'Trop exigus, moins modernes qu'à Levallois ou à Nanterre' confie-t-on à la direction régionale de l'équipement.

Et puis, Paris n'est plus Paname. Le peuple artisan et ouvrier gouailleur? Saisi à la gorge par la spéculation foncière, il a pris ses cliques et ses claques. Ne restent que quelques poches d'irréductibles dans l'est et les icônes de pacotille vendues place du Tertre pour entretenir les mythes des poulbots. Ou encore la Médiathèque des Halles pour célébrer l'hôtel du Nord d'Arletty, quand les hôtels meublés, les vrais, sont en voie de disparition:

3 000 en 1970, moins de 900 aujourd'hui. Les familles? Elles lèvent le camp depuis quinze ans, choisissant la petite ou la grande couronne dès que le second enfant voit le jour. Les retraités? Ils se débranchent de la Ville lumière. Pour émigrer vers des terres où les feux clignotants sont moins stressés. Dans un sondage publié par Le Nouvel Observateur en 1991, 57% de Parisiens se disaient déjà 'prêts à aller habiter ailleurs'.

Sans le babillage des enfants ni la mémoire des anciens, Paris n'est déjà plus vraiment Paris. Cœur refroidi d'une mégapole de 10,5 millions d'habitants, la capitale tend peu à peu à ressembler à son centre historique: une salle des pas perdus pulsée par le RER,[1] bientôt Éole,[2] cisaillée par d'axes rouges. Un échangeur de flux venant de toujours plus loin: les déplacements d'une une heure et demie sont passés de 300 000 à 450 000 entre 1982 et 1990! L'adolescence bariolée de la Seine-Saint-Denis déboule gare du Nord ou aux Halles, mais repart sans s'accrocher. Surreprésentés en revanche, les jeunes actifs célibataires très diplômés mettent pied à terre le temps de se placer dans les allées du pouvoir.

Si la 'ville décor', la 'ville muséifiée' selon le percutant article de Françoise Cachin dans la revue Le Débat reste universelle, c'est de plus en plus pour ses nuitées d'hôtel et pour son patrimoine pris d'assaut par la planète-monde des tours-opérateurs. Attention: sous Paris-land, la braise du Paris magique et canaille est encore tiède! Une étincelle suffirait à repeupler le théâtre d'ombres.

---

1 Réseau express régional: le 'métro' pour la banlieue
2 Un nouveau réseau de 'métro'

Les Parisiens aujourd'hui

Moins nombreux
Évolution de la population (en millions)

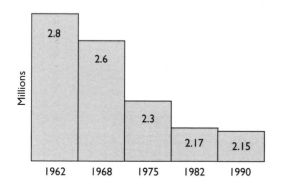

Millions

| 2.8 | 2.6 | 2.3 | 2.17 | 2.15 |

1962   1968   1975   1982   1990

Plus aisés
Répartition par catégories socioprofessionnelles

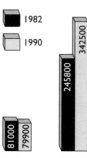    

■ 1982
□ 1990

81000 / 79900 — Artisans, commercants patrons

245800 / 342500 — Cadres supérieurs

214100 / 238600 — Professions intermédiaires

358400 / 293400 — Employés

195400 / 164300 — Ouvriers

322500 / 334500 — Retraités

Exercice 3: Lecture globale

1   Faites maintenant de la lecture globale, c'est-à-dire lisez pour en comprendre l'essentiel. D'abord regardez les questions ci-dessous. Pouvez-vous déjà y répondre? Accordez-vous 10 minutes pour lire le texte, puis répondez aux questions suivants:

QUI	Qui fuit Paris? Qui reste à Paris?
CAUSES	Trouvez trois raisons pour lesquelles on quitte Paris.
CONSÉQUENCE	Selon l'auteur, quelle est la conséquence de la fuite des habitants?

B | Aborder un texte complexe

Cet article n'a rien du style neutre et informatif d'une encyclopédie! Le style est original et vivant, ayant souvent recours à des métaphores, des images, des références culturelles. Pour accéder rapidement au message essentiel, vous pouvez employer différentes stratégies:

▷ *Concentrez-vous sur le circuit dit 'court' de lecture*
(» 2.2) c'est-à-dire, le titre, le chapeau, les intertitres, les graphiques et les photos qui annoncent les éléments essentiels du texte.

▷ *Trouvez rapidement des repères!*
Repérez les questions, les noms propres, les statistiques, les mots-connecteurs et phrases repères (» 2.5) qui forment le squelette de l'information.

▷ *Anticipez!*
Si vous voyez une question, pensez tout de suite aux réponses possibles. Votre lecture servira ainsi à vérifier vos prédictions. Lire n'est rien d'autre que formuler des hypothèses et les vérifier dans le texte.

C | Deviner le sens des mots

Que faire si vous ne comprenez pas un mot ou une expression?

Observez le contexte immédiat
toux = un symptôme physique dû à la pollution atmosphérique
grasses = quel genre de toux serait lié à la pollution?

Utilisez votre imagination
quatre roues = moyen de venir travailler à Paris, associé aux embouteillages

Association à d'autres éléments
les Astérix . . . = 2,1 million
Dans le graphique, 2,1 million
= population de Paris. Dans le chapeau, 'moins 100 000 en 20 ans'.
Les Astérix = les Parisiens

La formation du mot
= mal + aise
= dé + croissant (croître)

Ressemblance avec un mot anglais
fiscal = se réfère à la *taxe* d'habitation = tax
poussée = push? push forward? rise?

Paris vaut-il toujours la peine? La peine de surveiller ses **toux grasses** à chaque pic de pollution? La peine, pour les banlieusards qui viennent y travailler sur **quatre roues**, de perdre quelques trois cent mille heures par an dans les embouteillages? Pour **les Astérix de l'intérieur du périphérique** – 2,1 millions d'âmes, soit 100 000 de moins en vingt ans – **le malaise sera fiscal**. Le régime en faveur de la capital va en effet **décroissant**: en mars la taxe d'habitation qui a déjà grimpé de 40% entre 1992 et 1995, risque une nouvelle **poussée** de 6 à 8%.

Exercice 4: Lecture analytique

Relisez attentivement 'Faut-il fuir Paris?'.

1 Identifiez toutes les expressions que vous ne comprenez pas. Notez un sens possible pour chacune. Précisez les stratégies que vous avez employées pour arriver au sens.
2 En particulier, que comprenez-vous par ces expressions inventées:
    a. ville-décor
    b. ville muséifiée
    c. Paris-land
3 Selon vous, quelle est la conclusion de l'auteur?

D   Utiliser le dictionnaire

Exercice 5: Quel mot chercher?

Vous voulez vérifier le sens des expressions suivantes, mais quel mot allez-vous chercher? Justifiez votre réponse, puis consulter un dictionnaire.

1 les sièges sociaux
2 il a pris ses cliques et ses claques
3 les feux clignotants
4 une salle des pas perdus
5 un échangeur de flux

Exercice 6: Références culturelles et connotations

Que signifient les mots en italique? Les trouverez-vous dans un dictionnaire? Discutez-en en petits groupes.

> **a.** Pour les *Astérix* de l'intérieur du périphérique . . .
> **b.** Paris n'est plus *Paname*.
> **c.** Ne restent que quelques poches d'irréductibles dans l'est et les icônes de pacotille vendues *place du Tertre* pour entretenir les mythes des *poulbots*. Ou encore la Médiathèque *des Halles* pour célébrer *l'Hôtel du Nord D'Arletty* . . .

Un dictionnaire encyclopédique vous fournira sans doute une explication de ces expressions. Mais soyez attentif également aux **connotations** des références culturelles. 'Astérix', par exemple, n'est pas simplement le héros d'une bande dessinée française – c'est le symbole de la lutte courageuse d'une petite minorité contre un envahisseur tout-puissant!

| À VOUS 3 | *Discussion sur Paris* |

1 Regardez les photos suivantes. Savez-vous ce qu'elles représentent?
Qu'évoquent-elles pour vous?

2 Quelles images choisiriez-vous pour représenter votre ville ou votre pays?
Comparez vos réponses avec celles d'autres étudiants.

1.7 *ÉCOUTE* — Interview: images de Paris

Dans le prochain enregistrement, vous écouterez une interview plus approfondie avec Édith, la Parisienne que vous avez déjà entendue dans la section 1.1.

A Avant d'écouter

Situez sur le plan de Paris:

1 le premier arrondissement de Paris
2 le Forum des Halles
3 le Louvre
4 Saint-Denis

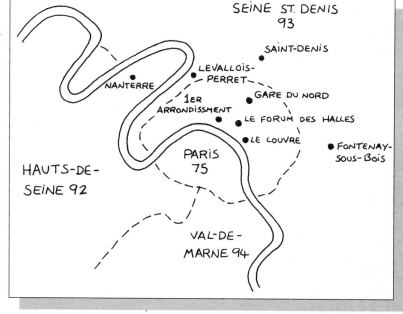

B Idées

Écoutez toute l'interview. Édith fait la comparaison entre le 1er arrondissement de Paris où elle a vécu jusqu'à l'âge de 17 ans et Saint-Denis, dans la banlieue nord de Paris, où elle a déménagé par la suite. Elle décrit ces deux quartiers et parle ensuite des différentes images de Paris et de leur réalité.

1   Notez l'essentiel de ce qu'elle dit sous les rubriques suivantes:

1er arrondissement de Paris	Saint-Denis
Images de Paris	**Paris aujourd'hui**

les Parigots (*familier*) = les Parisiens
une HLM = habitation à loyer modéré

2   Avez-vous l'impression qu'elle aimerait retourner vivre à Paris?
3   En quoi ce que dit Édith confirme ou contradit-il le message de l'article
      'Faut-il fuir Paris?'
4   En quoi son image du Paris actuel correspond-elle à la vôtre? (Revoir vos
      notes À Vous 3.)

C   Structures

L'imparfait et le passé composé » 5.5, 5.7

Quand emploie-t-on le passé composé et quand l'imparfait? » 5.5

J'ai habité Paris pendant dix-sept ans.   Pour moi, c'*était* un peu un village.
passé composé   imparfait

Exercice 1
Dans ces extraits de l'interview, mettez les verbes entre parenthèses soit au
passé composé, soit à l'imparfait. Pour chaque verbe, justifiez l'emploi du
temps choisi. Puis réécoutez l'interview pour vérifier vos réponses.

Pour moi, c'était un peu un village. On (rester) dans le même quartier tout le
temps. Mon école (être) à deux pas, et j'y (aller) à pied, les magasins (être) à côté
. . . il y (avoir) assez peu de mouvement dans Paris quand j' (être) petite . . . Il y
(avoir) vraiment cette idée de village: les gens en général (habiter) là depuis
drôlement longtemps . . .

On (habiter) dans une cité HLM, des immeubles qui sont mal construits, donc on
(entendre) les voisins . . . pour aller au lycée, tout d'un coup j'en (avoir) pour une
heure et quart . . . et il (falloir) que je me lève une heure à l'avance.

Il y a eu une politique de . . . rénovation de Paris. Ils (faire) des trucs assez étranges . . . ils (démolir) des immeubles, ils en (garder) les façades. Donc, des immeubles qui datent souvent du seizième siècle, ils (casser) tout . . . Donc forcément, tous les gens qui y (habiter) et qui (avoir) des petits budgets, (être) obligés de partir . . . et c'est un peu ce qui (se passer) avec justement l'hôtel qui figure dans ce film . . .

1.8 *SAVOIR-FAIRE*

A Interviews

Faites une liste de questions que vous poserez à trois francophones (étudiants français ou étudiants britanniques qui parlent bien le français) sur leur ville d'origine.

B Article

À partir de vos interviews (enregistrées, si possible!) rédigez un article de 200 à 250 mots sur le thème de la ville pour un journal d'étudiant français. Trouvez une question qui vous servira de titre, suivant l'exemple du texte 'Faut-il fuir Paris?' («1.6). Dans votre article vous développerez une réponse à votre question, tout en citant des extraits des témoignages que vous aurez recueillis.

Demandez à un(e) camarade de relire votre article et éventuellement de proposer des changements.

2

la presse et les actualités

2.1 ÉCOUTE:

Interview: la presse en France
- l'expression de la quantité: présenter les chiffres

À VOUS 1: commenter les chiffres

2.2 DÉCOUVRIR:

Le journal
- la mise en page
- les rubriques
- l'article de presse: les angles de vision

À VOUS 2: analyser la presse

2.3 LECTURE:

'La presse quotidienne en crise'

2.4 ÉCOUTE:

Interview: le métier de journaliste
- la construction passive
- la construction pronominale
- le pronom sujet *on*

À VOUS 3: comité de rédaction 1

2.5 GRAMMAIRE:

La construction de la phrase II
- l'expression du temps
- l'expression des relations logiques
- l'expression de la comparaison

2.6 STRATÉGIES:

Savoir réviser un texte

- évaluer un texte
- faire un résumé
- la ponctuation
- réviser un texte

À VOUS 4: comité de rédaction 2

2.7 ÉCOUTE:

Extraits du journal de *France inter*

À VOUS 5: présenter un journal d'informations

2.8 SAVOIR-FAIRE:

Rédiger un article
Éditer un journal

2.1 *ÉCOUTE*   Interview: la presse en France

Dans le prochain enregistrement, vous entendrez Didier, qui fait une école de journalisme, parler des difficultés de la presse en France.

A │ Avant d'écouter

1   Faites la liste des titres de journaux et de magazines français que vous connaissez. Pour chaque titre, caractérisez le genre, ex. *Le Monde – quotidien, articles très sérieux . . .*
2   Vérifiez le sens de ces expressions que vous allez entendre:

déposer un bilan	se remettre en question
un exemplaire	se redresser
un quotidien	un syndicat
un hebdomadaire	un abonnement
subir la concurrence	

B │ Idées

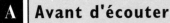

Première écoute

1 Les phrases suivantes sont-elles vraies ou fausses? Corrigez les fausses.

    a. Les difficultés de la presse sont récentes.
    b. Les quotidiens français sont plus chers que les quotidiens britanniques.
    c. Après la guerre du Golfe, une récession publicitaire a touché les journaux.
    d. Les Français se font livrer les journaux chez eux.
    e. La presse magazine, elle aussi, est en déclin.

Deuxième écoute

2   Relevez les statistiques relatives à la diminution du nombre:
    a. de lecteurs
    b. de quotidiens
3   Notez:
    a. les trois facteurs qui ont causé la crise
    b. les raisons du prix élevé des quotidiens
4   Complétez le tableau suivant:

TITRE	DIFFUSION*	AFFILIATION
	440	centre
	390	
	370	centre-gauche
	344	
France-Soir	194	
	175	
La Croix	98	
	66	communiste

* en milliers d'exemplaires par jour.

Source: Quid, 1997

5   Notez les caractéristiques de la presse magazine.

C   Mots et expressions

Lisez attentivement ce résumé des points principaux de l'interview, puis complétez les phrases avec l'un des mots encadrés:

hausse – baissé – taux – multiplié – rang – lecteurs – distribution – coût – concurrence – magazine – récession- – en tête – journal – déclin – féminins

1   Beaucoup de Français se contentent de regarder le _____ télévisé du soir ou d'écouter les informations à la radio le matin. Ainsi entre 1980 et 1990 le nombre de _____ de la presse quotidienne a _____ de plus d'un quart. Actuellement la France arrive au 22ème _____ dans le monde avec 156 exemplaires pour 1000 habitants.

2   Il y a plusieurs raisons pour expliquer le _____ de la presse. Tout d'abord, il y a le _____ excessif de la presse qui a été _____ par trois, et qui subit la _____ de la télévision et de la radio. Enfin la presse quotidienne n'a pas toujours su se remettre en question, laissant partir de nouveaux lecteurs.

3   Plusieurs facteurs ont contribué à la crise financière: la _____ publicitaire après la guerre du Golfe, la _____ vertigineuse du prix du papier, le coût excessif de la _____ et une main d'œuvre technique contrôlée par un syndicat très fort.

4   95 pour cent des Français lisent la presse _____, ce qui constitue un des _____ les plus élevés des pays industrialisés. Les magazines de télévision viennent _____ suivis par les magazines _____.

D | Structures

L'expression de la quantité: présenter les chiffres » 9.1, 10.5, 10.7

Etudiez ci-dessous le tableau récapitulatif des structures clés introduisant les chiffres, puis faites les exercices suivants

Pour indiquer un *niveau*	**être à** **arriver à** **atteindre** **s'élever à**	*Parmi les magazines de télévision Télé 7 jours* **est au** *premier rang.* *La France* **arrive au** *22ème rang dans le monde.* *Elle* **atteint** *le 8ème rang en Europe* *Les pertes d'InfoMatin* **s'élèvent à** *plusieurs milliards*
Pour donner un *montant*, **un** *chiffre* **Pour indiquer un** *changement*	**être de** **compter** **passer à** **passer de . . . à** **tomber à, de . . .** **à baisser à,** **de . . . à**	*Le déficit* **est d'***environ 38 milliards* *La France* **compte** *3 millions de chômeurs* *La diffusion* **est passée à** *environ 55 000 exemplaires* *La diffusion* **est passée de** *70 000 à 55 000 exemplaires*
Pour indiquer un *changement vers le* **haut**	**augmenter de** **progresser de** **l'augmentation** **la progression** **la hausse**	*Le tirage* **a progressé de** *8% cette année* **La progression** *a été de 8% cette année*
Pour indiquer un *changement vers* **le bas**	**baisser de** **diminuer de** **la baisse** **la diminution** **le déclin, la chute** **la réduction**	*Le nombre de lecteurs* **a diminué de** *plus d'un quart* *Le nombre de quotidiens connaît* **une diminution** *régulière*
Pour *opposer*	**contre**	*La presse spécialisée ne compte que huit cents titres* **contre** *cinq cents d'information générale.*
Pour indiquer une *proportion*	**sur**	**Sur** *les millions de lecteurs qui lisent un quotidien . . .*

Exercice 1

Complétez les phrases avec l'une des structures du tableau ci-contre (plusieurs réponses sont possibles):

> Le quotidien *l'Humanité*, l'organe central du Parti communiste va voir son prix de vente _____ _____ un franc. Le prix va _____ de six _____ sept francs. En 1994, la diffusion du quotidien _____ _____ 62 579 exemplaires _____ 73 000 en 1993. Pour stabiliser le déficit de près de 10 millions de francs, la direction a fait savoir qu'il y aurait une _____ d'effectif. Les syndicats ont annoncé qu'un journaliste _____ cinq serait licencié d'ici six mois.

Exercice 2

Le texte ci-dessous va vous fournir des données sur la presse anglaise que vous commenterez dans l'activité À Vous 1. Traduisez le texte en français. (Comparatifs et Superlatifs » 2.5)

> On average over 27 million people read at least one national daily newspaper in Great Britain in 1994–95; the most popular daily paper was still the *Sun*, with a readership of over ten million. During 1994–5, *The Times* saw the biggest increase in readership over the previous year, with a rise of around 375,000, while the *Daily Mirror* saw the largest decrease of around 650,000.

readership = les lecteurs

À VOUS 1	*Commenter les chiffres*

I   Vous allez résumer oralement avec votre partenaire:
   a. les problèmes que doit affronter la presse quotidienne française
   b. les raisons principales de cette crise
   c. les facteurs qui ont causé la hausse des prix des quotidiens

2   Commentez les chiffres du tableau ci-dessous avec votre partenaire, en notant:
   a. les journaux qui viennent en tête
   b. ceux qui ont le moins de lecteurs
   c. les lecteurs et leur profil (âge, sexe)
   Parmi ces chiffres, y en a-t-il qui vous surprennent? Quelles différences voyez-vous entre la presse britannique et la presse française?

tabloid = la presse populaire

2.2

Reading of national newspapers: by age and gender, 1994–5

	Percentage reading each paper							Readership[1] (millions)	Readers per copy (numbers)
	15–24	25–44	45–64	65+	Males	Females	All adults		
Sun	30	24	20	16	26	19	22	10.1	2.5
Daily Mirror	15	13	15	15	16	12	14	6.5	2.6
Daily Mail	8	8	12	11	10	9	10	4.4	2.5
Daily Express	5	5	8	10	7	7	7	3.2	2.5
Daily Telegraph	4	5	9	7	7	6	6	2.8	2.7
Daily Star	6	6	3	2	6	3	4	2.0	2.8
Today	4	4	4	2	5	3	4	1.7	3.0
Times	4	3	4	3	4	3	4	1.7	2.7
Guardian	4	4	3	1	3	2	3	1.3	3.5
Independent	2	2	2	1	2	2	2	0.9	3.3
Financial Times	1	2	2	–	2	1	2	0.7	4.3
Any national daily newspaper	58	56	63	62	64	55	60	72	—

Source: National Readership Surveys Ltd

[1] Defined as average issue readership and represents the number of people who claim to have read or looked at one or more copies of a given publication during a period equal to the interval at which the publication appears

2.2 *DÉCOUVRIR* Le journal

A Les articles 'à la une'

Regardez la première page des quotidiens *Le Monde* et *Libération*, parus le même jour, puis faites les activités ci-dessous avant de faire une mise en commun avec le reste de la classe:

1   Faites la liste des articles communs aux deux journaux.
2   Commentez oralement les différences sur:
   a.   les articles qui font la 'une' du journal
   b.   la mise en page et la proportion texte–image
3   Identifiez le type de lecteurs ciblé par chacun de ces deux quotidiens.

B | La mise en page

Les articles de presse offrent au lecteur deux circuits de lecture:

▷ *un circuit court:*

rubrique, surtitre, titre, sous-titre, chapeau, graphique et photo; soit environ 80% des informations

▷ *un circuit long:*

l'article même et les intertitres qui en donnent l'idée générale

Identifiez sur l'article 'La Presse Quotidienne en crise' à la page 54 les différents éléments de la mise en page mentionnés ci-dessus.

ÉCONOMIE   Médias

LA PRESSE QUOTIDIENNE EN CRISE

Le journal quotidien "InfoMatin" a cessé de paraître. Une disparition qui illustre les difficultés financières de la presse quotidienne nationale.

Deux ans après sa création, le quotidien *InfoMatin* vient de cesser de paraître. La cause : depuis janvier 1994, le journal a perdu 160 millions de francs. Pour ne pas perdre d'argent, le titre aurait dû vendre 130 000 exemplaires chaque jour, alors qu'il ne parvenait à attirer que 75 000 acheteurs.

Des frais élevés

Cet échec révèle un peu plus la crise que connaissent les quotidiens français.

Pourquoi une telle situation ? Fabriquer un journal coûte de plus en plus cher. Aux frais de fonctionnement d'un quotidien (salaires, reportages, imprimerie, etc.) s'ajoute la hausse récente du prix du papier (45 % l'an dernier). Autre source de dépenses : l'achemine-ment des journaux jusqu'aux points de vente, ce que l'on appelle la diffusion. Être présent dans les 34 000 points de vente de l'Hexagone exige d'imprimer de nombreux exemplaires qui ne seront pas forcément vendus. Ainsi *InfoMatin* ne vendait qu'un seul journal sur deux imprimés.

Face à ces fortes dépenses, les quotidiens nationaux sont victimes de la constante diminution de leurs recettes. Ces dernières regroupent les ventes de journaux et la publicité.

Or, les acheteurs se font de plus en plus rares. La France n'est ainsi classée qu'au 23ᵉ rang mondial sur le plan de la diffusion de la presse quotidienne. Les Français préfèrent la presse hebdomadaire, les magazines ou les titres spécialisés. En la matière, la France est championne du monde.

Pas assez de publicité

Dans le même temps, les recettes provenant de la publicité sont en chute libre. Depuis quelques années, les publicitaires préfèrent la télévision, qui touche un public beaucoup plus nombreux que les quotidiens. Cette baisse de recettes publicitaires représente pour la presse écrite presque 2 milliards de francs sur les cinq dernières années.

Afin de compenser ces pertes d'argent, la plupart des journaux ont augmenté leur prix de vente (entre 6 et 7 francs, soit en moyenne 30 % de plus que les titres des voisins européens). Ces tarifs n'incitent pas les lecteurs à acheter plus de journaux.

Comment diminuer les coûts, comment gagner de nouveaux lecteurs ? Les journaux comme *Le Monde* et *Libération* ont proposé de nouvelles formules.

En se vendant moins cher (3,80 francs), et en tentant d'innover avec un journal à lire rapidement et s'adressant surtout aux jeunes, *Infomatin* a bien essayé de s'imposer. Sans succès. Si la tendance actuelle ne s'inverse pas, d'autres titres présents aujourd'hui dans les kiosques vont disparaître d'ici à l'an 2000. ■

Jean-Luc Ferré

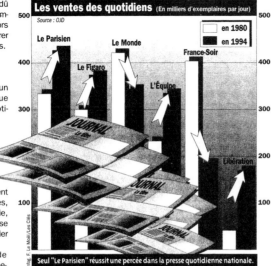

Les ventes des quotidiens (En milliers d'exemplaires par jour)
Source : OJD

en 1980
en 1994

Le Parisien · Le Monde · Le Figaro · L'Équipe · France-Soir · Libération

Infog. F. Le Moël/Les Clés

Seul "Le Parisien" réussit une percée dans la presse quotidienne nationale.

Sommaires du *Monde* et de *Libération*

International	2	Agenda	20
France	6	Abonnements	20
Société	8	Météorologie	20
Carnet	10	Mots croisés	20
Horizons	11	Culture	21
Entreprises	14	Guide culture	23
Finances/marchés	16	Communication	24
Aujourd'hui	18	Radio-Télévision	25

Le Monde

INDEX

EVENEMENT	2
REBONDS	4
MONDE	11
FRANCE	19
METEO-JEUX	27
ANNONCES	28
VOUS	31
CARNET	35
SPORTS	39
CULTURE	41
GUIDE	47
ECONOMIE	51
BOURSE	58
MEDIAS	59
TELEVISION	60

Libération

C Les rubriques

1 Regardez les sommaires du *Monde* et de *Libération*. En vous aidant des informations ci-dessous, identifiez:
   a. les rubriques qui paraissent dans les deux journaux
   b. celles qui diffèrent mais qui correspondent au même thème
   c. celles qui ne paraissent que dans l'un des deux journaux

---

Le Monde

Carnet	=	avis de décès, naissances, colloques, nominations etc.
Horizons	=	analyses approfondies sur des sujets variés
Aujourd'hui	=	nouveautés en sciences, sports etc.
Agenda	=	réimpression d'un article paru dans *Le Monde* du 22 mars 1946
Communication	=	articles se rapportant aux médias

Libération

Événement	=	développement de l'article présenté à la une
Rebonds	=	commentaires d'experts
Vous	=	articles se rapportant aux loisirs et à la consommation

---

2 Lisez ci-dessous la liste des titres extraits du journal *Le Monde*, puis identifiez la rubrique qui correspond à chaque titre:
   a. Expositions en Île-de-France
   b. Eurotunnel négocie avec ses banquiers
   c. Les Serbes quittent Sarajevo avec leurs morts
   d. 12 milliards de pertes pour GIAT Industries
   e. Une direction de l'architecture sera créée au ministère de la culture
   f. La révision constitutionnelle se heurte aux objections des commissions parlementaires
   g. Le plan pour les banlieues prévoit la création de 100 000 emplois réservés aux 18–20 ans

D L'article de presse: les angles de vision

Vous trouverez à la page 56 les chapeaux de trois articles parus au moment de la disparition du quotidien *InfoMatin*. (Didier en a parlé dans l'interview 2.1: revoyez vos notes!)

1 Notez les éléments essentiels des chapeaux à l'aide de la grille:

ÉLÉMENTS CLÉS	CHAPEAU A	CHAPEAU B	CHAPEAU C
Qui?			
Quoi?			
Quand?			
Où?			
Causes			
Conséquences/ réactions?			

A

PRESSE: Le conseil d'administration de la Sodepresse, société éditrice du quotidien *InfoMatin*, dont André Rousselet est le directeur et le principal actionnaire (78% du capital, avec sa famille), a décidé vendredi 5 janvier de déposer le bilan en raison de l'ampleur des pertes financières. Dans l'après-midi, cette décision a été communiquée aux représentants des 86 salariés lors d'un comité d'entreprise extraordinaire.

• **LE TRIBUNAL** de commerce de Paris devra désigner un administrateur judiciaire et se prononcer, dans un très bref délai, sur le sort du journal qui s'apprêtait à fêter son deuxième anniversaire: liquidation ou tentative de redressement avec l'espoir – faible – de trouver un repreneur.

• **ANDRÉ ROUSSELET** a estimé qu'il n'était pas *'interdit de presse'* et qu'il n'excluait pas de revenir dans ce secteur, à *InfoMatin*, ou éventuellement avec un autre projet.

B

Amers, les 86 salariés d'InfoMatin ont appris vendredi que leur journal allait paraître lundi pour la dernière fois, du moins sous sa forme actuelle. Le conseil d'administration de la Sodepresse, société éditrice du quotidien, a décidé le dépôt de bilan après la décision de son PDG et principal actionnaire, André Rousselet, de ne plus financer le titre qui a perdu 150 millions de francs en deux ans.

La parution sera interrompue à partir de mardi pour au moins cinq jours. Le temps pour le tribunal de commerce de Paris de désigner un administrateur judiciaire et d'étudier les possibilités de redressement. Les syndicats CFDT et SNJ ont demandé la réunion d'une commission paritaire de conciliation.

C

*I*NFOMATIN stoppé net, *Libération* vendu, *France-Soir* en danger de mort. Malgré l'essor du *Parisien* et la reprise du *Monde*, le paysage de la presse quotidienne nationale reste – en France plus qu'ailleurs – des plus moroses, en dépit d'une légère embellie en 1995. Pourquoi? Hausses répétées du prix du papier, coût de la main-d'œuvre, baisse des recettes publicitaires, difficultés de la diffusion sont communément invoqués. Pris en étau entre télévision et radio d'une part, magazines de l'autre, les journaux connaissent aussi une crise éditoriale. De quels quotidiens les lecteurs ont-ils besoin? La question se pose partout en Europe, comme le montrent les cas britannique et italien.

2   Comme vous avez pu le constater en comparant ces trois chapeaux, chaque journaliste adopte un angle de vision, c'est-à-dire un point de vue bien spécifique, selon l'article et le public auquel il s'adresse. Identifiez pour chaque chapeau le public visé.

3   Les sources de ces trois chapeaux sont *Libération*, *Le Monde* et *Le Monde Diplomatique*. Ce dernier est un journal mensuel. Pour chaque chapeau, identifiez sa source.

À VOUS 2	Analyser la presse

Poursuivez vos recherches sur la presse française en établissant une fiche sur chaque titre (journal ou magazine) auquel vous avez accès dans votre établissement. Indiquez les caractéristiques de chaque titre et notez le genre de travail pour lequel il pourrait vous être utile:

Titre	Principaux thèmes abordés	Style	Utile pour
Le Monde	politique, internationale, société, culture . . .	dense, complexe, bien écrit; bonnes analyses, pas de graphiques . . .	exposés écrits/oraux, exemples de structures, complexes . . .

2.3 LECTURE   La presse quotidienne en crise

Á Idées

Circuit court de lecture

1   En lisant uniquement les éléments constituant le circuit court de lecture, apportez des éléments de réponse aux points encadrés:

a. Sujet de l'article
b. Événement spécifique
c. Deux causes principales
d. Évolution de la presse nationale quotidienne depuis 1980

Lecture analytique

Lisez tout le texte et répondez par écrit aux questions ci-dessous:

2 Quels sont les frais qui entrent en jeu dans le prix de vente des quotidiens aujourd'hui?
3 Quelles sont les deux recettes principales pour la presse?
4 Quelle est la presse préférée des Français?
5 Pourquoi la publicité est-elle en baisse?
6 Quels sont les deux quotidiens qui ont essayé de remédier au problème? Comment?
7 Quelle était la formule proposée par *InfoMatin*?
8 Comment expliquez-vous qu'*InfoMatin* n'ait pas réussi?
9 Quel est le pronostic du journaliste sur la crise actuelle?

ÉCONOMIE Médias

LA **PRESSE QUOTIDIENNE** EN CRISE

Le journal quotidien "InfoMatin" a cessé de paraître. Une disparition qui illustre les difficultés financières de la presse quotidienne nationale.

Deux ans après sa création, le quotidien *InfoMatin* vient de cesser de paraître. La cause : depuis janvier 1994, le journal a perdu 160 millions de francs. Pour ne pas perdre d'argent, le titre aurait dû vendre 130 000 exemplaires chaque jour, alors qu'il ne parvenait à attirer que 75 000 acheteurs.

Des frais élevés

▼

Cet échec révèle un peu plus la crise que connaissent les quotidiens français.

Pourquoi une telle situation ? Fabriquer un journal coûte de plus en plus cher. Aux frais de fonctionnement d'un quotidien (salaires, reportages, imprimerie, etc.) s'ajoute la hausse récente du prix du papier (45 % l'an dernier).

Autre source de dépenses : l'achemine-ment des journaux jusqu'aux points de vente, ce que l'on appelle la diffusion. Être présent dans les 34 000 points de vente de l'Hexagone exige d'imprimer de nombreux exemplaires qui ne seront pas forcément vendus. Ainsi *InfoMatin* ne vendait qu'un seul journal sur deux imprimés.

Face à ces fortes dépenses, les quotidiens nationaux sont victimes de la constante diminution de leurs recettes. Ces dernières regroupent les ventes de journaux et la publicité.

Or, les acheteurs se font de plus en plus rares. La France n'est ainsi classée qu'au 23e rang mondial sur le plan de la diffusion de la presse quotidienne. Les Français préfèrent la presse hebdoma-daire, les magazines ou les titres spécialisés. En la matière, la France est championne du monde.

Pas assez de publicité

▼

Dans le même temps, les recettes provenant de la publicité sont en chute libre. Depuis quelques années, les publicitaires préfèrent la télévision, qui touche un public beaucoup plus nombreux que les quotidiens. Cette baisse de recettes publicitaires repré-sente pour la presse écrite presque 2 milliards de francs sur les cinq dernières années.

Afin de compenser ces pertes d'argent, la plupart des journaux ont augmenté leur prix de vente (entre 6 et 7 francs, soit en moyenne 30 % de plus que les titres des voisins européens). Ces tarifs n'incitent pas les lecteurs à acheter plus de journaux.

Comment diminuer les coûts, comment gagner de nouveaux lecteurs ? Les jour-naux comme *Le Monde* et *Libération* ont proposé de nouvelles formules.

En se vendant moins cher (3,80 francs), et en tentant d'innover avec un journal à lire rapidement et s'adres-sant surtout aux jeunes, *Infomatin* a bien essayé de s'imposer. Sans succès. Si la tendance actuelle ne s'in-verse pas, d'autres titres pré-sents aujourd'hui dans les kiosques vont disparaître d'ici à l'an 2000. ■

Jean-Luc Ferré

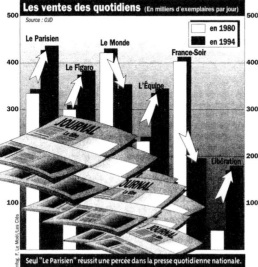

Les ventes des quotidiens (En milliers d'exemplaires par jour)
Source : OJD

en 1980
en 1994

Le Parisien · Le Figaro · Le Monde · L'Équipe · France-Soir · Libération

Seul "Le Parisien" réussit une percée dans la presse quotidienne nationale.

B Mots et expressions

Trouvez dans le texte les expressions françaises correspondantes:

1 has ceased publication
2 it only managed to attract
3 high costs
4 running costs
5 the transportation of newspapers
6 retail outlets
7 faced with this high expenditure
8 income from advertising is falling

C Analyse

1 Élaborez le plan du texte.
2 Commentez le registre et le vocabulaire de l'article.
3 L'organisation de l'information contenue dans l'article vous semble-t-elle cohérente? Justifiez votre réponse.
4 D'après vous, à quel type de lecteur cet article s'adresse-t-il?

2.4 ÉCOUTE Interview: le métier de journaliste

Dans le prochain enregistrement, Gwenolé Guiomard, journaliste spécialisé en économie, raconte comment, à partir d'une idée, se crée un article. Un grand nombre de personnes est impliqué dans ce processus, chaque personne ayant une responsabilité bien spécifique.

A Idées

Première écoute
1 Ecoutez l'interview une première fois, puis reliez chaque professionnel à ses responsabilités:

    a. le journaliste
    b. le rédacteur en chef
    c. le secrétaire de rédaction
    d. le metteur en page
    e. l'imprimeur

    i   corrige les fautes d'orthographes
    ii fait passer l'article sur les rotatives
    iii a l'idée première
    iv accepte l'idée, décide de la longueur de l'article, puis le valide
    v s'occupe de la mise en page

Deuxième écoute
2 Réécoutez l'interview. Puis, en vous inspirant des photos à la page 60, résumez les différentes étapes dans la fabrication d'un journal.

A L'idée

B La discussion avec le rédacteur

C Les premières recherches

D La prise de contact

E L'interview

F La saisie de l'article

G La révision et la mise en page

H L'impression

I La vente

B | Structures

Comment éviter de préciser l'agent

Dans cette transcription partielle de la première partie de l'interview, observez les expressions en italique.

> D'abord il y a l'idée. Alors *le journaliste* peut l'avoir en voiture . . . Ensuite *un supérieur hiérarchique* valide l'idée. Si *le rédacteur en chef* accepte l'idée à ce moment-là, *le journaliste* commence les premières recherches . . . *le journaliste* fait quelques prises de contact, *il* obtient un certain nombre de personnes à interviewer . . . *il* va les voir et *il* les interroge. Quand *le journaliste* a terminé ce travail, *il* passe ensuite au travail d'écriture. Alors *le journaliste* écrit maintenant sur ordinateur, donc suivant le nombre de signes que *le rédacteur en chef* a fixé.

Elles représentent toutes la fonction grammaticale de l'**agent** – c'est-à-dire, la personne (ou la chose) qui fait l'action exprimée par le verbe. Dans une **phrase active**, l'agent est **le sujet** du verbe.

Exercice 1
Comparez la transcription avec l'enregistrement. Vous allez constater qu'en fait Gwenolé Guiomard ne précise pas 'les agents' comme dans la transcription: il préfère mettre l'accent sur la production d'un article, plutôt que sur ceux qui le produisent. Corrigez la transcription.

Trois constructions pour accorder moins d'importance à l'agent

a.	la construction passive	Ensuite l'idée *est validée* par le rédacteur en chef
b.	la construction pronominale	L'écriture *se fait* maintenant sur ordinateur
c.	le pronom sujet 'on'	*On* commence les premières recherches

La construction passive » 3.3, 6.1

Transformez la phrase passive encadrée (a) en phrase active. Comment se construit une tournure passive?

Exercice 2
Mettez les phrases suivantes au passif:

1 Les syndicats de journalistes avaient déposé plainte contre le patron de presse, Robert Hersant.
2 Les ouvriers vont interrompre la parution du journal *InfoMatin* à partir de mardi pour au moins cinq jours.

3 Dans l'après-midi, le directeur a communiqué la décision aux représentants des 86 salariés.

4 Les syndicats CFDT et SNJ ont demandé la réunion d'une commission paritaire.

5 Le Tribunal de commerce de Paris désignera un administrateur judiciaire.

La construction pronominale » 4.7, 7.5

Exercice 3

Traduisez les phrases suivantes en employant un verbe pronominal:

> On emploie souvent des verbes pronominaux avec un sens passif:
>
> La question *se pose* partout en Europe.
>
> Aux frais de fonctionnement, *s'ajoute* la hausse récente du prix du papier.
>
> . . . des revues techniques . . . qui *se vendent* par abonnement.

1 The negotiations are being continued. (*poursuivre*)

2 A new committee has just been formed to discuss the future of InfoMatin.

3 *Le Monde* is less easy to read than *Libération*.

4 In France, newspapers are usually bought from kiosks.

5 Articles are now written directly on to computer.

6 The magazine *Diginews* is circulated only in CD-Rom format. (*diffuser*)

Le pronom sujet *on* » 6.1

Le pronom sujet 'on' permet de construire une phrase active (souvent plus légère qu'une construction passive) sans préciser l'agent. Observez les trois phrases encadrées.

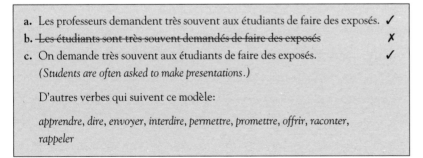

> **a.** Les professeurs demandent très souvent aux étudiants de faire des exposés. ✓
>
> **b.** ~~Les étudiants sont très souvent demandés de faire des exposés~~ ✗
>
> **c.** On demande très souvent aux étudiants de faire des exposés. ✓
>
> *(Students are often asked to make presentations.)*
>
> D'autres verbes qui suivent ce modèle:
>
> *apprendre, dire, envoyer, interdire, permettre, promettre, offrir, raconter, rappeler*

La phrase (b.) est impossible, car, à la différence de l'anglais, seul un **complément d'objet direct** (« 1.5) peut devenir le sujet d'une construction passive.

À VOUS 3 | *Comité de rédaction 1*

En petits groupes, vous allez rédiger un journal en français pour étudiants franco-phones dans votre établissement. Votre tâche sera d'en réaliser les première et dernière pages et deux pages intérieures. Mais avant de passer à l'écrit, il faut vous mettre d'accord sur:

1   le titre de votre journal et sa spécificité
2   les rubriques et l'ordre dans lequel elles paraîtront
3   les responsabilités: en plus du rôle de journaliste, celui de:
    a.   rédacteur en chef
    b.   secrétaire de rédaction (peut-être un/une francophone)
    c.   metteur en page (spécialiste du traitement de texte!)
    d.   publicitaire (responsable de la publicité pour annoncer le journal)

Chaque membre du groupe rédigera une première version de son article, qu'il présentera au prochain comité de rédaction (À Vous 4, p. 74). Pour plus de renseignements, référez-vous à la section 2.8.

2.5 *GRAMMAIRE* | La construction de la phrase II

Les journalistes cherchent à communiquer beaucoup d'informations dans une seule phrase claire et structurée. Dans cette section, nous passons en revue les constructions qui vous permettent d'exprimer la notion de temps et d'indiquer les relations logiques entre les différentes idées de votre texte.

A | Réflexion: l'expression du temps

Observez les phrases encadrées ci-dessous. Quand faut-il employer *dès*, *depuis*, *pendant*, *avant* tout seul et quand faut-il ajouter *que*?

a.   Il m'a téléphoné **dès** son arrivée à Paris.
b.   Ils quittent Paris **dès** **que** le second enfant voit le jour.
c.   Le nombre de lecteurs a baissé **depuis** les années '80.
d.   **Depuis** **que** le nouveau maire est arrivé, les choses ont beaucoup changé.
e.   J'ai habité Paris **pendant** 17 ans.
f.   **Pendant** **que** j'y habitais, j'avais l'impression de vivre dans un village.
g.   Il faut que les jeunes trouvent leur vocation **avant** leur entrée en entreprise.
h.   **Avant** **que** mes parents n'arrivent, je dois faire la vaisselle.

Les propositions subordonnées (« 1.5 F ») créent parfois un style lourd. On peut alléger une phrase en remplaçant une subordonnée par la construction préposition + nom.

> Il m'a téléphoné dès qu'il **est arrivé** à Paris ▷ Il m'a téléphoné dès son **arrivée**
> V   N

Exercice 1

Traduisez les phrases suivantes en français en remplaçant la subordonnée par la construction préposition + nom:

a. While I was staying in France
b. As soon as I return
c. While the theatre was closed
d. Since we met

e. Before they built the tramway
f. Ever since the boss left
g. Before the concert ends
h. As soon as the match started

B   Distinguer les prépositions temporelles

Depuis, pendant, pour, il y a

Observez la différence de sens parmi ces quatre prépositions temporelles:

> a. Vous travaillez comme journaliste *depuis* plus de dix ans.
> b. Je suis partie de Paris *il y a* 5 ans.
> c. J'ai habité Paris *pendant* 17 ans.
> d. Je serai à Paris *pendant une semaine*.
> e. J'irai à Paris *pour* 3 jours*.
>
> * pour est employé uniquement pour préciser le terme (futur) d'une période.

Exercice 2

Complétez les phrases suivantes avec l'expression correcte: *depuis, pendant, pour, il y a*:

1 La presse est en déclin _____ plus de 10 ans.
2 Bordeaux fut occupée par les Anglais _____ deux cents ans.
3 Je cherche un travail _____ l'été.
4 Je vais travailler _____ l'été.
5 On a annoncé la fermeture du journal _____ quinze jours.

Exercice 3

L'expression temporelle *for* en anglais se traduit par différentes expressions en français. Traduisez les phrases suivantes.

1 Has she gone away *for* a long time?
2 I will be working in Rome *for* two weeks.
3 I've been studying French *for* eight years.
4 I lived in Lyon *for* ten years.

En, dans

Observez la différence d'usage entre ces deux prépositions temporelles:

Dans dix ans, d'autres quotidiens auront sans doute disparu.	• à partir de maintenant
En dix ans, Paris a beaucoup changé.	• durée

Exercice 4

Complétez les phrases suivantes avec *en* ou *dans*:

1 Le TGV relie Paris à Lyon _____ deux heures.
2 _____ vingt ans, Lille sera encore plus importante qu'aujourd'hui.
3 Une nouvelle chaîne de télévision sera lancée _____ trois mois.
4 Il a parcouru toute la France _____ moins de deux semaines.
5 Je serai prête _____ cinq minutes.

C Tableau récapitulatif: l'expression du temps »5.3

Adverbes	Prépositions + nom	Conjonctions de subordination + verbe
Antériorité avant	avant dans en attendant jusqu'à	avant que + *subj* avant de + *infin* en attendant que + *subj* en attendant de + *infin* jusqu'au moment où + *indic* jusqu'à ce que + *subj*
Simultanéité cependant entretemps		alors que + *indic* comme + *indic* pendant que + *indic* tandis que + *indic* tant que + *indic*
. . . la durée	au cours de de . . . à . . . en lors de pendant pour tout au long de	
. . . point de départ aussitôt dès lors désormais dorénavant depuis	dès à partir de depuis d'ici à . . .	aussitôt que + *indic* dès que + *indic* à partir du moment où + *indic* depuis que + *indic*
. . . un moment précis à ce moment-là en ce moment	à au moment de en il y a	au moment où + *indic* au moment de + *infin* lorsque + *indic* quand + *indic*
Postériorité après	après une fois + *nom* + *participe passé*	après que + *indic* une fois que + *indic*

D | Reflexion: l'expression des relations logiques «1.1

Pour faciliter la compréhension d'un texte, on utilise des **connecteurs** – des adverbes ou des conjonctions de coordination tels que *alors*, *pourtant*, *en conclusion* – pour signaler la cohérence de son discours. On emploie également prépositions et conjonctions de subordination pour marquer les relations logiques entre différentes propositions.

Exercice 5

Dans son interview («2.1), Didier utilise les expressions suivantes pour ordonner son discours. Vérifiez leur sens, puis utilisez-les pour compléter les blancs dans la transcription.

> *non seulement – également – puisque – d'abord – mais*

> . . . _____ il faut dire que les difficultés que doit affronter la presse quotidienne ne datent pas d'aujourd'hui. Le déclin de la presse a commencé il y a plus de dix ans _____ entre '80 et '90 le nombre de lecteurs a diminué de plus d'un quart. Actuellement la France arrive au 23ème rang . . . _____ le nombre de lecteurs a baissé _____ le nombre de quotidiens connaît _____ en France une diminution régulière depuis le siècle dernier.

Exercice 6

Dans l'article *La presse quotidienne en crise* que vous avez étudié dans la section 2.3, repérez et soulignez les mots qui introduisent des rapports de but, de causalité, de conséquence et d'opposition.

E | Tableau récapitulatif: l'expression des relations logiques

Voici différentes structures linguistiques pour exprimer les relations logiques. Notez qu'après certaines conjonctions, il faut employer un verbe au subjonctif.

Connecteurs	Prépositions + nom	Conjonctions de subordination + verbe
Addition aussi,* ce qui plus est, d'ailleurs, de plus, de même, d'autre part, en outre, et, non seulement . . . mais également		
But	par crainte de	afin de + *infin* afin que + *subj* de façon/manière/sorte que + *subj* de peur/crainte de + *infin* de peur/crainte que + *subj* pour + *infin* pour que + *subj*
Cause en effet	à cause de, à force de, face à, étant donné, en raison de, grâce à, sous prétexte de	à force de + *infin* comme + *indic* du fait que + *indic* étant donné que + *indic* parce que + *indic* puisque + *indic* sous prétexte que + *indic*
Concession cela dit, cependant, pourtant, néanmoins, quand même, toutefois	en dépit de, malgré	bien que / quoique + *subj* même si + *indic*
Opposition au contraire, à l'opposé, en revanche, par contre, mais, or	contrairement à, au contraire de, à l'opposé de, au lieu de	alors que + *indic* au lieu de + *infin* sans que + *subj* tandis que + *indic*
Conséquence ainsi, aussi,* c'est pourquoi, donc, du coup, en conséquence, par conséquent	d'où	au point que + *indic* au point de + *infin* de façon/manière/sorte que + *indic* si bien que + *indic*
Ordre des idées d'abord, ensuite, enfin, d'une part . . . d'autre part, premièrement, finalement, en premier lieu, en fin de compte, en définitive, en conclusion		
Précisions ainsi, c'est-à-dire, en particulier, notamment, par exemple, soit		c'est-à-dire que + *indic*

* **aussi**, placé en début de phrase, signifie *donc*

aussi – dans le sens de *également* – ne s'emploie **jamais** en début de phrase.

On peut également marquer la cohésion d'un texte en employant des constructions telles que:

Phrases
> Pour comprendre . . . il faut savoir que
> Plusieurs facteurs contribuent à . . .
> On retrouve ici le problème de

Questions
> Pourquoi une telle situation?

Expressions elliptiques (un groupe nominal, suivi de deux points)

> *Une seule certitude*: la plupart des jeunes sont très attachés à leur ville
> *Deux autres facteurs aggravants*: le coût excessif de la distribution et . . .

Exercice 7

Complétez le texte ci-dessous avec l'expression encadrée qui convient:

> *notamment – également – contrairement – par contre – surtout – par exemple*

> Le financement des journaux provient, au moins pour la moitié des recettes, de la publicité. Certains journaux assurent _____ (1) une partie de leurs rentrées d'argent en publiant des petites annonces. *Le Nouvel Observateur*, _____ (2), a deux pages de petites annonces matrimoniales, *Le Figaro* est spécialisé dans les annonces de ventes et de locations d'appartement, *Le Monde* dans les offres d'emploi pour cadres.
> La vente des journaux se fait surtout au numéro dans les maisons de la presse, les kiosques de rue ou de gare. La vente par abonnement _____ (3) est assez faible en France, _____ (4) pour les quotidiens. Le portage à domicile existe très peu, _____ (5) à d'autres pays, _____ (6) parce que la loi ne permet pas que soient employés à ce type de tâche des jeunes ou des retraités.

F | Réflexion: l'expression de la comparaison

Plus que ≠ plus de » 6.1

Etudiez les exemples ci-dessous et expliquez la différence entre *plus que* et *plus de*:

> **a.** Les Parisiens lisent *plus que* les provinciaux.
> **b.** Vous travaillez comme journaliste depuis *plus de* dix ans.
> **c.** La presse magazine se porte bien en France avec *plus de* trois mille titres.

Exercice 8

Choisissez entre *que* et *de* pour compléter les phrases suivantes:

1 Il y a plus _____ journaux en Angleterre _____ en France.
2 *Le Figaro* est plus cher _____ *The Times*.
3 Le tirage de *France-Soir* est de moins — 200 mille exemplaires.
4 *Aujourd'hui* a plus _____ lecteurs _____ *Le Monde*.
5 Parmi les quotidiens nationaux, seul *Le Parisien* vend plus _____ 400 mille exemplaires par jour.

Mieux ≠ meilleur

Dans les phrases suivantes, distinguez entre *mieux* et *meilleur*, puis expliquez pourquoi *mieux* et *meilleur* sont précédés de l'article défini *le* dans les phrases (b) et (d).

> **a.** A mon avis, *Libération* a de *meilleurs* reportages que *Le Monde*.
>
> **b.** Le Figaro, c'est *le meilleur* journal pour les petites annonces.
>
> **c.** *Aujourd'hui* se vend *mieux* que *France-Soir*.
>
> **d.** Parmi tous les quotidiens, c'est *Libération* que j'aime *le mieux*.

Exercice 9

Complétez les phrases avec: *meilleur, le meilleur, mieux, le mieux* en faisant les accords nécessaires:

1 Il travaille _____ depuis qu'il est revenu de vacances.
2 C'est _____ pièce de théâtre parmi toutes celles qu'il a écrites.
3 Je vous adresse mes _____ voeux de fin d'année.
4 Il va m'acheter une bague, mais j'aimerais _____ un collier.
5 Ce roman est _____ que je ne le pensais.
6 Depuis mon séjour en France, je parle _____ français.
7 Ce dictionnaire est _____ que celui que j'ai acheté.
8 Dans la chorale, c'est elle qui chante _____ .

G | Tableau récapitulatif: l'expression de la comparaison

Comparatifs	+	–	=		
Le Monde est Elle a écrit son article	**plus**	**moins**	**aussi**	*cher que le Times* *vite que moi*	**adjectif** **adverbe**
Le Monde a Les journalistes *travaillent*	**plus**	**moins**	**autant**	*de lecteurs que La Croix* aujourd'hui *qu'*autrefois	**de + nom** **verbe**
Superlatifs					
Libération est le journal *Aujourd'hui* a la diffusion Les lecteurs	**le la plus les**	**le la moins les**		*lu* par les jeunes *importante* *intelligents* lisent Le Monde	**adjectif**
C'est *Le Monde* qui a changé C'est *Aujourd'hui* qui a C'est moi qui *travaille*	**le plus**	**le moins**		*rapidement* son format *de lecteurs*	**adverbe** **de + nom** **verbe**

Adjectifs irréguliers	Comparatif	Superlatif
bon mauvais petit	meilleur plus mauvais, pire* plus petit, moindre*	le meilleur le plus mauvais, le pire* le plus petit, le moindre*
Adverbes irréguliers		
bien	mieux	le mieux

* pire, moindre = sens abstrait: *il imagine toujours le pire, c'est le moindre de mes soucis.*
Plus mauvais, plus petit = sens courant: *c'est le plus mauvais film, c'est la plus petite voiture.*

2.6 *STRATÉGIES* Savoir réviser un texte

A | Réflexion

Quels sont les critères qui déterminent la qualité d'un texte écrit? Faites-en la liste.

B | Évaluer un texte

Ci-dessous une première version d'un résumé de l'article 'La presse quotidienne en crise' («2.3»). Faites-en l'évaluation à partir des critères à gauche.
Ensuite corrigez les fautes et les inexactitudes en vous reportant à l'article si
nécessaire.

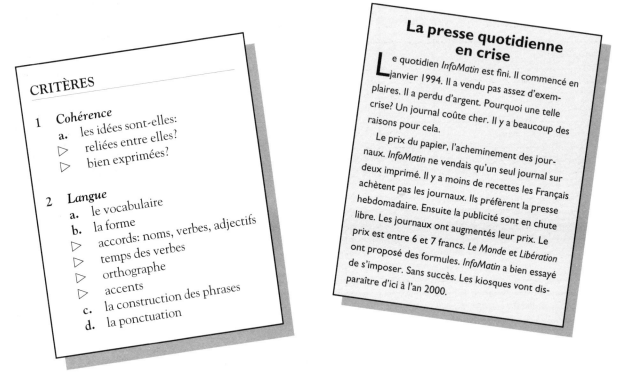

CRITÈRES

1 **Cohérence**
  a. les idées sont-elles:
  ▷ reliées entre elles?
  ▷ bien exprimées?

2 **Langue**
  a. le vocabulaire
  b. la forme
  ▷ accords: noms, verbes, adjectifs
  ▷ temps des verbes
  ▷ orthographe
  ▷ accents
  c. la construction des phrases
  d. la ponctuation

La presse quotidienne en crise

Le quotidien *InfoMatin* est fini. Il commencé en janvier 1994. Il a vendu pas assez d'exemplaires. Il a perdu d'argent. Pourquoi une telle crise? Un journal coûte cher. Il y a beaucoup des raisons pour cela.

Le prix du papier, l'acheminement des journaux. *InfoMatin* ne vendais qu'un seul journal sur deux imprimé. Il y a moins de recettes les Français achètent pas les journaux. Ils préfèrent la presse hebdomadaire. Ensuite la publicité sont en chute libre. Les journaux ont augmenté leurs prix. Le prix est entre 6 et 7 francs. *Le Monde* et *Libération* ont proposé des formules. *InfoMatin* a bien essayé de s'imposer. Sans succès. Les kiosques vont disparaître d'ici à l'an 2000.

C | Faire un résumé

Un bon résumé repose sur deux stratégies:

◊ *L'analyse*

Il faut analyser le texte de départ pour en identifier les éléments essentiels. Dans le
résumé, indiquez la cohérence des idées en utilisant des mots connecteurs.

◊ *La synthèse*

Il faut reformuler les idées-clés pour pouvoir les exprimer d'une façon plus concise, il
faut omettre toute information superflue, et simplifier ou préciser une idée trop complexe.

D La ponctuation dans la phrase

La ponctuation en fin de phrase est assez évidente; elle l'est moins à l'intérieur de la phrase. Ajoutez la ponctuation à l'extrait ci-joint. Lisez ensuite le tableau, puis comparez votre travail avec le texte original («1.6).

Faut-il fuir Paris?

Paris fille aînée de l'État Paris superlatif avec son Grand Louvre sa Grande Arche et sa très grande Bibliothèque nationale de France s'est rapetissée économiquement les sièges sociaux continuent de filer vers les Hauts-de-Seine et le crash des prix de l'immobilier parisien ne lui permet pas de retrouver sa compétitivité sur le marché des bureau trop exigus moins modernes qu'à Levallois ou à Nanterre confie-t-on à la direction régionale de l'équipement.

Ponctuation	Fonctions	Exemples
la virgule (,)	sépare des groupes de mots	Amers, les 86 salariés ont appris que . . . *Libération*, journal de gauche, a proposé . . .
	sépare des énumérations	Au frais de fonctionnement d'un quotidien (salaires, reportages, imprimerie, etc.) . . .
	précède généralement: • car, mais, puis	La France est première pour la presse magazine, mais vingt-troisième pour . . .
les deux points (:)	introduisent: • une explication (= car)	Le journal a déposé son bilan: il perdait de l'argent.
	• une conséquence (= donc)	La presse voulait compenser ses pertes: le prix du quotidien a augmenté.
	• une citation	Pierre-Yves rêve d'espace et de nature: 'À Paris, il n'y a pas de saisons . . . '
le point virgule (;)	relie deux propositions dépendantes, la deuxième: • complétant une idée • ajoutant un développement	*InfoMatin* a cessé de paraître; la radio l'a annoncé ce matin.
les guillemets (' ')	introduisent: • un discours au style direct	'Je ne suis pas dans le trip écolo . . . ', dit ce grand gars mince à barbiche . . .
	• une citation	57% des Parisiens se disaient déjà 'prêts à aller habiter ailleurs'.

E Réviser un texte

Lisez à la page 74 une deuxième version du même résumé.

1 Notez les principales différences avec la première version.
2 Soulignez tous les mots qui, d'après vous, améliorent la qualité du texte.

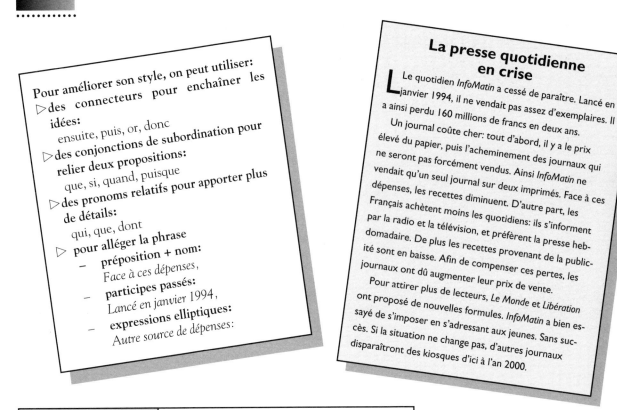

Pour améliorer son style, on peut utiliser:
▷ des connecteurs pour enchaîner les idées:
    ensuite, puis, or, donc
▷ des conjonctions de subordination pour relier deux propositions:
    que, si, quand, puisque
▷ des pronoms relatifs pour apporter plus de détails:
    qui, que, dont
▷ pour alléger la phrase
   – préposition + nom:
     Face à ces dépenses,
   – participes passés:
     Lancé en janvier 1994,
   – expressions elliptiques:
     Autre source de dépenses:

La presse quotidienne en crise

Le quotidien *InfoMatin* a cessé de paraître. Lancé en janvier 1994, il ne vendait pas assez d'exemplaires. Il a ainsi perdu 160 millions de francs en deux ans.

Un journal coûte cher: tout d'abord, il y a le prix élevé du papier, puis l'acheminement des journaux qui ne seront pas forcément vendus. Ainsi *InfoMatin* ne vendait qu'un seul journal sur deux imprimés. Face à ces dépenses, les recettes diminuent. D'autre part, les Français achètent moins les quotidiens: ils s'informent par la radio et la télévision, et préfèrent la presse hebdomadaire. De plus les recettes provenant de la publicité sont en baisse. Afin de compenser ces pertes, les journaux ont dû augmenter leur prix de vente.

Pour attirer plus de lecteurs, *Le Monde* et *Libération* ont proposé de nouvelles formules. *InfoMatin* a bien essayé de s'imposer en s'adressant aux jeunes. Sans succès. Si la situation ne change pas, d'autres journaux disparaîtront des kiosques d'ici à l'an 2000.

À VOUS 4	*Comité de rédaction 2*

Continuation de À Vous 3 . . .
Dans votre groupe de rédaction (celui que vous avez formé pour À Vous 3) résumez oralement votre article, puis à deux échangez vos articles et révisez-les!

2.7 *ÉCOUTE*   Le journal *de France inter*

Tous les matins, des millions de francophones écoutent le journal de *France inter* pour s'informer des événements clés de la journée. Au début du journal, le présentateur annonce les gros titres, puis il les reprend un par un et en développe le contenu.

Première partie: les titres

A   Avant d'écouter

1   Voici les gros titres du journal. Associez-les à leur rubrique dans la grille de la section B.

> Les mémoires de Mitterrand   Au Proche-Orient: des bombardements
> Robert Hersant: le fondateur du plus puissant empire de presse
> La réforme de la Sécurité Sociale   Le tournoi de tennis à Monte-Carlo
> Les élections législatives en Italie

2   Associez chacune des expressions en italique ci-dessous au gros titre qui
     lui correspond:

> *deux volumes – contrôle le tiers des quotidiens français – la coalition –*
> *les trois dernières ordonnances – majoritaire au Sénat – répétition générale de*
> *Roland Garros – un cessez-le-feu – trois syndicats de médecins – débattre du*
> *financement – il est question de trêve – des tirs de roquettes*

B   Idées

Écoutez une première fois, puis résumez les informations essentielles sous les
questions Qui, Quoi, Quand, Où?:

LES GROS TITRES	RUBRIQUE	QUI?	QUOI?	QUAND?	OÙ?
1	Social				
2	Littérature				
3	Étranger				
4	Étranger				
5	Médias				
6	Sports				

C | Mots et expressions

Réécoutez les titres et repérez les expressions suivantes. Expliquez le sens des expressions en italique (devinez-le si necessaire).

1 la réforme . . . rentre *dans sa phase ultime*
2 et ses alliés centristes *donnés gagnants*
3 C'est plus *flou* pour la Chambre des députés
4 Elle est lourdement *déficitaire*
5 . . . est une sorte de *répétition générale*
6 Cette année, *le plateau* est particulièrement prestigieux.

D | Idées: le reportage

Deuxième partie

Écoutez maintenant le reportage consacré au magnat de la presse, Robert Hersant. Résumez les idées essentielles à partir des questions suivantes:

1 De qui s'agit-il? Décrivez l'homme et sa carrière.
2 En quoi a-t-il été un grand entrepreneur?
3 Pourquoi la disparition de l'homme remet-elle en question la survie de son groupe de presse?
4 Qui étaient ses ennemis et ses amis?

E | Transcription

Les compléments circonstanciels et les conjonctions

Ci-contre une transcription partielle de la troisième partie du reportage. Il y manque tous les compléments circonstanciels, les conjonctions et la ponctuation à l'intérieur des phrases. Lisez-la et apportez des corrections. Puis, réécoutez cette partie de l'enregistrement pour vérifier et compléter la transcription.

La disparition de Robert Hersant va poser la question de la survie de son groupe de presse (Jean-Marc Four).

Le groupe Hersant est confronté à de très importantes difficultés financières.

On parle de plusieurs centaines de millions de francs de déficit au moins lié à crise de la publicité l'investissement coûteux de l'imprimerie de Roissy-Print.

Robert Hersant avait été obligé de revendre plusieurs magazines spécialisés au groupe britannique Emap.

L'équilibre financier n'avait pas été rétabli.

Les banques ont menacé le papivore de lui couper les vivres.

La mort de Robert Hersant pourrait signifier la transformation du paysage de la presse.

Quelques très grands quotidiens pourraient voir leur sort mis dans la balance: des quotidiens régionaux deux quotidiens nationaux: *Le Figaro* et *France-Soir*.

Le Figaro journal rentable intéresse le groupe LVMH de Bernard Arnault

France-Soir est dans une situation périlleuse.

La survie de *France-Soir* est aujourd'hui très hypothétique.

À VOUS 5 | *Présenter un journal d'informations*

Écoutez un journal d'informations à la radio française. *France inter* et Europe 1 diffusent sur ondes longues et peuvent être captés au Royaume-Uni.
À partir de la grille d'écoute, résumez les informations essentielles de deux ou trois gros titres. A partitr de vos notes, présentez ensuite à la classe votre propre journal.

2.8 *SAVOIR-FAIRE*

A Rédiger un article

Rédigez votre article de 400 mots pour votre journal.

1 Commencez vos recherches à la bibliothèque/médiathèque de votre établissement ou de votre ville, ou en prenant contact avec des personnes qui pourront vous renseigner.

2 Ayant fait vos recherches, rédigez une première version de votre article sur ordinateur.

Angle de vision

Choisissez votre angle de vision en fonction de vos lecteurs.

Cohérence

Utilisez des connecteurs ainsi que la ponctuation pour rendre l'agencement de votre texte plus clair (« 2.5, 2.6).

Langue

Attention aux accords, aux temps de verbes. Consultez dictionnaire et grammaire avant de montrer l'article à un/e partenaire qui en fera une première relecture (voir Critères d'évaluation « 2.6B). Révisez-le avant de soumettre une copie propre au rédacteur.

Présentation de l'article

Soumettez une photo et/ou un graphique avec l'article si nécessaire.

B | Éditer le journal

Une fois l'article terminé, il y aura d'autres rôles à assumer:

▷ écrire les titres etc.
▷ relire et réviser si nécessaire les articles
▷ faire la mise en page, la numérotation, les rubriques

Inspirez-vous d'autres journaux. Le rédacteur pourrait écrire sa chronique pour annoncer le premier exemplaire à ses lecteurs! À vous d'être originaux tout en étant professionnels.

3

l'exposé écrit et oral

3.1 ÉCOUTE:

Micro-campus: faire un exposé
- la position des adverbes de qualité
- l'ordre des mots négatifs

À VOUS 1: points forts, points faibles

3.2 DÉCOUVRIR:

L'exposé
- choisir un sujet
- trouver des idées

À VOUS 2: remue-méninges
- ordonner ses idées

'Internet, un casse-tête pour les États'

À VOUS 3: faire un mini-exposé

3.3 LECTURE:

'Internet: un précurseur de réseau d'autoroutes'
- l'expression des relations logiques
- la construction passive

3.4 ÉCOUTE:

Exposé: l'essor des nouvelles télécommunications

À VOUS 4: discussion sur la technologie
- l'expression de la comparaison

3.5 GRAMMAIRE:

Le système des pronoms

- les pronoms personnels
- les pronoms possessifs
- les pronoms démonstratifs
- les pronoms relatifs

3.6 STRATÉGIES:

Savoir intéresser son auditoire

3.7 ÉCOUTE:

Reportage: la voiture électrique
- les pronoms personnels dans la phrase impérative

3.8 SAVOIR-FAIRE:

Faire un exposé

3.1 *ÉCOUTE* — Micro-campus: faire un exposé

> **Exposé** *n.m.* développement explicatif dans lequel on présente, par écrit ou oralement, des faits ou des idées. **V. Communication, conférence.**

A Avant d'écouter

Dans le prochain enregistrement, Didier, Édith, Hubert et Marie parlent des techniques et des stratégies pour réussir un exposé oral. Avant de les écouter, ajoutez vos propres idées à la liste ci-dessous:

Pour réussir un exposé oral il faut:
- choisir un sujet intéressant
- regarder son public

B Idées

Résumez les techniques essentielles présentées par chaque intervenant:

	Pour réussir un exposé dans sa langue maternelle:
Édith	
Didier	
Marie	
Didier	
	Pour réussir un exposé dans une langue étrangère:
Édith	

écorcher = prononcer de travers = to mis-pronounce

C Mots et expressions

Complétez les phrases suivantes avec l'un des verbes encadrés:

> relier – maîtriser – considérer – approfondir – répéter – regarder – faire relire – utiliser – varier – vérifier

1 L'auditoire: il faut le _____ avant de choisir le sujet.
2 Le sujet: il faut le _____ pour éviter le trac.
3 La question: il faut l'_____ en consultant des ouvrages spécialisés.
4 Les paragraphes: il faut les _____ en utilisant des connecteurs.
5 Les exemples, les schémas, les graphiques: il faut les _____.
6 Les mots difficiles: il faut les _____ .
7 Les transparents: il faut les _____ avant de s'en servir.
8 Votre public: il faut le _____.
9 Le rythme du débit: il faut le _____.
10 Les structures et la grammaire: il faut les _____.

D | Structures

La position des adverbes de qualité

Un adverbe de qualité se place généralement *après* le verbe conjugué, *entre* l'auxiliare et son participe passé, mais souvent *avant* un infinitif.

> **a.** Il faut donner des exemples parce que les gens comprennent *mieux* les exemples
> **b.** . . . des idées qui ont peut-être *mal* passé.
> **c.** Il est important de *bien* maîtriser son sujet.

Exercice 1

Insérez l'adverbe entre parenthèses dans les phrases suivantes:

1 Il est important de *connaître* son auditoire. (bien)
2 Il faut montrer qu'on *a réfléchi* à ce qu'on va dire. (bien)
3 Je vais refaire mes transparents: je les *avais recopiés*. (mal)
4 Je vais *préparer* mon prochain exposé. (mieux)
5 J'ai l'impression que les gens *ont compris* ce que je disais. (mal)

Ordre des mots négatifs

> Regardez les exemples ci-dessous et notez la position de *ne pas* avec d'une part les infinitifs et d'autre part les verbes conjugués.
> **a.** Il faut aussi *ne pas* lire les transparents.
> **b.** Il faut vérifier pour être sûr de *ne pas* faire des phrases trop banales.
> **c.** Il *ne* faut *pas* avoir peur du silence.
> **d.** Il *ne* les a *pas* fait relire.

Exercice 2

Réécrivez les phrases suivantes en donnant une valeur négative aux verbes en italique.

1 Il est important de *parler* trop vite lorsque l'on fait un exposé oral.
2 *Oublie* d'expliquer les mots difficiles.
3 Attention aux transparents – je les *ai numérotés*.
4 Prépare des notes très claires – pour *perdre le fil* pendant que tu parles.

À VOUS 1 | *Points forts, points faibles*

Faites le bilan de vos points forts et de vos points faibles en ce qui concerne les exposés. Identifiez des techniques qui pourraient vous aider à améliorer vos exposés.

3.2 *DÉCOUVRIR* | L'exposé

A | Choisir le sujet

Faire un exposé consiste à apporter un point de vue ou un ensemble d'informations sur un sujet bien précis. Le sujet choisi doit susciter de l'intérêt non seulement pour soi, mais également pour l'auditoire.

1 Imaginez que l'on vous demande d'organiser un programme de colloques pour différentes catégories de personnes. Reliez les titres d'exposés à leurs destinataires virtuels.

   a. Faire fructifier son argent   i   un groupe d'infirmiers
   b. Trop d'échecs scolaires   ii   des cadres supérieurs
   c. Rester calme au volant   iii   un groupe de journalistes
   d. Surmonter le stress   iv   des retraités de milieu aisé
   e. La fiabilité des médias   v   des chauffeurs de taxi
   f. Les médecines douces   vi   des instituteurs

2 Proposez aux trois groupes ci-dessous des titres d'exposés susceptibles de les intéresser:

DESTINATAIRES	TITRES
Étudiants français (18–20 ans) en stage au Royaume-Uni	
Lycéens anglais préparant un 'A' level de français	
Retraités suivant un cours du soir sur la culture française	

B | Trouver des idées

Une fois le thème choisi, il faut réfléchir aux aspects que vous allez développer. Cette réflexion vous permettra de mieux orienter vos recherches et vous aidera dans la construction de votre plan.

Trois techniques peuvent vous être utiles pour trouver des idées:

Expérience personnelle
Notez des idées selon votre expérience personnelle

Les nouvelles technologies
1 le traitement de texte:
   très utile pour mieux réviser mes textes et en varier la présentation
2 le courrier électronique:
   utile, rapide, plus facile que d'écrire une lettre
3 Internet:
   intéressant au début, mais souvent ce qu'on y trouve est nul!
4 CD-Rom:
   pas très intéressant – je n'ai pas de lecteur CD-ROM

Conclusion personnelle: *les nouvelles technologies sont utiles, mais l'équipement coûte cher, il faut s'y connaître, il faut avoir du temps. Les prix, vont-ils baisser à l'avenir? Quelles sont les technologies les + répandues?*

Problématique
Notez toutes les questions que vous pourriez poser sur ce thème

Les Français et Internet
- *Les Français, s'intéressent-ils à Internet? (statistiques, quelle proportion de la population, qui? les jeunes?)*
- *Leur attitude envers cet outil? positive? négative?*
- *L'éducation et l'outil informatique: les écoles sont-elles équipées? Ne vaudrait-il pas mieux dépenser l'argent autrement?*
- *Le Minitel: comment subit-il la concurrence d'Internet?*
- *Comment accèdent-ils à Internet? cybercafés?*
- *Les services offerts en langue française: quels sont-ils?*

Jugements de valeur
Notez des jugements de valeur souvent émis sur le sujet

Internet
- *On dit d'un côté qu'Internet est dangereux parce qu'il n'y a aucun contrôle*
- *On dit que grâce à Internet la démocratie sera renforcée – consultations sur toutes les grandes décisions*
- *On dit que la société risque d'être coupée en deux: d'un côté ceux qui ont accès à la technologie et de l'autre ceux qui ne sont pas équipés . . .*

À VOUS 2 — *Remue-méninges*

En petits groupes, trouvez à partir des techniques présentées ci-dessus une liste d'idées sur l'un des thèmes suivants:

▷ l'environnement et les transports
▷ la Communauté européenne
▷ la presse au Royaume-Uni
▷ les préoccupations des jeunes en France et au Royaume-Uni

C Ordonner vos idées

Une fois que vous vous êtes bien documenté sur votre sujet, c'est le moment de développer un plan. Le plan n'est pas seulement utile pour vous: il facilite également la compréhension de votre exposé. Ci-dessous, vous trouverez des schémas qui vous aideront à construire un plan:

Chronologie	On présente une suite d'événements. On cherche à préciser la relation entre le passé et le présent.
Bilan	On raconte une expérience. On fait 'un bilan' en examinant les côtés positifs et les côtés négatifs.
Description	On passe en revue les différentes capacités/possibilités d'un appareil ou d'un dispositif.
Évaluation	On décrit quelque chose, on passe en revue ses avantages et ses inconvénients.
Problèmes – solutions	A partir d'une situation, on identifie un problème, puis on examine les solutions proposées et/ou on propose sa propre solution.
Thèse – antithèse – synthèse	A partir d'une idée, on examine les arguments pour et les arguments contre et on conclut en dépassant les contradictions et en proposant des solutions.

'Internet, un casse-tête pour les États'

1 Lisez le circuit court («2.2»). Identifiez ensuite le schéma qui correspond au texte.
2 Complétez le plan détaillé du texte:

SOCIÉTÉ Informatique

INTERNET, UN CASSE-TÊTE POUR LES ÉTATS

Entre 30 et 60 millions de personnes utilisent quotidiennement le réseau Internet. Parmi elles, pirates, terroristes, espions . . . agissent dans une quasi-impunité. Comment contrôler?

Internet est un peu comme le héros du livre de Mary Shelley, 'Frankenstein': une créature qui a échappé à son créateur. Prévue à l'origine pour les chercheurs, cette fabuleuse banque de données informatiques et d'échanges est devenue le refuge de bien des pratiques illégales, qui bénéficient d'un vide juridique inquiétant.

• Un réseau informatique mondial

Internet est né en 1969 aux États-Unis, sous le nom d'Arpanet. Il s'agissait d'un projet (militaire) expérimental, proposant de relier informatiquement, *via* des lignes téléphoniques, des scientifiques. Une liaison en forme de toile d'araignée, avec à chaque 'croisement' de lignes un 'serveur' (plus de 20 000 aujourd'hui), gros ordinateur chargé de réguler la circulation des informations. Un tel système permet, même en cas de destruction d'un serveur, de toujours trouver un 'chemin' détourné pour joindre son correspondant.

L'intérêt de communiquer rapidement, n'importe où, des textes, images et sons, a fait que rapidement le 'Net' a échappé aux chercheurs et aux militaires. Aujourd'hui, on estime entre 30 et 60 millions le nombre de personnes se connectant chaque jour dans le monde (un million de plus chaque mois).

• Hors de tout contrôle

Internet est un outil fabuleux: accès aux collections des musées, consultation de livres rares, possibilité de participer à des forums internationaux . . . Mais c'est aussi devenu un sujet d'inquiétudes pour les États. Personne en effet ne contrôle Internet! Chacun peut se connecter librement, ouvrir un serveur, 'ajouter une ligne' à la toile d'araignée . . . Et cela, dans n'importe quel pays. Internet appartient à tout le monde.

• De multiples délinquances

Cette totale absence de contrôle permet par exemple à des groupes terroristes ou à des sectes d'ouvrir des 'Mail' (boîtes aux lettres) et d'échanger des informations. Le Net pose également d'autres problèmes juridiques, Ainsi peut-on 'charger' dans son ordinateur des programmes très coûteux sans débourser un centime, ni verser le moin-

dre doit d'auteur au créateur du logiciel ('Windows 95' de Microsoft était ainsi disponible plusieurs mois avant sa sortie officielle, et gratuitement). D'autres diffusent des milliers d'images (photos, tableaux . . .), des textes, des musiques, qui ne seront jamais payés à leurs auteurs.

Des réseaux pédophiles, échangistes, sadiques . . . s'y épanouissent et diffusent des images terrifiantes: récemment, la police américaine a saisi des images de meurtres et de tortures.

Le Net est devenu également un véritable paradis pour les espions. Ils peuvent dorénavant, de chez eux, visiter les archives des entreprises, des polices, des services gouvernementaux . . . qu'ils ont choisies. Ils peuvent se livrer à des actions de désinformation ou effacer à distance les mémoires, y placer des fausses informations, ou injecter des 'virus' informatiques destructeurs . . .

• Quelles solutions?

Mais que faire? Le simple fait, pour un policier, d'aller fouiller dans la mémoire de l'ordinateur d'un suspect est une 'violation de domicile privé'. Et si le suspect vit à l'étranger, le

policier effectue une perquisition totalement illégale. Et puis, comment surveiller des dizaines de millions de connexions simultanées?

Impossible pour autant de laisser se multiplier, sans rien faire, cette délinquance. Pour tenter de répondre à cette urgence, se multiplient les colloques de juristes, les rencontres inter-polices . . .

Mais, à ce jour, personne n'a trouvé la solution. Impossible par exemple d'élaborer une loi internationale, compatible avec les justices de tous les pays utilisateurs d'Internet. Pour l'instant, chacun tente de gérer avec plus ou moins de bonheur la situation: obligation pour les serveurs de filtrer les informations, mise en place d'organismes de surveillance . . .

Mais la plus grande inquiétude vient de ce qu'à terme il sera possible de faire des achats par le biais d'Internet. Des mouvements d'argent qui tenteront fatalement les arnaqueurs et qui pourraient permettre au crime organisé de blanchir de l'argent gagné illégalement.

Jean-François Collinot

Paragraphe 1	Introduction: résumé du problème
Paragraphes 2–3	Historique
Paragraphe 4	
Paragraphes 5–7	
Paragraphes 8–10	
Paragraphe 11	Conclusion: le plus grand danger de l'avenir

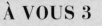

À VOUS 3 — Faire un mini-exposé

Reprenez les notes que vous avez faites pour À Vous 2. Développez un plan pour un mini-exposé de 3 minutes sur l'un des thèmes et présentez-le à votre groupe (de 3 à 5 étudiants).

3.3 LECTURE — 'Internet: un précurseur de réseau d'autoroutes'

A Avant de lire

Le texte que vous allez lire recouvre les mêmes points que le texte que vous avez lu dans la section 3.2. Avant de l'aborder, relisez vos notes.

INTERNET: un précurseur de réseau d'autoroutes

1 C'est dans les années 1960 qu'a été conçu le réseau Internet, réseau public subventionné qui, dans l'esprit du Vice Président Al Gore, pourrait constituer l'épine dorsale d'un réseau d'autoroutes à la fois national et international.

2 Internet est un 'réseau de réseaux' initialement destiné aux besoins d'échanges et de communications entre centres de l'armée, centres de recherche et universités. Il a été constitué d'infrastructures fournies gratuitement par le Département de la Défense américaine et par les universités. Il permet l'interconnexion de sites informatiques et de réseaux locaux d'entreprises. La conception de son protocole, prévu pour survivre en cas de destruction partielle, lui donne une grande flexibilité d'extension et de reconfiguration. Avec des coûts abaissés par la prise en charge d'une partie de son exploitation par l'Administration fédérale, Internet s'est largement étendu au niveau mondial.

3 Disposant de son propre protocole et ouvert à tous les utilisateurs, il permet aux industriels de tester, en vue de leur commercialisation, de nouveaux services et de nouveaux équipements. Il est un instrument déterminant de structuration des initiatives en matière industrielle et de services. Par sa large diffusion et son faible coût d'utilisation, Internet tend à s'imposer au reste du monde et pourrait devenir, après amélioration, le vecteur américain prioritaire des autoroutes de l'information, avec le bénéfice d'une implantation internationale et d'une avance concurrentielle en termes de services et d'équipements.

4 Cependant son mode de fonctionnement coopératif n'est pas conçu pour offrir des services commerciaux. Sa large ouverture à tous types d'utilisateurs et de services a fait apparaître ses limites, notamment son inaptitude à offrir des services de qualité en temps réel de voix ou d'images.

5 Il ne comporte aucun système de sécurité. Un message envoyé sur Internet navigue successivement sur plusieurs réseaux où il peut être intercepté. De même des serveurs insuffisamment protégés ont subi dans un passé récent de nombreuses intrusions après avoir été raccordés au réseau. Sa fiabilité est aussi en cause. L'acheminement des messages n'est pas garanti. Des embouteillages peuvent bloquer le réseau pendant de longues minutes, voire même des heures et conduire ainsi à des pertes de messages. Enfin, il n'existe pas d'annuaire des utilisateurs ou des services. Le bouche à oreille constitue le mode de fonctionnement le plus répandu de ce réseau.

6 De plus il n'existe aucun moyen de facturation sur Internet, si ce n'est l'abonnement à un service, auquel on accède avec un mot de passe. Ce réseau est donc mal adapté à la fourniture de services commerciaux. Le chiffre d'affaires mondial sur les services qu'il engendre ne correspond qu'au douzième de celui du Minitel. Les limites d'Internet démontrent ainsi qu'il ne saurait, dans le long terme, constituer à lui tout seul, le réseau d'autoroutes mondial.

7 En définitive, le succès d'Internet – plus de vingt millions d'utilisateurs – même s'il est lié aux subventions qui ont rendu son accès très attractif, démontre qu'il existe une demande fortement croissante pour un réseau universel capable de véhiculer des informations de toute nature, et en particulier du multimédia.

B Idées

1 Quel est le but de ce texte? Quel est le schéma (« 3.2C) adopté?
2 Faites le plan de ce texte. Pour chaque section, rédigez une phrase qui en résume le contenu.
3 Notez les similarités et les différences avec le texte *Internet: un casse-tête pour les États.*

C Analyse

L'expression des relations logiques « 2.5

1 La première partie du texte (paragraphes 1 à 3) est consacrée à une description d'Internet et à une explication de son caractère mondial. La deuxième partie (paragraphes 4 à 8) présente ses inconvénients. Quel est le mot connecteur qui marque cette transition?
2 Dans la deuxième partie, notez les mots connecteurs utilisés pour introduire les différents inconvénients.
3 Dans le sixième paragraphe, l'auteur tire une première conclusion de son exposé des inconvénients: quel mot connecteur nous indique cette conclusion?
4 Cette première conclusion mène à une conclusion plus générale: quel mot signale cette conclusion plus générale?
5 L'expression '*en définitive*' nous signale une conclusion:
 (**a**) certaine; (**b**) possible?
6 Cette conclusion est qualifiée par une concession: quelle expression nous signale cette concession?

D Mots et expressions

1 Sans relire le texte, complétez les phrases suivantes avec l'un des verbes encadrés:

> *est mal adapté à – permet – était destiné à – comporte – tend à – démontrent – a été constitué d' – a été conçu*

a. Internet _____ en 1960.

b. Initialement Internet _____ l'armée, aux centres de recherche et aux universités.

c. Il _____ infrastructures fournies par le Département de la Défense américaine et par les universités.

d. Il _____ l'interconnexion de sites informatiques et de réseaux locaux d'entreprises.

e. Il _____ s'imposer au reste du monde par sa large diffusion et son faible coût d'utilisation.

f. Il ne _____ aucun système de sécurité.

g. Ce réseau _____ la fourniture de services commerciaux.

h. Les limites d'Internet _____ ainsi qu'il ne saurait constituer à lui seul, le réseau d'autoroutes mondial.

2   Donnez le sens des expressions suivantes:

a. Internet pourrait constituer *l'épine dorsale* d'un réseau d'autoroutes

b. Avec des coûts abaissés *par la prise en charge* d'une partie de . . .

c. Sa *fiabilité* est aussi en cause

d. Il permet aux industriels de tester, en vue de leur *commercialisation*, de nouveaux services et de nouveaux équipements

e. Le *bouche à oreille* constitue le mode de fonctionnement le plus répandu de ce réseau

---

E   Structures

La construction passive « 2.4 » 6.1

> **a.** C'est dans les années 1960 qu'*a été conçu* le réseau Internet.
>
> **b.** Des serveurs ont subi de nombreuses intrusions après *avoir été raccordés* aux réseaux.
>
> **c.** Après des coûts (~~Rappelez-vous~~) abaissés par la prise en charge . . .

Rappelez-vous que la structure passive se construit avec le verbe être au temps voulu, suivi du participe passé, et s'accorde en nombre et en genre avec le sujet. Seul le COD d'une phrase active peut devenir le sujet d'une phrase passive.

Exercice 1

Retrouvez les phrases du texte, en combinant ces propositions en une seule phrase. Le début de la phrase vous est donné:

1   Le Département de la Défense américaine et les universités ont fourni gratuitement des infrastructures. Ces infrastructures ont constitué Internet.
    ▷ Internet . . .
2   Un utilisateur envoie un message sur Internet. Ce message navigue successivement sur plusieurs réseaux. Sur ces réseaux, d'autres utilisateurs peuvent l'intercepter. D'autres utilisateurs peuvent le lire.
    ▷ Un message . . .
3   Des serveurs ont subi de nombreuses intrusions. Ces nombreuses intrusions ont eu lieu après que des techniciens avaient raccordé les serveurs au réseau. Les techniciens avaient insuffisamment protégé ces serveurs.
    ▷ Des serveurs

Exercice 2

Comparez les textes 3.2 and 3.3: lequel emploie le plus grand nombre de constructions passives? Quel effet cela produit-il sur le lecteur?

La passivisation permet un style impersonnel et concis. Cependant, cette structure peut également rendre un texte plus dense et ainsi plus difficile à comprendre, moins immédiat . . . Dans le journalisme, on tend traditionnellement à préférer la forme active tandis que dans un texte scientifique, l'utilisation de la construction passive est très répandue.

3.4 *ÉCOUTE* Exposé: l'essor des nouvelles télécommunications

Dans le prochain enregistrement, vous allez entendre un court exposé, présenté par Mme Geneviève Nota, chercheur en télécommunication.

A Avant d'écouter

Pour souligner les points les plus importants de son exposé, Mme Nota a l'intention de se servir d'un rétroprojecteur. Ses trois transparents sont reproduits ci-dessous. Avant d'écouter l'exposé, étudiez-les et dites dans quel ordre ils seront présentés.

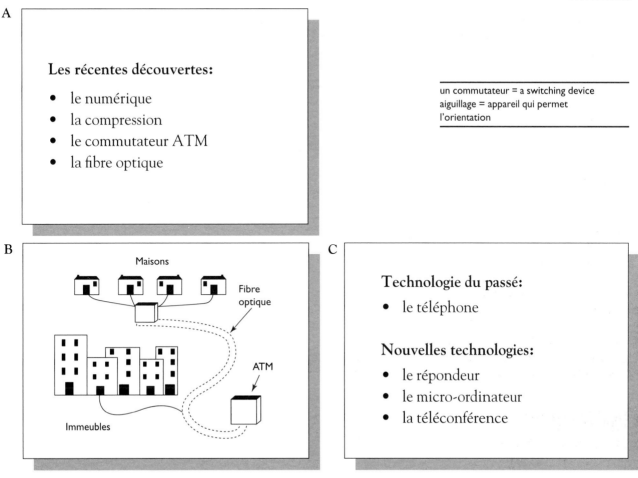

A

Les récentes découvertes:

- le numérique
- la compression
- le commutateur ATM
- la fibre optique

un commutateur = a switching device
aiguillage = appareil qui permet
l'orientation

B

Maisons

Fibre optique

ATM

Immeubles

C

Technologie du passé:

- le téléphone

Nouvelles technologies:

- le répondeur
- le micro-ordinateur
- la téléconférence

Based on a diagram from *Le Monde*

B | Idées

1 Ecoutez l'exposé et établissez l'ordre des transparents.
2 Commentez les transparents. Vous ont-ils permis de mieux suivre l'essentiel de l'exposé?
3 Quelle est la question fondamentale que pose Mme Nota?
4 Résumez sa réponse.
5 Définissez les quatre innovations technologiques en utilisant des expressions verbales telles que *permet de*, *il s'agit de*, *sert à* . . .
   a. le numérique
   b. la compression
   c. le commutateur ATM
   d. la fibre optique
6 Quelle est la conclusion de l'exposé?

3.4

C | Analyse

On peut diviser l'exposé de Mme Nota en trois parties classiques: l'introduction, le développement et la conclusion. Mais que fait-elle dans ces trois parties?

Introduction	L'oratrice • se présente • présente son sujet	*C'est en tant que . . .* *Le sujet que je voudrais aborder est celui de . . .*
Développment		
Conclusion		

1   Completez la deuxième colonne de la grille en indiquant, dans quelle section l'oratrice . . .
    a.   parle en termes généraux de développements futurs
    b.   développe sa réponse à la question posée
    c.   donne des exemples concrets (× 2)
    d.   établit la situation actuelle
    e.   pose une question
    f.   propose une réponse à cette question
    g.   indique le plan de son exposé
    h.   résume son point principal
    i.   cite un expert (× 2)
2   Ensuite, à partir de la transcription (p. 109), notez dans la troisième colonne les expressions qu'elle utilise pour signaler la transition d'un point à l'autre.

À VOUS 4 | *Discussion sur la technologie*

Avec votre partenaire, énumérez tous les moyens de télécommunications qui jouent un rôle dans votre vie. Présentez-en les avantages, les inconvénients, et essayez d'imaginer votre vie s'ils n'existaient pas.

D | Structures

L'expression de la comparaison « 2.5 » 6.1

> a. Cette découverte permet de véhiculer **davantage** de services.
> b. Demain 'les autoroutes de l'information' permettront des échanges d'images animées avec **autant** de facilité *que* le téléphone permet des échanges phoniques.
> c. Chacun pourra émettre des images ou des données **aussi** facilement *qu'*il les recevra.
> d. Ces découvertes ont permis le développement de réseaux aux potentiels **toujours plus** importants.
>
> On peut utiliser au choix *davantage de* ou *plus de*.

Exercice 1

En vous aidant des phrases encadrées, composez une phrase autour de chacun des élements suivants: *davantage de, autant de, aussi, toujours plus*.

3.5 *GRAMMAIRE* | Le système des pronoms

Les pronoms, comme leur nom l'indique, représentent généralement un nom ou un groupe nominal. Ils peuvent également se substituer à un adjectif, à un complément circonstanciel ou à toute une proposition. Ainsi contribuent-ils à la cohérence d'un texte.

A | Réflexion

Remplacez les éléments répétés en italique par des pronoms:

1 Il est important d'avoir des transparents très organisés . . . Il est important que *les transparents* soient tapés, il faut aussi numéroter *les transparents*.
2 A plusieurs reprises, les banques ont menacé Robert Hersant de couper les vivres *à Robert Hersant.*
3 Pour avoir une analyse plus approfondie des événements, les gens vont acheter les hebdomadaires. *Acheter les hebdomadaires* revient moins cher *aux gens* . . .

4   Les Français lisent de moins en moins la presse: pour *les Français*, le jour-
    nal télévisé du soir ou les informations entendues à la radio suffisent.
5   Mon école était à deux pas et j'allais *à l'école* à pied.
6   'Quelle est la cause de la désaffection vis-à-vis des quotidiens? — Il y a
    plusieurs *causes*.'
7   Le sujet que je voudrais aborder est *le sujet* des récentes découvertes tech-
    nologiques.
8   Ce livre est *mon livre* et *ce livre-ci* est *ton livre*.

B Les pronoms personnels

FORME ACCENTUÉE	SUJET	RÉFLÉCHI	OBJET DIRECT	OBJET INDIRECT	À + NOM INANIMÉ	DE + NOM
moi	**je**	me	me	me		
toi	**tu**	te	te	te		
lui	**il**	se	le	lui		
elle	**elle**	se	la	lui		
soi	**on**	se			y	en
nous	**nous**	nous	nous	nous		
vous	**vous**	vous	vous	vous		
eux	**ils**	se	les	leur		
elles	**elles**	se	les	leur		

Les formes accentuées

Observez l'utilisation de la forme accentuée dans les phrases encadrées:

> **a.** Pour **moi**, Paris, c'était un peu un village.
> **b.** **Moi**, j'aimerais bien aller habiter à Montréal.
> **c.** C'est peut-être **moi** qui me sens un peu étrangère.

La forme accentuée s'emploie:
▷   après une préposition, comme dans l'exemple (**a.**)
▷   pour insister sur la personne dont on parle, comme dans l'exemple (**b.**)
▷   après la construction *c'est . . .* ou *ce sont* (**c.**)

Exercice 1
Remplissez les blancs avec la forme accentuée qui manque:

1   'Pour _____, Parisiens, il était inconcevable de franchir le périphérique
    pour aller nous installer en banlieue.'
2   Les Latimier disent que leurs amis parisiens se moquent un peu d' _____.

3 Robert Hersant était le fondateur du plus puissant empire de presse français. C'est _____ qui, le premier, a cherché à donner à la presse quotidienne une dimension industrielle.
4 Mon cousin veut toujours passer ses vacances à la montagne alors que sa femme, _____, préfère aller à la mer.
5 Pour bien réussir son exposé, il faut s'entraîner chez _____.

Les pronoms compléments d'objet *le, la, les* ≠ *lui, leur*

On utilise les pronoms *le, la, les* pour représenter des compléments d'objet direct, comme dans les exemples (**a.**), (**b.**) et (**c.**). Dans (**b.**), *le* est employé pour remplacer toute une proposition, et dans (**c.**) pour renvoyer à un adjectif. Les pronoms *lui* et *leur* représentent des compléments d'objet indirect de la forme *à* + **nom animé**, comme dans l'exemple (**d.**).

> **a.** On obtient un certain nombre de **personnes** à interviewer. On **les** contacte.
> **b.** Comme nous pouvons **le** constater dans notre vie quotidienne . . . *les années 80 ont vu des progrès*.
> **c.** Hélène est *satisfaite* de cette solution, mais je **le** suis moins.
> **d.** Quand le propriétaire de la petite maison que *Régis et Anne-Monique Latimier* louent du côté de Bercy **leur** annonce qu'il récupère son bien . . .

Exercice 2
Complétez les phrases suivantes en employant le pronom voulu. Faites les accords nécessaires:

1 J'ai vu Claire et Judith et je _____ ai annoncé la bonne nouvelle.
2 Voici d'excellents articles pour ton exposé: je _____ ai trouvé dans *Libé*.
3 J'ai parlé à Jean-Paul. Je _____ ai demandé de relire notre texte.
4 En ce moment, je travaille avec Simone. Je dois _____ voir tout à l'heure.
5 Il faut savoir ce qu'on va dire et à quel moment on va _____ dire.

Y et *en*

> *Y* représente:
> * **à, en, sur + lieu:**
>   Mon école était à deux pas et j'y allais à pied.
> * **un COI inanimé précédé de à:**
>   La vie en banlieue? . . . On s'y fait! (on se fait *à ça*)
>   ≠ Édith? . . . Je *lui* ai parlé (*à Édith*) l'autre jour. (COI animé)
>   ≠ Édith? . . . Je pense *à elle* pour le rôle de la reine.*

*Avec certains verbes – *faire appel à, faire allusion à, faire attention à, s'habituer à, penser à, tenir à* – un complément animé précédé de *à* ne peut pas se remplacer par *me, te, lui, nous, vous, leur*. Il faut employer *à* + la forme accentuée.

En représente:

- **de + lieu:**

    Pour moi, ce Paris n'existe plus . . . et j'*en* suis partie (*de* Paris).

- **un COD précédé de *de, du, de la, des* ou d'un quantificateur:**

    'Tu as vu *des transparents*? — Non, je n'*en* ai pas vus.'

    'Quelle est la cause de la désaffection envers les quotidiens?

    – Il y *en* a plusieurs'. (*de ces causes*)

- **un COI inanimé** précédé de *de*:

    Je connais bien ce dossier . . . je vais *en* parler lors de mon exposé.

    ≠ Je connais bien Christophe . . . je t'ai parlé *de lui*, non?

Exercice 3

Choisissez *y* ou *en* pour compléter les blancs dans les phrases suivantes:

1   Dans ce quartier, les loyers ont augmenté. Alors forcément, tous les gens
    qui _____ habitaient ont dû déménager.
2   Je crois qu'ils ont démoli cet Hôtel du Nord . . . en tout cas, ils _____
    parlaient.
3   Moi, j'ai de Lyon l'image d'une ville un peu somnolente. C'est un peu
    l'image qu' _____ ont les Français, je crois.
4   À Lille on a construit des complexes de bureaux. Beaucoup de grandes
    entreprises sont venues s' _____ installer.
5   Au siècle dernier, on comptait 250 quotidiens; il n'y _____ a plus au-
    jourd'hui qu'une cinquantaine.
6   Décrocher un bon poste . . . je croyais que je n' _____ arriverais jamais!

C | Les pronoms possessifs

POUR REPRÉSENTER:	LE JOURNAL	LA REVUE	LES JOURNAUX	LES REVUES
mon, ma, mes + nom	le mien	la mienne	les miens	les miennes
ton, ta, tes + nom	le tien	la tienne	les tiens	les tiennes
son, sa, ses + nom	le sien	la sienne	les siens	les siennes
notre, nos + nom	le nôtre	la nôtre	les nôtres	les nôtres
votre, vos + nom	le vôtre	la vôtre	les vôtres	les vôtres
leur, leurs + nom	le leur	la leur	les leurs	les leurs

D | Les pronoms démonstratifs

Celui

Que représentent les mots en italique?

> **a.** Le chiffre d'affaires sur les services Internet ne correspond qu'au douzième de *celui* du Minitel.
>
> **b.** . . . quatre découvertes ont tout bouleversé. La première fut *celle* du numérique.
>
> **c.** Paris est super pour *ceux* qui n'ont pas de contraintes.

POUR REPRÉSENTER *UN NOM SPÉCIFIQUE*	
ce chiffre d'affaires . . .	**celui** du Minitel . . .
cette découverte . . .	**celle** du numérique . . .
ces gens . . .	**ceux** qui n'ont pas de contraintes . . .
ces découvertes . . .	**celles** dont nous venons de parler . . .

Exercice 4

Remplacez les mots en italique par le pronom démonstratif qui convient:

1 Au problème de la hausse des frais de fonctionnement s'ajoute *le problème* de la chute dans les recettes publicitaires.
2 Plusieurs solutions ont été proposées. La commission a retenu *la solution* qui coûtait le moins cher.
3 Les cafés de Bruxelles ne sont pas vraiment comme *les cafés* de Paris.
4 Les questions les plus intéressantes sont toujours *les questions* auxquelles il n'y a pas de réponse immédiate.
5 Les articles – *les articles* que tu m'as donnés hier – sont très utiles.

Les pronoms démonstratifs + *ci*

Notez qu'on peut ajouter *–ci* ou *–là* à *celui* etc. Le pronom démonstratif + *ci* s'emploie à la place d'un pronom sujet pour que la référence soit claire.

> **a.** Lorsque le rédacteur en chef valide l'article, *celui-ci* est considéré comme terminé.
> *il = le rédacteur, l'article? → celui-ci = l'article*
>
> **b.** Six ans plus tard, Anne-Monique et Régis n'ont pas perdu un seul de leurs amis. *Ceux-ci* viennent régulièrement passer la soirée chez eux.
> *ils = Anne-Monique et Regis, leurs amis? → ceux-ci = leurs amis*

Pronom démonstratif *ce*, *ça* ≠ pronom personnel *il(s)*, *elle(s)*

Observez dans l'encadré ci-dessous l'utilisation des pronoms demonstratifs *ce* et *ça* et des pronoms personnels *il*. Pour chaque pronom en italique identifiez sa référence.

> **a.** [Lyon] C'est très près de la mer et de la montagne, donc *ça* permet pas mal de loisirs.
>
> **b.** 'Si je sors de Paris, je meurs . . .' C'est du moins ce qu'Hélène Kassimatis . . . a cru pendant les premières trente-six années de sa vie.
>
> **c.** Moins 100 000 habitants en vingt ans: les familles et les retraités fuient une capitale devenue trop chère et font place aux célibataires diplômés. Restent les touristes. *Cela* fait-il une ville?
>
> **d.** La Sodepresse contrôle le tiers des quotidiens français. *Elle* est lourdement déficitaire.
>
> **e.** En définitive, le succès d'Internet, même s'*il* est lié aux subventions qui ont rendu son accès très attractif, démontre qu'*il* existe une demande fortement croissante pour un réseau universel . . .

> ### LES PRONOMS DÉMONSTRATIFS CE, ÇA/CELA:
> - désignent une idée, quelque chose de neutre et de vague.
> - *ce* s'emploie avec le verbe *être*: *cela* (ou *ça* – la forme orale) dans les autres cas.
> - on peut employer *c'est* + adjectif ou *ça* + *verbe* pour parler d'une chose inanimée, comme dans l'exemple (**a.**). Employer *c'est* + adjectif ou *ça* + *verbe* pour parler d'une personne relève d'un registre très familier, souvent péjoratif.

> ### LES PRONOMS PERSONNELS IL(S), ELLE(S):
> - désignent quelque chose de précis; un élément spécifique, individuel.
> - le pronom 'il' a souvent une valeur 'impersonnelle', comme dans l'exemple (**e.**). D'autres verbes impersonnels: *il faut, il s'agit de, il y a*.

Exercice 5

Choisissez un pronom démonstratif ou un pronom personnel pour compléter les phrases suivantes, tirées de ce chapitre et des précédents:

1 Hélène Kassimatis . . . gagne la capitale quand le devoir l'appelle.
 '_____ est alors la vie de dingue qui recommence, mais _____ me fait apprécier ce que j'ai ici!'

2 Pourriez-vous nous parler de la diffusion des quotidiens nationaux et nous dire à quelle mouvance politique _____ appartiennent?

3 Le quotidien national avec la plus grande diffusion quotidienne en 1995,
_____ était *Le Parisien* . . . _____ est le journal le plus lu en région
parisienne. _____ se situe politiquement au centre.

4 Pour beaucoup de Français, le journal télévisé du soir et les informations
entendues à la radio suffisent amplement. Pour avoir une analyse plus approfondie . . ., _____ vont alors acheter les hebdomadaires. _____ leur
revient moins cher et _____ leur prend moins de temps.

5 La quatrième saut technologique dont nous devons parler, _____ est
l'introduction de la fibre optique dans les réseaux. Aujourd'hui _____ a
supplanté les câbles en cuivre dans les liaisons sous-marines.

D Les pronoms relatifs » 4.1, 4.7, 8.3, 9.4

Qui ≠ que

Considérez ces phrases. Quand est-ce qu'on emploie *qui* ≠ *que*?

> **a.** Nous avons le TGV *qui* vient donc à Lille.
> **b.** Des gens *que* je connais à Paris . . . beaucoup travaillent en province.

Ce qui/que – qui/que

Considérez les phrases suivantes. Dans quel contexte utilise-t-on **ce** +
pronom relatif?

> **a.** Nous avons eu la chance d'avoir un maire très dynamique *qui* a été le
> premier ministre de François Mitterrand, **ce qui** veut dire qu'il a débloqué
> beaucoup de fonds pour la ville . . .
> **b.** Paris, c'est une ville *que* j'aime beaucoup . . .
> **c.** Marseille, c'est une grande ville, **ce que** j'aime bien . . .

Exercice 6

Complétez les blancs avec *qui*, *que*, *ce qui* ou *ce que*.

1 J'ai l'intention d'habiter à Montréal _____ n'est pas loin de Québec.
2 Il fallait que j'aille à Paris, _____ voulait dire une heure de transport.
3 Londres, c'est une ville cosmopolite, _____ j'apprécie beaucoup.
4 Il y a beaucoup de petits quartiers _____ l'on peut découvrir à pied.
5 Je voudrais revenir sur _____ disait Édith tout à l'heure.
6 Je crois que _____ est important, c'est le plan.
7 —— est certain, c'est qu'aujourd'hui le bon vieux téléphone, c'est fini.

Dont, lequel etc.

Observez les pronoms relatifs en italique. Quand faut-il employer:

▷ dont ≠ duquel?　　　▷ à qui ≠ à laquelle – auquel?

---

a.　Le quatrième saut technologique *dont* nous devons parler, c'est l'introduction de la fibre optique.

b.　Le commutateur ATM . . . il s'agit d'une sorte d'aiguillage à partir *duquel* s'organise la circulation des informations.

c.　Il faut regarder les gens *à qui* on s'adresse.

d.　Paris . . . c'est une vitrine *à laquelle* nous n'avons plus accès.

e.　Il n'existe aucun moyen de facturation sur Internet, si ce n'est l'abonnement à un service, *auquel* on accède avec un mot de passe.

Rappel

auquel = à	+ lequel	auxquels = à	+ lesquels	auxquelles = à	+ lesquelles
duquel = de		desquels = de		desquelles = de	

Exercice 7

Complétez les phrases avec le pronom relatif qui manque:

1　Robert Hersant, _____ la mort a été annoncée hier, était le fondateur du plus grand empire de presse français.

2　André Rousselet a tenu cet après-midi une conférence de presse au cours de _____ il a annoncé la fermeture de *InfoMatin*.

3　Le bouton sur _____ il faut cliquer pour accéder à Internet se trouve à gauche de l'écran.

4　Les gens à _____ tu vas parler sont tous des professeurs.

5　Les difficultés _____ la presse française doit faire face ne datent pas d'aujourd'hui.

6　La personne avec _____ je travaille le mieux, c'est Antoine.

	Antécédent		*sujet* dans la proposition relative
Animé	Le rédacteur	*qui*	[*le rédacteur*] est aussi journaliste
Inanimé	. . . une ville		[*la ville*] a beaucoup changé
Idée	C'est une ville jeune,	*ce qui*	[*ce fait*] est bien pour moi

	Antécédent		*objet direct* dans la proposition relative
Animé	Des gens	*que*	je connais [*des gens*]
Inanimé	C'est une ville		j'aime beaucoup [*la ville*]
Idée	C'est une grande ville,	*ce que*	j'aime beaucoup [*ce fait*]

	Antécédent		*de + complément* dans la proposition relative
Animé	l'auteur	*dont*	nous allons parler [*de l'auteur*]
Inanimé	le sujet		nous allons parler [*du sujet*]
Idée		*Ce dont*	nous allons parler [*de cette idée*]

	Antécédent		*préposition + complément* dans la proposition relative
Animé	la personne	*sur qui*	tu peux compter [*sur cette personne*]
Inanimé	l'ordinateur	*sur lequel*	je travaille [*sur l'ordinateur*] . . .
	la question	*à laquelle*	il faut répondre [*à la question*]
	les services	*avec lesquels*	je travaille [*avec les services*]
	les écoles	*dans lesquelles*	je travaille [*dans les écoles*]
Idée		*Ce à quoi*	je m'attendais . . . [*à cette chose*]

	Antécédent		
Inanimé de lieu ou de temps	une ville	*où*	il fait bon vivre [*à Québec*]
	C'était l'époque		l'on pouvait faire tout [*à cette époque*]

Exercice 8

Complétez ce texte par des pronoms de toutes catégories:

LE TRAC

La difficulté majeure à _____ on se heurte quand on doit parler aux autres,
c'est le trac. Personne n' _____ échappe. Il n'est pratiquement pas d'exemples
d'artistes, d'orateurs, de conférenciers _____ n'aient avoué un jour ou l'autre
avoir le trac.

Or beaucoup de gens _____ ont le trac avant de parler en public s'imaginent
souffrir d'une sorte de maladie particulière, _____ les autres sont indemnes.
Ainsi, quand j'avoue mon propre trac devant _____, ils ne _____ croient pas
et considèrent cette déclaration comme une manœuvre démagogique. Ils di-
visent l'humanité en deux catégories: _____ qui ont le trac et _____ qui
ne_____ ont pas, et ils souhaitent ardemment passer de la première catégorie à
la seconde.

Mais les termes dans _____ ils posent le problème sont faux, car l'espèce de
'non-traqueurs' n'existe pas! Ce _____ il faut comprendre, c'est qu'il existe des
moyens pour surmonter l'inévitable trac et parvenir à s'exprimer.

3.6 *STRATÉGIES* Savoir intéresser son auditoire

Vous avez réfléchi dans la section 3.2 à l'agencement des idées dans un exposé. Dans les sections 3.3 et 3.4, vous avez observé comment cet agencement s'applique à un texte écrit, puis à un exposé oral assez formel.

Imaginez la situation suivante: votre professeur vous demande de préparer
un exposé informatif de 15 minutes sur la Communauté européenne à
présenter devant votre classe de français. C'est un thème complexe et un peu
aride, mais très actuel.

Vous avez trouvé dans la bibliothèque *Le Guide de l'Europe des 15*. Au
sommaire, il y a 75 sections classées sous six rubriques! Vous êtes face à un
double défi:

1   Quels aspects du thème aborder pour pouvoir faire un exposé cohérent?
    Notez les 5 sections du sommaire qui vous semblent les plus intéressantes
    pour votre exposé.
2   Comment rendre votre exposé vivant pour accrocher l'attention de
    votre auditoire? Faites une liste d'idées et discutez-en en petits groupes.

SOMMAIRE
La construction de l'Europe

ÉTAPES
France, Allemagne, Italie, Belgique, Pays-Bas,
 Luxembourg
Royaume-Uni, Irlande, Danemark, Grèce
Espagne, Portugal
Autriche, Finlande, Suède

INSTITUTIONS
Les traités fondateurs
La Commission propose et exécute
Le Conseil des ministres décide
Le Parlement européen
La Cour de justice
Défendre ses droits
CES, Cour des comptes, BEL
Comité des régions
Règlements, directives et décisions
L'histoire d'une loi communautaire
Le traité de Maastricht
Le budget de l'Europe

GRANDS ENJEUX
L'Europe verte
L'Europe bleue
Les régions d'Europe
Aider les régions en difficulté
La politique européenne des transports
L'Europe de l'automobile
La politique de l'environnement
L'Europe des chercheurs
La politique européenne de l'énergie
La télévision sans frontières
Les télécommunications et l'Europe
L'Europe de la santé
Combattre l'exclusion
Les consommateurs face au Marché unique
L'Europe de la culture
Étudier en Europe
L'Europe des jeunes
La reconnaissance des diplômes

Former les Européens
L'Union européenne et les États-Unis
L'Union européenne et le Japon
L'Union européenne et les pays de l'Est

ÉCONOMIE
Un grand marché depuis 1993
Des marchandises circulant sans entraves
Vers des produits européens
La libre circulation des capitaux
Harmoniser la fiscalité
Bourse et Europe
Les banques
Les assurances
Vers la monnaie unique
L'ouverture des marchés publics
Les PME face au Marché unique
La coopération entre les entreprises
Le droit des sociétés
La politique de concurrence

INSTALLATION/TRAVAIL
Le contrôle des personnes
Les achats des particuliers
S'installer sans formalités
Le droit de séjour
Exercer son métier dans le pays de son choix
Les travailleurs non communautaires
Les droits des travailleurs dans l'entreprise
Hygiène et sécurité du travail
La Sécurité sociale des travailleurs migrants
La lutte contre le chômage
Hommes et femmes à égalité
Les professions libérales
Prendre sa retraite

INTERNATIONAL
La politique étrangère de l'Union européenne
L'Union européenne, première puissance commerciale
L'Union européenne et les pays méditerranéens
La convention de Lomé
La politique du développement

Guide de l'Europe des 15, Nathan, 1995

3.7 *ÉCOUTE* — Reportage: la voiture électrique

Vous allez entendre un reportage sur la voiture électrique, fait par
un journaliste en direct du Mondial de l'Automobile.
Comme vous allez le constater, le style diffère de celui de
Mme Nota.

A Avant d'écouter

1 La voiture électrique: faites une liste de questions ou d'idées sur ce
thème.
2 Vérifiez le sens des mots suivants, tous associés à la voiture:

un cadran	le frein
le volant	des vitesses
un clignotant	le gazole
le klaxon	l'entretien
la borne	le dépannage

B Idées

Première écoute
1 Qu'apprenez-vous sur la voiture électrique? Ordonnez vos notes de façon
à pouvoir en faire un résumé oral.
2 Quel est le but de ce reportage?

Deuxième écoute
3 Faites le plan de l'exposé: quel schéma est employé? (« 3.2C)
4 Le journaliste choisit de nous parler d'un cas concret – le cas de Jacques
Meunier. Pourquoi, à votre avis, a-t-il choisi cette stratégie?
5 Cette stratégie lui permet d'aborder différents aspects du thème:
lesquels?

C Analyse

1 En quoi cet exposé sur la voiture électrique diffère-t-il de celui sur les nouvelles technologies? Pour vous aider à répondre plus concrètement à cette question, étudiez ci-dessous les introductions des deux exposés. Comparez-les à partir des éléments dans la grille:

A

Comme nous pouvons le constater dans notre vie de tous les jours, les années quatre-vingt-dix ont vu des progrès importants dans le domaine des télécommunications. Ce qui est certain, c'est qu'aujourd'hui, le bon vieux téléphone, c'est fini. Il est remplacé par le répondeur téléphonique que l'on peut interroger du fin fond du désert californien; la téléconférence qui permet à des hommes d'affaires entre autres de converser à distance; le micro-ordinateur sur lequel un physicien à Chicago peut transmettre ses calculs à un centre de recherche en Australie. En dix ans, les communications mondiales ont été multipliées par deux virgule cinq.

Alors la question que tout le monde est en droit de se poser est la suivante: comment un tel essor a-t-il pu . . .?

B

AUJOURD'HUI nous sommes au Mondial de l'Automobile et la grande nouveauté, cette année, c'est la voiture électrique. Et oui . . . la France se branche . . . et les voitures élec-triques, ça démarre . . . Alléluia . . . La raison? La lutte antipollution a finalement eu raison des résistances. Dans trois ou quatre ans, vous serez peut-être au volant d'une de ces petites voitures!

Laissez-moi vous raconter ma visite hier, à Jacques Meunier . . .

ÉLÉMENTS	LES NOUVELLES TÉLÉCOMMUNICATIONS	LA VOITURE ÉLECTRIQUE
Angle de vision Ton subjectif/objectif? Connivence avec le destinataire Dans quelle proportion le destinataire est-il impliqué?		
Style Les phrases: longueur et construction Le vocabulaire		
Registre familier, standard, soutenu		
Voix débit, rythme, accentuation, intonation		

2 Quelle approche préférez-vous: celle de Mme Nota ou celle du journaliste? Pensez-vous qu'il existe des situations où l'une de ces deux approches ne conviendrait pas?

D | Mots et expressions

1 Expliquez le double sens des expressions en italique:
La France *se branche* et les voitures électriques, *ça démarre*.
2 Expliquez le sens des expressions en italique:
   a. La lutte anti-pollution a finalement *eu raison des résistances*.
   b. Jacques *a failli* écraser un piéton.
   c. La 106 est complètement *insonore*.
   d. Jacques qui a accepté de *jouer les clients-cobayes*.
   e. Le moteur est *inusable*.

E | Structures

Les pronoms personnels dans la phrase impérative

> a. Laissez-*moi* vous raconter ma visite.
>
> b. Comprenez-*le* bien: il lui reste encore trois visites à faire.
>
> c. L'usage d'un véhicule électrique, c'est très économique. Pensez-*y*.
>
> Notez que dans des phrases impératives affirmatives, les pronoms sont placés *après* le verbe. La terminaison 's' sur la forme 'tu' des verbes en 'er' est supprimé: laisse-*moi* vous raconter . . . A la forme négatif, les pronoms sont à nouveau placés *avant* le verbe: ne *le* laisses pas partir.

Exercice 1
Reformulez les phrases ci-dessous en employant une phrase impérative selon l'exemple suivant:

Peux-tu deviner *la réponse* à cette question? → *Devine-la!*

1 J'aimerais que vous *m*'expliquiez comment accéder *à Internet*.
2 Il vaudrait mieux le demander *aux techniciens*.
3 Pourriez-vous discuter *du projet* avec *votre patron*?
4 Pourrais-tu téléphoner *à Mme Nota* ce soir?
5 Il faut que tu *te* lèves maintenant.

3.8 *SAVOIR-FAIRE*

Vous allez faire un exposé en français devant votre classe.

Préparation

▷ Choisissez un thème en fonction de vos intérêts et de ceux de votre auditoire. Développez des idées, des questions autour de ce thème.

▷ Documentez-vous! Assurez-vous que votre documentation est abondante et variée afin de fournir différents points de vue.

▷ Rappelez-vous toutefois qu'il faut être rigoureux en sélectionnant les aspects du sujet que vous allez aborder pour, d'une part assurer la cohérence et la clarté de votre exposé, et d'autre part ne pas ennuyer votre auditoire.

▷ Mettez en ordre vos idées-clés selon un schéma («3.2). Développez votre plan et mettez-vous à écrire!

Plan

Introduction

▷ Annoncez le sujet.

▷ Commencez par présenter la situation actuelle.

▷ Attirez l'attention du destinataire par une question, une anecdote, une citation, des faits et des chiffres intéressants.

▷ Annoncez les différents points qui seront développés.

Développement

▷ Adoptez un schéma pour organiser vos idées:
chronologie – bilan – description – évaluation – problème–solution – thèse–antithèse–synthèse « 3.2.

▷ Indiquez clairement les transitions et les relations logiques entre les idées « 2.5.

Conclusion

▷ Résumez les points importants et reprenez l'idée-clé.

▷ Tirez une conclusion personnelle et proposez des mesures à prendre.

▷ Élargissez le débat, en vous tournant, par exemple, vers l'avenir.

▷ Terminez par une citation ou en posant une question.

Révision

▷ Vérifiez que le style et le registre de l'exposé conviennent à votre auditoire.

▷ Vérifiez l'orthographe et la construction des phrases en consultant un dictionnaire et une grammaire. Si possible, faites relire votre texte.

L'exposé oral

▷ Réfléchissez à la façon dont vous maintiendrez le contact avec l'auditoire: anecdotes, exemples, supports visuels avec vos idées-clés clairement présentées.

▷ Préparez vos notes sur des cartelettes. Quelqu'un qui *lit* son texte a tendance à ne pas regarder son auditoire et à parler trop vite: cela devient rapidement monotone. Rappelez-vous que le style oral est moins soutenu que le style écrit.

▷ Entraînez-vous plusieurs fois avant de faire votre exposé. Cela vous permettra de vous assurer que vous ne dépassez pas le temps limite et que vos idées sont bien mémorisées.

FICHE D'ÉVALUATION DE L'EXPOSÉ ORAL

- **le fond de l'exposé:**
  - l'auditoire semblait-il intéressé?
  - les auditeurs, ont-ils posé des questions?
  - y a-t-il eu un débat après l'exposé?
- **l'organisation du contenu:**
  - l'organisation de l'exposé était-elle cohérente?
  - les idées étaient-elles enchaînées d'une façon claire?
  - y avait-il des phrases-repères pour guider l'auditoire?
- **la langue:**
  - le vocabulaire était-il varié ou au contraire restreint?
  - les constructions de phrases étaient-elles correctes?
  - l'intonation et l'articulation étaient-elles naturelles?
  - le débit était-il trop lent ou au contraire trop rapide?
- **le contact avec l'auditoire:**
  - la gestuelle (vos gestes, vos mouvements)
  - le regard
  - la qualité de la voix
- **les supports visuels:**
  - l'information était-elle clairement présentée?

Annexe

Exposé: L'essor des nouvelles télécommunications

C'est en tant que chercheur en sciences et techniques de l'information que je m'adresse à vous aujourd'hui. Le sujet que je voudrais aborder est celui des récentes découvertes technologiques et leur impact dans les télécommunications.

Comme nous pouvons le constater dans notre vie de tous les jours, les années quatre-vingt-dix ont vu des progrès importants dans le domaine des télécommunications. Ce qui est certain, c'est qu'aujourd'hui, le bon vieux téléphone, c'est fini. Il est remplacé par le répondeur téléphonique que l'on peut interroger du fin fond du désert californien; la téléconférence qui permet à des hommes d'affaires, entre autres, de converser à distance; le micro-ordinateur sur lequel un physicien à Chicago peut transmettre ses calculs à un centre de recherche en Australie. En dix ans, les communications mondiales ont été multipliées par deux fois et demie.

Alors la question que tout le monde est en droit de se poser est la suivante: comment un tel essor a-t-il pu se produire en si peu de temps? La réponse est simple: c'est l'enchaînement de plusieurs découvertes technologiques qui ont permis cette récente révolution.

Je commencerai, en premier lieu, à parler de la découverte du numérique, qui a permis de transporter des données informatiques, et plus seulement de la voix. Je continuerai avec la deuxième découverte, celle de la compression, une étape fondamentale dans la retransmission des images animées. En troisième lieu, je présenterai le commutateur ATM, dernier né de la commutation téléphonique et développé par des ingénieurs français. En dernier lieu, je parlerai de l'introduction de la fibre optique dans les réseaux, ce qui permet de multiplier par mille le flux d'informations transmissibles.

Pour commencer il faut savoir que, jusqu'au début des années soixante-dix, le concept de base du téléphone est resté quasiment inchangé. Puis, quatre découvertes ont tout bouleversé. La première fut celle du numérique. Au lieu d'utiliser un signal qui varie en fonction de son intensité, le fil du téléphone transporte désormais un signal numérisé, constitué d'une suite de zéros et de uns. La deuxième découverte, la compression, a permis aux télécommunications de se lancer à grande échelle dans le transport des images. Il s'agit tout simplement de réduire le nombre de zéros et de uns nécessaires, au moyen de fonctions mathématiques complexes. Prenons l'exemple d'un débat télévisé. La retransmission continue d'éléments redondants, comme le décor d'un plateau, peut être omise d'une image à l'autre, sans pour autant nuire à la qualité du message. Ainsi, cette découverte permet non seulement de véhiculer davantage de services et de programmes mais aussi de développer l'interactivité, autrement dit, la manipulation de l'image.

Il faut signaler également le commutateur ATM qui constitue une étape incontournable. Il s'agit d'un commutateur, autrement dit d'une sorte d'aiguillage, à partir duquel s'organise la circulation des informations aux carrefours des télécommunications. Sans commutateur ATM, les embouteillages paralyseraient les autoroutes de l'information.

Le quatrième saut technologique dont nous devons parler, c'est l'introduction de la fibre optique dans les réseaux. Aujourd'hui, elle a supplanté les câbles en cuivre dans les liaisons sous-marines, ce qui signifie qu'à l'avenir, elle permettra, entre les grandes villes, la diffusion d'images et de services interactifs jusqu'au domicile des particuliers.

Afin de comprendre comment ces découvertes vont opérer dans la vie quotidienne, regardons ce schéma. Vous pourrez recevoir et envoyer des informations multimédias à partir de votre matériel informatique et télématique, c'est-à-dire votre ordinateur mais aussi votre téléviseur. Ces informations seront acheminées principalement par fibre optique, et c'est le commutateur ATM qui gèrera toutes ces communications à haut débit.

Pour résumer, je voudrais revenir sur ce que Gérard Théry souligne dans son rapport sur les autoroutes de l'information; ce sont ces récentes découvertes qui ont permis le développement de réseaux aux potentiels toujours plus importants. Du Minitel d'hier, nous sommes passés aujourd'hui à l'Internet. Demain 'les autoroutes de l'information' permettront des échanges d'images animées avec autant de facilité que le téléphone permet des échanges phoniques. La notion de distance sera abolie et les frontières disparaîtront. Chacun pourra émettre des images ou des données aussi facilement qu'il les recevra. Et je conclurai avec l'heureuse expression de Bill Gates, le PDG de Microsoft: grâce à cette révolution technologique, chacun disposera, à l'avenir, de l'"information au bout des doigts".

4

l'interprétation et la traduction

4.1 ÉCOUTE:

 Interview: le métier d'interprète
- pronoms relatifs: *ce qui, ce que*
- verbes impersonnels

À VOUS 1: discussion sur le métier d'interprète

4.2 DÉCOUVRIR:

L'interprétation
- l'interprétation consécutive abrégée

'L'union politique est-elle possible?'
- l'interprétation de liaison

'Les institutions-clés de la Communauté européenne'

À VOUS 2: s'entraîner à parler sans hésiter

4.3 LECTURE:

'La montée vers Bruxelles de Jacques Santer'

À VOUS 3: portrait de Jacques Santer
- *comme si* + imparfait/plus-que-parfait
- *c'est* ≠ *il est*

4.4 ÉCOUTE:

 Interview avec Jacques Santer

À VOUS 4: traduction intégrale

4.5 GRAMMAIRE:

Les articles
- problèmes de traduction
- l'article après la préposition *de*
- l'article défini + noms géographiques

4.6 STRATÉGIES:

Savoir traduire

'La cuisine anglaise sur le gril'

- évaluer et réviser une traduction

À VOUS 5: traduction

4.7 ÉCOUTE:

Chronique: la visite de Jacques Chirac en Grande Bretagne

À VOUS 6: résumé en anglais
- les verbes pronominaux à valeur réciproque
- les pronoms et adjectifs possessifs
- les pronoms relatifs

4.8 SAVOIR-FAIRE:

Dossier de traductions

Interprétation consécutive abrégée

Interprétation de liaison – discussion sur le thème de la ville

4.1 *ÉCOUTE* | Interview: le métier d'interprète

A | Avant d'écouter

Dans la prochaine interview, vous allez entendre Yves, interprète, parler de son métier. Avant d'écouter ce passage, notez à l'écrit vos réponses aux questions ci-dessous:

1 Aimez-vous faire de la traduction? Pourquoi? Pourquoi pas?
2 Vous est-il jamais arrivé d'interpréter? Comment cela s'est-il passé?
3 Le métier d'interprète/traducteur vous plaîrait-il? Pourquoi? Pourquoi pas?
4 À part une bonne connaissance des langues, quelles qualités faut-il posséder pour être un bon interprète?

B | Idées

Écoutez l'interview plusieurs fois et prenez des notes sous les rubriques suivantes:

a. **La formation d'Yves**
b. **Les différentes formes d'interprétation:**
  l'interprétation sociale   l'interprétation consécutive
  le chuchotage   l'interprétation simultanée en cabine
  l'interprétation de liaison
c. **Les avantages du métier**
d. **Les qualités nécessaires**

C | Mots et expressions

Expliquez le sens des expressions en italique:

1 J'ai eu une formation '*sur le tas*'
2 . . . vous *recrachez* ce qui a été dit
3 Il faut savoir *se rattraper*
4 une expérience *fâcheuse*
5 vous avez conservé votre *sang-froid*

D Structures

Pronoms relatifs: *ce qui*, ce que « 3.4 » 4.7, 8.3, 9.4

Exercice 1

Révisez la distinction entre *ce qui* et *ce que* (« 3.5), puis complétez les phrases d'Yves par *ce qui* ou *ce que*:

1 Il y a _____ s'appelle le chuchotage . . . vous chuchotez _____ se passe.
2 Alors moi, _____ je fais, c'est plutôt _____ s'appelle le simultané en cabine.
3 Si vous êtes interprète allemand, il faut attendre le verbe tout à la fin de la phrase, _____ est encore plus stressant.
4 Je pense que _____ me plaît le plus, c'est de pouvoir me déplacer . . .

Verbes impersonnels

> **a.** *Il* vous arrive de vous tromper?
> **b.** *Il* m'est arrivé une fois d'entrer dans une cabine . . .
>
> Cette construction est impersonnelle. Les pronoms '*vous*' et '*m*' sont des compléments d'objet indirect. D'autres verbes impersonnels qui suivent ce modèle:
>
> | | |
> |---|---|
> | Il me faut **+ nom** | Il me faut un dictionnaire anglais–français. |
> | Il me manque **+ nom** | Il me manque la dernière page de ce document. |
> | Il me reste **+ nom** | Il me reste trois exercices à faire. |

Exercice 2

À l'aide de verbes impersonnels dans l'encadré, traduisez en français les phrases suivantes:

1 Do you ever find yourself falling asleep in lectures?
2 Jacques can't come – he has still got three visits to make.
3 Sometimes I take the train to work.
4 I need 45 minutes to finish this job.
5 We're missing Frank and Helen – we can't start the meeting yet.

À VOUS 1 | *Discussion sur le métier d'interprète*

À partir de vos réponses à 4.1A et des notes que vous avez prises pour 4.1B, discutez en petits groupes:

▷ du métier d'interprète: est-ce un métier qui vous plaîrait?
▷ des qualités nécessaires pour être un bon interprète. Pensez-vous que vous-même, vous seriez un bon interprète?
▷ Yves travaille également comme comédien et professeur. Croyez-vous que ces trois métiers se complètent?

4.2 *DÉCOUVRIR* L'interprétation

A Les différentes formes d'interprétation

Yves a parlé des diverses formes de l'interprétation. Il faut faire la distinction entre **l'interprétation consécutive** (lorsque l'interprète parle après l'orateur) et **l'interprétation simultanée** (lorsque l'interprète parle en même temps que l'orateur).

Dans la catégorie de l'interprétation consécutive, on distingue **l'interprétation de liaison**, où l'orateur s'interrompt pour permettre à l'interprète d'intervenir, et **l'interprétation consécutive continue** qui se fait à la fin du discours, nécessitant de la part de l'interprète une prise de notes très efficace.

L'interprétation consécutive peut être **'abrégée'**, c'est-à-dire l'interprète se contente de résumer le fond du discours: par contre, **l'intégrale** nécessite une attention non seulement au fond mais aussi à la forme du discours.

```
                    INTERPRÉTATION
          _____|_____
         |                                       |
    simultanée                            consécutive
                                _____|_____
                               |                             |
                           continue                     de liaison
                      _____|_____
                     |                   |
                 abrégée              intégrale
```

B | Interprétation consécutive abrégée

Pour réussir l'interprétation consécutive abrégée, il faut:

• viser une compréhension globale du discours pour pouvoir en identifier rapidement les idées essentielles.
• prendre des notes qui vous permettront de faire un résumé continu – sans hésitation – en langue maternelle.

Exercice de continuité

Vous avez 15 minutes pour comprendre l'essentiel du texte ci-dessous et prendre des notes, pour ensuite en faire un résumé oral en anglais. Au bout de 15 minutes, travaillez avec un autre étudiant. L'étudiant A traduira intégralement la première question de l'interview. L'étudiant B enchaînera en présentant, *à partir de ses notes*, un résumé oral en anglais de la réponse de Bernard Guetta. Puis il/elle traduira la deuxième question et A résumera oralement la réponse. L'objectif de cet exercice est de vous entraîner à parler sans hésiter à partir de vos notes. Evitez de vous référer trop au texte d'origine.

L'union politique est-elle possible?

Entretien avec Bernard Guetta, journaliste à 'France-Inter'.

A: Le journaliste: Faut-il une union politique à l'Europe et pour quelles raisons?

B: Bernard Guetta: Il faut réaliser une union politique. D'abord pour répondre à la concurrence des pôles économiques tels que les États-Unis, le Japon et la Chine. Le monde aujourd'hui commence à s'organiser en grands ensembles. Or si les pays européens restent dispersés, ils ne feront pas le poids, ni industriellement ni commercialement. Tout le monde est d'accord pour reconnaître qu'il faut faire l'Europe économique avec un marché unique sans frontières douanières. Mais dès lors qu'on a un tel marché, on aura des politiques budgétaires et fiscales communes, c'est-à-dire très proches les unes des autres.

Mais pour que cela marche, il faut qu'il y ait une union politique en parallèle à l'union économique. Faute de quoi, on risquerait d'avoir un ensemble qui ne serait pas vraiment démocratique dans lequel les citoyens ne pourraient trancher.

B: Quels sont aujourd'hui les principaux obstacles à cette union?

A: Il existe des divergences entre les États sur les institutions politiques dont il faut doter l'Europe. Les Français sont partisans d'une Europe dans laquelle les États conserveraient la quasi-totalité de leur souveraineté. Les Allemands défendent l'idée d'une grande Fédération avec un gouvernement et un parlement communs forts. Autre obstacle: les opinions publiques. Elles sont de plus en plus réticentes à l'idée d'un transfert des pouvoirs à l'Union européenne. Cette réticence s'explique par le fait des difficultés économiques et la montée du chômage. Les gens ont peur de l'avenir. Et lorsque les gens ont peur, ils redoutent le changement.

Les Clés de l'Actualité

C La prise de notes

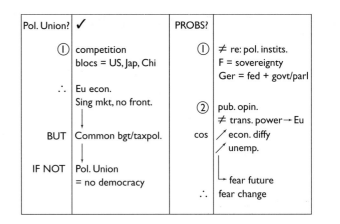

Pol. Union?	✔		PROBS?	
	①	competition blocs = US, Jap, Chi	①	≠ re: pol. instits. F = sovereignty Ger = fed + govt/parl
∴		Eu econ. Sing mkt, no front. ↓	②	pub. opin. ≠ trans. power→ Eu ╱ econ. diffy ╱ unemp.
BUT		Common bgt/taxpol. ↓	cos	
IF NOT		Pol. Union = no democracy		↳ fear future
			∴	fear change

1 Comparez maintenant les notes que vous avez prises avec celles de votre partenaire. Auriez-vous pu prendre de meilleures notes?

2 Regardez les notes ci-contre, prises par une étudiante en stage d'interprétation. D'après vous, à quoi sert la colonne de gauche?

3 Étudiez ci-centre la liste d'abréviations et de symboles employés couramment par l'étudiante. En vous référant à ses notes sur 'L'union politique', donnez la signification des symboles à gauche ✔ ∴ ╚ ≠ ╱

?	good? advisable? exists? possible?	BUT =	however, but cependant, mais
✔	_____	SO =	therefore, done, ainsi
X	bad thing	IF NOT =	otherwise, without this, sinon
∴	_____		
↓	implies	COS =	because, because of result of parce que, à cause de
╚	_____		
≠	_____	PROB =	problem, key issue question
╱	_____		
╲	decreasing	e.g. =	for example, par exemple
>	more, greater than		
<	smaller, less than	i.e. cad =	in other words c'est à dire

L'essentiel est d'éviter des notes trop détaillées qui ne font pas ressortir la structure logique du texte. Si vous avez tendance à écrire des phrases toutes faites, entraînez-vous à une prise de notes plus schématique.

Comme dans l'exemple ci-dessus:

• utilisez des abréviations et des symboles
• divisez votre page en deux et utilisez la colonne de gauche pour représenter la structure logique du texte
• obligez-vous à regarder d'avantage vos notes que le texte à traduire

D Interprétation de liaison

Les institutions-clés de la Communauté européenne

Vous allez maintenant vous initier à l'interprétation proprement dite, en interprétant un court exposé oral, enregistré sur cassette.

L'interprétation est rarement faite 'à blanc'. Les interprètes préparent leurs interventions en se documentant sur le thème qu'ils vont interpréter. L'exposé que vous allez entendre est basé sur le texte ci-dessous. Avant de travailler le document sonore, préparez le texte écrit.

Texte écrit
1 Prenez des notes pour vous permettre de retrouver les idées principales.
2 Notez les chiffres.
3 Identifiez les expressions difficiles à traduire et notez une traduction possible. En dernier recours, consultez un dictionnaire.

La Commission européenne

L'administration centrale de la Communauté. Ses 13 000 fonctionnaires proposent et mettent en œuvre les politiques communautaires. Vingt commissaires, dont un président et cinq vice-présidents, dirigent le travail de la Commission. Tous sont nommés pour cinq ans d'un commun accord par les États membres, après vote d'investiture du Parlement européen. Chaque commissaire est responsable d'un secteur, mais la Commission décide collégialement sur chaque dossier. Les commissaires représentent les intérêts de la communauté, et, à ce titre, sont responsables collectivement devant le Parlement européen, qui peut les contraindre à démissionner.

Le Conseil des Ministres

L'organe décisionnaire de la Communauté. C'est aussi l'organe de représentation par excellence des États membres et des intérêts nationaux.

Le Parlement européen

Ses 626 membres sont, depuis 1979, élus au suffrage universel direct. Il assure un contrôle politique général des activités communautaires. Aucun texte ne peut être voté sans l'accord du Parlement européen qui doit être consulté sur l'ensemble des propositions législatives communautaires.

Interprétation

4   Ecoutez l'exposé, d'abord dans son intégralité: prenez des notes.

5   Ensuite, vous entendrez une deuxième version avec des pauses pour vous permettre d'enregistrer votre interprétation.

6   À la fin de l'activité, écoutez-vous et évaluez votre interprétation selon deux critères: la continuité (parliez-vous sans hésiter?) et le contenu (votre interprétation rendait-elle bien l'original?).

À VOUS 2	*S'entraîner à parler sans hésiter*

En groupe de trois, vous allez, à tour de rôle, faire un petit exposé en français de 2 minutes sur l'un des thèmes suivants:

les vacances, le sport, la musique, le chômage, la campagne

Vous aurez 5 minutes pour préparer votre exposé. Ensuite vous présenterez votre thème pendant qu'un autre membre du groupe prendra des notes pour pouvoir en faire une interprétation abrégée en anglais. Ainsi vous vous entraînerez à parler de façon continue en anglais et en français.

4.3 *LECTURE* La montée vers Bruxelles de Jacques Santer

A Avant de lire

En 1995 au moment de son inauguration à la présidence de la Commission européenne, personne ne connaissait Jacques Santer. Cinq ans plus tard, tout le monde parlait de lui. C'est lui qui, le 16 mars, 1999, a annoncé la démission collective de la Commission, suite à des allégations de fraude et de mauvaise gestion. Personne n'a accusé M. Santer lui-même d'enrichissement personnel, mais comme vous le savez, (voir *Les institutions-clés de la Communauté européenne*, p. 117) la Commission fonctionne 'collégialement', c'est-à-dire assume une responsabilité collective pour les décisions prises par les différents commissaires.

L'article et l'interview que vous allez étudiés dans les sections 4.3 et 4.4 ne parlent pas de la 'crise' de 1999. Ils remontent à janvier 1995. A ce-moment-là, les journalistes voulaient plutôt savoir: Qui est Jacques Santer?'

> **Santer** *(Jacques)*, homme politique luxembourgeois, né à Wasserbillig en 1937. Premier ministre du Luxembourg (1984–1995), il devient président de la Commission européenne en janvier 1995 à la succession de Jacques Delors. (Bibliorom)

La montée vers Bruxelles de Jacques Santer

Quel contraste entre le bureau fonctionnel du président de la Commission européenne qui attend Jacques Santer à Bruxelles au sommet du banal immeuble servant d'état-major à l' 'euro-cratie' et celui où il aura passé ses derniers jours de premier ministre du Luxembourg, dans un petit hôtel particulier à l'ombre de la cathédrale! Vous sentez là le poids de l'Histoire et, en même temps, le lieu baigne dans une ambiance de simplicité non affectée, sans plus d'apparat que si vous étiez introduit chez un gros notaire de province.

À la fin de l'année, M. Santer était déjà un homme très occupé. Il se rendait deux fois par semaine à Bruxelles pour préparer la passation des pouvoirs entre Jacques Delors et lui, il dirigeait le Luxembourg tout en prenant la mesure de son immense tâche à venir, mais il avait toujours le même don de faire comme si le temps ne lui était pas compté, comme si rien n'avait changé dans sa vie depuis l'époque où, persuadé que son collègue belge Jean-Luc Dehaene succèderait à Jacques Delors, il nous disait sa foi en 'une candidature béneluxienne et démocrate-chrétienne' (*Le Monde* du 10 juin 1994). Pendant longtemps, son seul problème fut de choisir entre M. Dehaene et Ruud Lubbers, le Néerlandais. Puis, raconte-t-il, 'après le blocage de Corfou (quand, au sommet européen du 24 juin, les Britan-niques mirent leur veto à la nomination du Belge), je me suis dit que si le chancelier Kohl s'en tenait à ses critères petit pays, démocratie chrétienne 'il y avait des chances pour que ça tombe sur moi'. Les Luxembourgeois ont fort mal pris les articles de la presse étrangère présentant leur premier ministre comme un vain-queur par défaut et comme un président falot qui symboliserait la reprise en main de la Commission par les États. Une espèce d'union sacrée s'est constituée autour de celui que le journal satirique local surnommait naguère 'Jacques digestif' ou 'Jacques champagne', par allusion à ses invites à trinquer quand il parais-sait dans des assemblées publiques. Non sans quelque perfidie, ses adversaires politiques lui reconnaissent 'les talents qu'il faut à Bruxelles'. Mario Hirsch est de ceux-là: 'Il n'agit jamais sous le coup de l'émotion. C'est un spécialiste de la stratégie de la dé-cantation. Il appartient à cette catégorie de gens qui restent assis sur les problèmes, comme on dit en allemand.'

Le principal rival politique de Jacques Santer et son vieux com-plice dans la coalition entre socialistes et chrétiens sociaux était Jacques Poos, ministre socialiste des affaires étrangères. À l'hôtel Saint-Maximin, qui jouxte celui du premier ministre, l'intéressé raconte affectueusement qu'un journaliste les appela 'les frères

Jacques', et il ne faut pas compter sur lui pour la moindre rosserie. 'C'est un homme de compromis, dit-il. Quand il a été nommé, je me suis dit que l'Europe, en effet, avait besoin de quelqu'un qui sache arrondir les angles. Son expérience de premier ministre d'un cabinet de coalition lui servira beaucoup.'

Comme s'il devinait la légère frustration du visiteur à l'écoute de cette antienne, un proche collaborateur de M. Santer évoque une de ces enfances malheureuses qui donnent du caractère et sont aussi garantes d'une personnalité plus complexe que ne le laisse deviner un curriculum vitae trop parfait. Romain Kirt connaît bien le premier ministre. Il rédigeait ses discours à Luxembourg. Il le suit dans son cabinet à Bruxelles. Il est l'auteur d'un livre en allemand sur la vie du nouveau président de la Commission, ses idées et ses projets. Le premier chapitre est intitulé 'Qui est cet étranger?'.

C'était la question que se posait le jeune Jacques, né le 18 mai 1937 dans une famille modeste de Wasserbillig, quand son père, un gendarme enrôlé de force dans l'armée allemande, puis réfrac-taire, revenait voir les siens dans la ferme de ses beaux-parents, sans que son identité soit révélée à son fils. 'Il n'a appris la vérité qu'à l'âge de huit ans, une fois la guerre finie. Cela lui a donné très jeune une maturité qui est à la base de son vrai caractère'.

Les Allemands vaincus, le jeune Jacques mène des études secondaires à la section gréc-latine de l'athénée (lycée) de Luxembourg. Puis, comme beaucoup de ses compatriotes, le Grand-Duché n'ayant pas d'université, il fait son droit en France, d'abord à Strasbourg, puis à Paris où il passe le doctorat tout en obtenant le diplôme de l'Institut d'études politiques. Au début des années 60, il entre comme avocat au cabinet Tony Biever, une pépinière d'hommes politiques au Grand-Duché (notamment Gaston Thorn, autre ancien premier ministre luxembourgeois qui présida la Commission de 1981 à 1985). Le militantisme, chez les chrétiens-sociaux, tente déjà ce catholique pratiquant. En 1963, il entre dans le cabinet du ministère du travail et de la sécurité sociale. Dix ans plus tard, il est secrétaire général du Parti chrétien-social, puis président de la principale formation politique du Grand-Duché. Il se frotte aux questions européennes comme député au Parlement de Strasbourg de 1975 à 1979. À la fin de son mandat, il devient ministre des finances.

À partir de 1984, il occupe sans discontinuer le poste de premier ministre, en s'octroyant, au gré des coalitions, d'autres portefeuilles importants: finances, Trésor, affaires culturelles. 'Ces fonctions incluent la responsabilité ministérielle pour les postes et télécommunications, le Centre informatique, les mass media, les cultes et l'aménagement du territoire', indique une note officielle. Comme si M. Santer avait voulu faire mentir à l'avance ceux qui prédisaient qu'il serait écrasé par sa charge de travail à Bruxelles,

la direction d'un prospère pays de 400 000 habitants n'ayant rien à voir avec la présidence de l'Union européenne. 'C'est un homme affable et détendu qui prend le temps d'écouter tout le monde, mais ne vous fiez pas aux apparences, il se lève très tôt', commente un diplomate luxembourgeois, persuadé que les hiérarques bruxellois qui espèrent bien souffler un peu après Jacques Delors et son Europe à marche forcée se font des illusions.

Sans doute Jacques Santer savait-il déjà ce qu'on dit de lui dans certains cercles bruxellois: 'Les chefs d'État en avaient assez de s'entendre donner des leçons par Delors et voulaient un président docile.' Il en a surpris plus d'un en menant rondement et autoritairement la répartition des tâches et des titres entre les principaux commissaires, un exercice éloquemment appelé 'la nuit des longs couteaux' du temps de Jacques Delors. 'Il me paraît essentiel de maintenir la collégialité de la Commission, nous a expliqué M. Santer. Aucun commissaire ne peut considérer son portefeuille comme une chasse gardée. Dans mon cabinet, j'ai cherché avant tout des gens expérimentés. Ce sera un cabinet international avec peu de Luxembourgeois'. Les postulants n'ont pas manqué pour figurer dans l'entourage rapproché de M. Santer.

Le Monde, 17 janvier, 1995

B Les idées

Chapeau et premier paragraphe

1 Quel est le 'contraste' dont il est question dans le premier paragraphe?
2 Quelle image de Jacques Santer veut nous communiquer le journaliste?

Lecture globale

3 Lisez globalement l'article pour en extraire les points importants afin de remplir ce schéma:

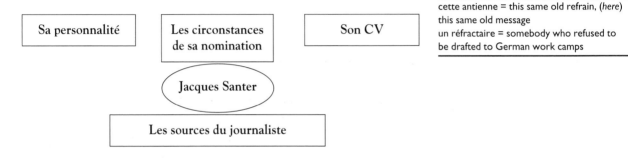

cette antienne = this same old refrain, (*here*) this same old message
un réfractaire = somebody who refused to be drafted to German work camps

C Mots et expressions

1 Expliquez le sens des expressions suivantes:
   a. vainqueur par défaut
   b. un président falot
   c. trinquer
   d. la stratégie de la décantation
   e. au cabinet Tony Biever, une pépinière d'hommes politiques au Grand-Duché
   f. le militantisme
   g. les hiérarques bruxellois
   h. maintenir la collégialité de la Commission

2 Proposez pour chacune des phrases ci-dessous une traduction. Accordez une attention particulière aux mots et expressions en italique.
   a. . . . sans plus *d'apparat* que si vous étiez introduit chez *un gros notaire de province.*
   b. Il ne faut pas compter sur lui pour la moindre *rosserie.*
   c. L'Europe avait besoin de quelqu'un qui sache *arrondir les angles.*
   d. Il *se frotte* aux questions européennes comme député au Parlement de Strasbourg.
   e. 'C'est un homme affable et détendu qui prend le temps d'écouter tout le monde, mais *ne vous fiez pas aux apparences,* il se lève très tôt'.
   f. 'Les chefs d'État en avaient assez de *s'entendre donner des leçons* par Delors et voulaient un président *docile*'.
   g. Aucun commissaire ne peut considérer son portefeuille comme une *chasse gardée.*

À VOUS 3	*Portrait de Jacques Santer*

À partir de l'article, rédigez en anglais un portrait de Jacques Santer pour un journal britannique (*The Times, The Guardian, The Independent*: 200–250 mots). Variante: Mettez 'au jour' le portait de Jacques Santer. Faites des recherches dans les archives auxquelles vous avez accès (bibliothèque, internet) pour vous renseigner sur la 'crise' de la Commission européenne au printemps 1999 et sur ce qu'est devenu Jacques Santer depuis.

D Structures

Comme si + imparfait / plus-que-parfait » 7.4, 10.5

comme si vous **étiez** introduit chez un gros notaire de province
comme si le temps ne lui **était** pas compté, *comme si* rien n'**avait changé** dans sa vie

Notez les temps du verbe après *comme si*:
= l'imparfait ou le plus-que-parfait

Exercice 1

Complétez les phrases suivantes en mettant le verbe entre parenthèses à la forme voulue:

1 Ma collègue m'a demandé de la remplacer jeudi, comme si je n' (avoir) rien d'autre à faire.
2 Le directeur m'a parlé d'un ton très paternaliste, comme si je ne (connaître) rien au dossier.
3 Il est parti du jour au lendemain. C'est comme s'il n' (exister) jamais.
4 En me voyant, il s'est détourné, comme s'il ne (vouloir) pas me dire bonjour.
5 Il m'a souri, comme s'il (savoir) que je voulais lui parler.

C'est ≠ Il est « 3.5

On emploie *c'est ≠ il/elle est* dans différents contextes:

C'est **un** spécialiste	*Il est* secrétaire général du parti
C'est **un** homme affable	*Il est* fatigué
C'est + déterminant (article) + nom	*Il est* + adjectif
	Il est + nom

Exercice 2

Rédigez deux phrases sur chacune des personnalités françaises ci-dessous. Commencez alternativement par *Ce + être* et par *Il/Elle + être*.

a. Jacques Delors
b. François Mitterrand
c. Simone de Beauvoir
d. Brigitte Bardot
e. Albert Camus
f. Eric Cantona

4.4 *ÉCOUTE* Interview avec Jacques Santer

Vous allez écouter un extrait de la première interview en français accordée par Jacques Santer après son inauguration comme président de la Commission européenne. L'interview a été réalisée par Annette Tardisson pour l'émission matinale de *France inter*, *Questions par A + B*.

A Avant d'écouter

Voici la liste des questions posées par Annette Tardisson. Traduisez-les.

1 On vous connaît mal en France. Parlez-nous de vous.

2 Vous êtes souvent dans notre pays, indépendamment des obligations professionnelles?

3 Lorsque vous avez été désigné, ou à la veille de votre nomination, il y a eu des commentaires pas très aimables à votre endroit. Est-ce que vous avez été vexé par ceux qui ont cru bon d'insister sur votre côté épicurien plus que sur votre côté sérieux?

4 Vous serez un président à poigne?

5 Quand Jacques Delors entamait son premier mandat de président de la Commission européenne, sa devise était 'contre l'eurosclérose'. Quelle est la vôtre? Quel est le message fort que vous voulez envoyer?

B Résumé oral

Écoutez deux fois l'interview. Prenez des notes sur les réponses de Jacques Santer pour pouvoir enregistrer en 2–3 minutes un résumé oral de ce qu'il a dit. Rappelez-vous: il ne s'agit pas de faire de l'interprétation intégrale!

À VOUS 4 | *Traduction integrale*

Un réalisateur de la BBC veut insérer dans un documentaire l'extrait de l'interview reproduit ci-dessous. Traduisez-le intégralement en modelant votre style sur le discours oral de M. Santer. Enregistrez votre traduction sur cassette.

> Le message fort, c'est, à ce moment-ci, celui de transgresser un peu le clivage qui s'est opéré – et les élections européennes l'ont bien montré dans presque tous nos états-membres – entre la perception de l'Europe dans la vie quotidienne des citoyens et d'un autre côté les hommes politiques, les acteurs de la vie économique et sociale. Donc il faut bien chercher à retrouver, à conquérir, à reconquérir un peu l'opinion, euh . . . l'opinion publique pour leur faire comprendre qu'il n'y a pas d'alternative possible à l'heure actuelle vis-à-vis de la construction européenne et ça c'est . . . ça c'est un . . . une tâche très forte, peut-être pas si simple, mais si on veut y réussir, il faut aller droit aux problèmes qui préoccupent les gens à l'heure actuelle.

4.5 *GRAMMAIRE* Les articles

A Réfléxion

1 Traduisez en anglais les phrases dans le tableau:

<table>
<tbody>
<tr><td colspan="2">ARTICLE DÉFINI: LE, LA, LES</td></tr>
<tr><td>a.</td><td>J'aime la traduction</td></tr>
<tr><td>b.</td><td>J'ai fait la traduction anglaise du dernier roman de Daniel Pennac</td></tr>
<tr><td colspan="2">ARTICLE INDÉFINI: UN, DES</td></tr>
<tr><td>c.</td><td>J'ai fait une traduction hier soir</td></tr>
<tr><td>d.</td><td>J'ai fait des traductions françaises</td></tr>
<tr><td colspan="2">ARTICLE PARTITIF: DU, DE LA</td></tr>
<tr><td>e.</td><td>Après mes études, j'ai fait de la traduction</td></tr>
<tr><td colspan="2">EMPLOI DE L'ARTICLE APRÈS LA PRÉPOSITION DE</td></tr>
<tr><td>f.</td><td>J'ai fait beaucoup de traduction</td></tr>
<tr><td>g.</td><td>J'ai fait beaucoup de traductions</td></tr>
<tr><td>h.</td><td>Beaucoup des traductions que j'ai faites étaient des fiches techniques</td></tr>
</tbody>
</table>

2 Quelles différences voyez-vous dans l'utilisation de l'article défini en anglais et en français?

3 Expliquez la différence dans la valeur de l'article indéfini (**d.**) et de l'article partitif (**e.**).

4 Expliquez la différence de sens entre (**f.**), (**g.**) et (**h.**).

B Problèmes de traduction

J'adore **les** chats (*catégorie = tous les chats*)	I love cats
Il y a **des** chats partout (*nombre indéterminé*)	There are cats everywhere
J'aime **le** vin rouge (*catégorie*)	I like red wine
J'ai bu **du** vin rouge toute la soirée	I drank red wine the whole
(*partie d'une 'chose' qui ne se 'compte' pas*)	evening

Comment traduire en français un nom sans article en anglais, par exemple *I love cats*? Si le nom s'emploie en tant que catégorie ou idée abstraite, l'article défini est utilisé en français: *j'adore les chats*. S'il s'agit d'un nombre indéterminé, ou d'une partie d'une chose qui ne se 'compte' pas (ex. le vin → j'ai bu *du* vin), on emploie *du, de la* ou *des*.

Exercice 1

Retraduisez en français ces phrases extraites des documents que vous avez étudiés précédemment en accordant une attention particulière au choix de l'article qui doit accompagner les expressions en italique.

1   As soon as the snow starts melting, *people* start to come out.
2   For several years now, *advertisers* have preferred television.
3   *French people* prefer *magazines* to *daily newpapers*.
4   *Time* goes by very quickly.
5   I was asked to dub *films*.
6   What I like most is meeting new *people*, learning new *things*.
7   There are *differences* of opinion between the European member states.
8   When *people* are afraid of the future, they fear *change*.

C   L'article après la préposition '*de*'

Étudiez les phrases encadrées et notez la suppression des articles *du*, *de la* et *des* après la préposition **de**:

a.	J'ai fait *une* traduction	→	J'ai fait la moitié d'une traduction
b.	J'ai fait *des* traductions	→	J'ai fait beaucoup de (~~des~~) traductions
c.	J'ai fait *du* théâtre	→	J'ai fait beaucoup de (~~du~~) théâtre
d.	J'ai fait *de la* traduction	→	J'ai fait beaucoup de (~~de la~~) traduction
e.	J'ai révisé *la* traduction	→	J'ai révisé la moitié de la traduction

Notez que:

- dans une phrase négative, les articles indéfini et partitif sont normalement remplacés par *de*:

J'ai *une* voiture	→	Je n'ai pas *de* voiture
J'ai *du* fromage	→	Je n'ai pas *de* fromage

- quand un adjectif est placé avant le nom, *des* est souvent remplacé par *de*:

J'ai *des* problèmes	→	J'ai d'énormes problèmes

Notez que beaucoup d'expressions sont suivies de la préposition *de*:

EXPRESSIONS DE QUANTITÉ	EXPRESSIONS DE LIEU	EXPRESSIONS DE CAUSE	VERBES
beaucoup de un peu de la moitié de **Négation** ne . . . pas de	à côté de près de en face de	en raison de à cause de faute de	avoir besoin de jouer de parler de se passer de

Exercice 2

Transformez les phrases en remplaçant *Il me faut* par *J'ai besoin de*, comme dans l'exemple:

Il me faut de la farine   →   **J'ai besoin de** farine

1   Il me faut du sel et du poivre.
2   Il me faut la grande casserole.
3   Il me faut l'éplucheur.
4   Il me faut des herbes de Provence.
5   Il me faut des oignons.
6   Il me faut les ciseaux.
7   Il me faut la recette.
8   Il me faut de l'aide!

D   Réflexion

Observez les deux groupes de phrases ci-contre. Dans les phrases à gauche, la préposition *de* est employée **avec** l'article défini; dans les phrases à droite, **sans** l'article. Dans cette dernière construction, l'accent est mis sur le premier nom, le deuxième ayant une valeur d'adjectif.

le déclin de la presse (the decline of the press)	une conférence de presse (a press conference)
la loi *du* marché	les parts *de* marché
le ministre *du* travail	des conditions *de* travail
le courrier *des* lecteurs	une carte *de* lecteur
le coût de *la* vie	le niveau *de* vie
la montée *du* chômage	le taux *de* chômage

Attention!

l'Afrique *du* Nord	→	*North* Africa
le chef *d'*État	→	the head *of state*
la deuxième ville *de* France	→	the second biggest town *in France*
une carte *de* France	→	a map *of France*

Notez également la distinction suivante:

l'arrêt du *bus 71* (*pour un bus précis*)	→	un arrêt de bus (*n'importe lequel*)
le marché *de l'emploi* (*en France, par exemple*)	→	un marché d'emploi (*n'importe lequel*)

Exercice 3

Retraduisez en français ces expressions tirées des documents que vous avez étudiés précédemment:

a. the inflation rate
b. the price of paper
c. luxury hotels
d. the Minister for Foreign Affairs
e. the world champion
f. the rise in unemployment
g. note-taking
h. a French teacher
i. the public transport network
j. the fall in taxes

E L'article défini + noms géographiques

En général les noms de pays et de régions s'accompagnent de l'**article défini**, tandis que les villes s'emploient **sans article**. La majorité des noms géographiques se terminant en *e* sont féminins.

> . . . la concurrence des pôles économiques tels que *les* États-Unis, *le* Japon et *la* Chine

Féminin (terminaison en e)	Destination	Provenance
Pays, régions, départements Je connais la France J'aime la Normandie ≠ *le Mexique, le Mozambique*	Je vais *en* France Je vais *en* Normandie	Je viens *de* France Je viens *de* Normandie
Masculin		
Pays Je connais le Japon Je ne connais pas l'Iran **Régions, départements** J'aime beaucoup le Kent	Je vais *au* Japon Je vais *en** Angola, Iran **pays masculin avec voyelle initiale* Je vais *dans le* Gers	Je viens *du* Japon Je viens *d'*Irak Je viens *du* Lot
Pluriel		
Pays Je ne connais pas les États-Unis **Régions, départements** J'adore les Alpes	Je vais *aux* États-Unis Je vais *dans les* Landes	Je viens *des* Pays-Bas Je viens *des* Alpes
Noms de ville		
Paris, Londres, Strasbourg Le Havre, Le Caire La Rochelle, la Haye	Je vais *à* Paris Je vais *au* Havre Je vais *à* La Rochelle	Je viens *de* Londres Je viens *du* Caire Je viens *de* La Haye

Exercice 4

Répondez à l'écrit aux questions suivantes. N'oubliez pas de donner l'article voulu:

1 Citez les noms des quinze pays de la Communauté européenne.
2 D'où vient Jacques Santer?
3 D'où venez-vous?
4 Dans quel comté anglais se trouve la ville de Norwich?
5 Dans quelle région française se trouve la ville de Rouen?
6 Citez cinq pays d'Amérique du Sud.
7 Dans quelle ville se trouve la Cour européenne des droits de l'homme?
8 Où allez-vous passer vos vacances?

Exercice 5

Choisissez *le, la, l', les, d', de, du, de la, de l', des* pour compléter le texte suivants:

> Les chefs __ État __ quinze pays __ Union européenne viennent de choisir __ nom __ future monnaie unique. Elle s'appellera euro et non écu comme prévu. Pourquoi créer une monnaie unique? __ objectif __ Européens est de faire __ vieux continent une grande puissance économique qui soit capable de rivaliser avec celle __ États-Unis et __ Japon. Mais pour avoir un véritable poids, il est indispensable de disposer __ une monnaie forte face au dollar américain très utilisé dans __ monde.
>
> Or __ différentes monnaies européennes sont pour la plupart trop faibles, __ grandes différences __ valeur existent __ une monnaie à une autre. Aussi une 'union économique et monétaire' a été décidée en 1990. Elle autorise depuis __ libre circulation __ argent et __ capitaux en Europe. L'euro est une nouvelle étape. Tous __ pays européens pourront l'utiliser.
>
> __ future monnaie sera mise en circulation à partir __ 1er janvier 1999. Mais dans un premier temps, seules __ banques centrales, celles qui émettent __ billets, et __ établissements financiers pourront l'utiliser.

4.6 STRATÉGIES

> Pour l'interprétation, les stratégies qu'il faut développer sont essentiellement la prise de notes et la continuité dans la production orale. Pour la traduction, la stratégie essentielle est l'évaluation de la traduction proposée et sa révision.

A Réflexion

Lisez ci-dessous l'extrait d'une brochure touristique bilingue. Commentez la traduction anglaise et proposez des révisions éventuelles.

Place of history, Place of memory	Lieu d'histoire, Lieu de mémoire
Oh! The beautiful castle lying dormant and repeating itself in the water! Don't go any further, you won't see another one like it! A peninsula as it were? The Middle Ages required that!	Ah! le joli château qui sommeille et qui se répète dans l'eau! N'allez pas plus loin, vous ne verrez pas son pareil! Une presqu'île, en somme? C'est le Moyen Âge qui veut ça!
About 1450, the castle of L. had been conceived in order to set back an attack: deep ditches, curved dike forcing to lay oneself open, drawbridge, loopholes, round towers offering less hold to balls; dominant donjon and ultimate refuge in case of danger . . .	Vers 1450, le château de L. a été conçu pour retarder l'assaut: douves en eau profonde, digue courbe qui oblige à prêter le flanc, pont-levis, archères, meurtrières, tours rondes offrant moins de prise aux boulets, donjon dominant et refuge ultime en cas de danger . . .

Une bonne traduction, c'est un texte qui se lit comme s'il avait été rédigé dans la langue cible, c'est-à-dire qu'il faut non seulement traduire les mots du texte, mais communiquer aussi précisément que possible l'intention de l'auteur.

ALIMENTATION

La cuisine anglaise sur le gril

De notre correspondant à Londres

1 Le *roastbeef* trop cuit, accompagné de l'inséparable couple carrottes à l'eau-petits pois fluorescents et arrosé de l'inévitable *gravy* (sauce): dire que l'Anglais moyen mange mal est, depuis toujours, l'un des lieux communs les plus répandus. '*Apprécier la bonne chère a toujours eu un parfum de péché. À l'instar du sexe, pour les Britanniques, la gastronomie est chose respectable tant qu'on n'y prend pas plaisir.*' L'homme qui parle est un éminent sociologue, Stephen Mennel, professeur à l'université d'Exeter. Son dernier champ d'investigation, auquel il vient de consacrer un livre: L'évolution de la cuisine et du goût en Angleterre et en France, du Moyen Âge à nos jours.

2 Question: pourquoi les Britanniques, qui 'craquent' devant une saveur aussi pointue que la menthe, refusent-ils de se donner autant de mal que les Français pour se nourrir? Une interrogation d'autant plus pertinente qu'à en croire Stephen Mennel, au Moyen Age, les Anglo-Saxons aimaient les plaisirs de la table. L'alimentation de la noblesse, avide de ripailles, était même étonnamment similaire des deux côtés de la Manche.

3 Une première cassure, d'ordre politique, est apparue au XVIII siècle. A Versailles, où Louis XIV a 'domestiqué' l'aristocratie de son royaume, triomphe la gastronomie raffinée de la cour et ses grands cuisiniers, comme La Varenne, le promoteur du bouillon et du bœuf à la mode. En revanche, en Angleterre, à la même époque, à l'abri de la monarchie constitutionnelle, les *squires* de campagne, étroitement liés à la classe moyenne des villes, tiennent les rênes du pouvoir et imposent leurs mets. Une cuisine du terroir, simple mais bonne, faite de gigots, ragoûts ou panses de mouton farcies, devient la norme des classes supérieures.

4 Ce qui demeure de la tradition culinaire anglaise va être laminé au XIX siècle par la révolution industrielle et l'avènement de la bourgeoisie activiste et calviniste. Son code social puritain (plus tard victorien) et ses mécanismes de répression des instincts créent d'étranges phobies.

5 La peur de la mauvaise haleine pénalise l'utilisation de l'ail, des oignons, des condiments. La crainte des indigestions et de l'aérophagie entraîne la surcuisson des légumes et l'interdiction des poireaux. Les abats, symbole non seulement de l'alimentation des humbles mais surtout de la vie rurale, disparaissent des tables. Reste le rognon, mais caché sous une croûte (*steak and kidney pie*).

6 L'heure est aux économies en matière de nourriture grâce au *dripping bowl*. Ce pot à graisse, où vont sauces et jus en tout genre, permet de confectionner à moindres frais puddings et cakes, et de resservir, sous d'autres déguisements, les restes des repas. Ancien cuisinier de Louis XVI, devenu en exil chef du Cockford's Club, haut lieu de la gentry de la capitale, Louis-Ferdinand Ude, dans son guide culinaire publié en 1817, dénonce le 'syndrome de la nursery': '*Dans ce pays, les enfants ne sont jamais admis à la table des adultes. La diète banale de la pouponnière et des pensionnats anesthésie à jamais leur palais.*'

7 Parallèlement, la vogue des grandes toques françaises dans l'*upper class* va accentuer le désert gastronomique. Les Antonin Carême, Beauvilliers ou Soyer introduisent des sauces comme la béchamel et des ingrédients coûteux (truffes, langoustines . . .), ainsi que des pièces montées. Lors des banquets royaux au 'Pavillon' de Brighton (jusqu'à cinquante plats), le menu était toujours en français.

8 À Londres, de nos jours, la prolifération de restaurants étrangers, surtout français, confirme l'existence d'une demande encore insatisfaite de bonne cuisine. Toutefois, en même temps, les Britanniques continuent d'entretenir un penchant néfaste pour les conserves et les surgelés, et se méfient des produits frais, plus chers et plus longs à préparer. . . .

9 N'exagérons rien. Il est fort possible de bien manger en Angleterre. À condition, comme disait l'écrivain Somerset Maugham, de prendre le petit déjeuner trois fois par jour.

MARC ROCHE

Adapté du Point, 695, 13 janvier 1986

'La Cuisine Anglaise sur le Gril'

B | Idées

Première lecture
1 Identifiez la question-clé de cet article.
2 Cet article résume les conclusions d'un livre qui vient de paraître: qui est l'auteur du livre?
3 Quel est le schéma de cet article (« 3.2C)?

Lecture globale
4 En quelques phrases, résumez ce que vous avez appris sur la cuisine anglaise aux différentes époques:

AU MOYEN ÂGE	
AU XVIIIᴱ SIÈCLE	
AU XIXᴱ SIÈCLE	
DE NOS JOURS	

5   À la fin de votre lecture, résumez la réponse donnée à la question-clé de l'article.

6   Relisez la conclusion ironique de cet article. Êtes-vous d'accord? Que diriez-vous à l'auteur de cet article pour défendre la cuisine anglaise et les attitudes des Anglais?

C   Structures

Quel temps verbal est employé pour décrire le passé dans les paragraphes 3 à 7? En quoi cet usage diffère-t-il de l'anglais?

D   Évaluer une traduction

Une compagnie aérienne britannique demande la traduction de cet article pour une revue destinée aux passagers de ses vols européens.

1   *Premier paragraphe*
    Comparez les trois traductions du premier paragraphe: laquelle est la meilleure? Justifiez votre choix.

The too cooked roast-beef, accompanied by the inseperable couple the carrots in water and the fluorescent peas and basted with the inevitable gravy: to say that the average Englishman eats badly has been forever one of the most widespread commonplaces. 'Appreciating good food has always had the perfume of sin. Following the example of sex for the British, gastronomy is a respectable thing so long as you don't take pleasure in it.' The man who speaks is an eminent sociologist, Stephen Mennel, professor at the University of Exeter. His last field of investigation, to which he has devoted a book: the evolution of cooking and taste in England and France from the Middle Ages to our days.	Over-cooked roast-beef, with boiled carrots, peas and gravy: to say that the average Englishman eats badly is something of a common cliché. 'Appreciating good food has always been associated with sin. In the same way as sex, for the British, gastronomy is respectable so long as you don't enjoy it!' These are the words of Stephen Mennel, an eminent sociologist at the University of Exeter. His latest area of research, on which he has just published a book, is the development of cooking and taste in England and France since the Middle Ages.	Just think of over-cooked roast beef, accompanied by that inseperable duo – boiled carrots and fluorescent green peas – and covered with the inevitable gravy: it's a timeless cliché that the English know nothing about good food! 'The British have always felt that appreciating good food had something sinful about it. It's the same with sex. Gastronomy is only acceptable if you don't enjoy it.' So says eminent sociologist, Stephen Mennel of Exeter University. He's just published a book on his latest research into how cooking and tastes in food have changed in England and France since the Middle Ages.

2 Deuxième paragraphe

À gauche, une traduction un peu bâclée du deuxième paragraphe: révisez-la en fonction des commentaires dans la colonne de droite.

Question: why do the British who *'crack up' in front of* such an *acute* flavour as mint, refuse to take as much trouble to *feed themselves* as the French. An *interrogation* all the more pertinent since *to believe* Stephen Mennel, in the Middle Ages, the Anglo-Saxons liked *the pleasures of the table*. The food of the nobility, keen on *blow-outs*, was even astonishingly similar on both sides of the Channel.	1 It sounds odd here to begin with the word 'question'. 2 *Crack up* is negative: 'craquer' means something positive here. 3 *In front of*: tends to be used for physical location in English. 4 *Acute*: can be used for accents, but not for tastes! 5 *To feed oneself* often implies an expectation of incapacity: cats or babies can feed themselves. 6 Not all '*interrogations*' in French are '*interrogations*' in English: beware of false friends. 7 *To believe*: we wouldn't use such an infinitive clause here; an alternative expression is called for. 8 *Pleasures of the table* is just not idiomatic! 9 *Blow-outs*: in the Middle Ages! Wrong register!

3 Troisième paragraphe

Révisez maintenant la traduction proposée ci-dessous du troisième paragraphe:

A first break of the political order appeared in the 18th century. In Versailles, where Louis XIV tamed the aristocracy of his kingdom, triumphs the refined gastronomie of the court and its great cooks, such as La Varenne, the promoter of stock and fashionable beef. However, in England, at the same epoch, in the shelter of the constitutional monarchy, the squires from the countryside, narrowly linked to the middle classes of the towns, hold the reins of power and impose their dishes. A cooking of the land, simple but good, made of legs of lamb, stews or stuffed bellies of sheep, becomes the norm of the upper classes.

4 Paragraphes 4 à 8

Comment allez-vous traduire les 'faux amis' en italique?

a. . . . la tradition culinaire anglaise va être *laminée* (para. 4)

b. la bourgeoisie *activiste* (para. 4)

    c. l'alimentation des *humbles* (para. 5)

    d. les *restes* (para. 6)

    e. diète *banale* (para. 6)

    f. les *conserves* (para. 8)

5 Les phrases et expressions suivantes ne se traduisent pas littéralement: comment les traduire en bon anglais?

    a. Son code social puritain et ses mécanismes de répression des instincts créent d'étranges phobies (para. 4)

    b. l'heure est aux économies (para. 6)

    c. haut lieu de la gentry de la capitale (para. 6)

    d. la vogue des toques françaises dans l'*upper class* va accentuer le désert gastronomique (para. 7)

    e. entretenir un penchant néfaste (para. 8)

6 *Le titre*

Dans un bon dictionnaire, cherchez la traduction de l'expression 'sur le gril'. Trouvez-vous que ce titre original convient bien à l'article? Proposez un titre en anglais.

À VOUS 5 | *Traduction*

Maintenant en groupe de trois ou quatre, préparez une traduction définitive de cet article. D'abord, mettez-vous d'accord sur la traduction des trois premiers paragraphes. Ensuite, repartissez la traduction des paragraphes 4 à 9 entre les différents membres du groupe. Enfin, révisez ensemble votre traduction collective. N'oubliez pas qu'elle paraîtra dans la revue d'une compagnie aérienne!

E | Grille de révision

La grille ci-contre regroupe certains points techniques abordés dans cette section. Sous chacune des rubriques, ajoutez d'autres exemples à partir de votre propre traduction.

	Example
a. Grammar and structure Is the direct translation of the grammatical structure appropriate?	*Le roastbeef trop cuit* ▷ ~~The too~~ cooked roastbeef Overcooked roastbeef
b. Noun phrase/verb phrase In particular, would an NP in the original be better translated as a VP or vice versa?	*L'homme qui **parle*** ▷ These are the **words** of
c. False friends Does a direct translation have the same meaning?	*L'interrogation* ▷ ~~an interrogation~~ (*in this context*) a question
d. Different coverage Where a single word in the source language covers several words in the target language, has the correct word been used?	*Son **dernier** champ d'investigation* ▷ his ~~last~~ latest research area
e. Connotations Does the translated expression have the same connotations as the word in the source language?	*se nourrir* ▷ ~~to feed themselves~~ to prepare their food
f. Conventional expressions Even if the individual words in a phrase have been translated accurately, is there a more appropriate expression?	*carrottes à l'eau* ▷ ~~carrots in water~~ boiled carrots
g. Figurative expressions Has an expression used figuratively in the source language been translated appropriately?	*les grandes **toques** françaises* ▷ ~~the great French chefs' hats~~ the great French chefs
h. Cultural references Is a reference in the source text likely to be understood beyond the original audience? Should it be explained? Phrased differently? Should the expression in the source language be retained?	In the original, the author has used the term 'gravy', but has glossed it as 'sauce' for a francophone readership. Clearly in translating back to English, there is no need to translate 'sauce'!
i. Register, tone, style Are the register, tone and style appropriate to the intention of the author, and to the context in which the translation will be read, e.g. newspaper, tourist leaflet?	*ripailles* ▷ ~~blow-out~~ (modern, informal) feasting

4.7 ÉCOUTE — Chronique: la visite de Jacques Chirac en Grande Bretagne

A Avant d'écouter

1 Qu'est-ce qu'une 'chronique' à la radio? Selon vous, quelle est la principale différence entre un 'reportage' et une 'chronique'?

> **chronique** *nf* 1 *Presse* column, page; *Radio, TV* programme; **la ~ économique/politique**
> the business/political column; **~ mondaine** gossip column; **tenir une ~** *Presse* to have a
> column; *TV, Radio* to have a spot

2   Vérifiez le sens des expressions suivantes:

a.	agacer	**g.**	l'arme atomique
b.	une puissance économique	**h.**	la professionnalisation des
c.	bouder		régiments
d.	la guerre froide	**i.**	une Europe helvétique
e.	diviser pour régner	**j.**	l'effacement
f.	aigre-doux	**k.**	crispé
		l.	façonner

B   Les idées

Première écoute

1   Voici le constat autour duquel Bernard Guetta organise sa chronique:
     'Nous nous _____ car nous nous _____ très profondément'
     Retrouvez les deux verbes qui manquent.
2   Quel est le but de cette chronique?

Deuxième écoute

3   Identifiez le ou les pays – l'Allemagne, la Grande-Bretagne ou la France
     – au(x)quel(s) se réfère chaque partie de phrase:
     a   quatrième puissance économique du monde
     b.   . . . boude l'Europe
     c.   . . . colle aux Américains
     d.   . . . dont l'horizon historique se limite à l'Europe
     e.   . . . dotées toutes deux de l'arme atomique
     f.   . . . veut d'une Europe-puissance
     g.   . . . hostile à l'Europe politique et à la monnaie commune
     h.   infiniment moins européen que la France
     i.   . . . ne peut plus être le porte-avions des États-Unis
     j.   la première puissance du continent
4   Notez les raisons proposées par Bernard Guetta pour justifier les deux
     parties de son constat.

C   Retraduction

1   Transcrivez les passages qui correspondent aux extraits traduits ci-
     contre. Comparez les traductions avec l'original et révisez-les si vous le
     jugez nécessaire.

a. The queen is rolling out the red carpet. Jacques Chirac has made a point of choosing Great Britain for the third of his state visits, after the United States and the Vatican.
b. The British irritate us because we'd like them to be on our side, as natural and heart-felt allies, and they go and get cold feet on Europe.
c. Both France and Britain are former colonial powers, former empires, used to having a presence throughout the world and still linked to the world by their abiding past.
d. France wants a super-power Europe which extends and reinforces its sphere of influence. Britain is unsure, still hung up on an insular image of its sovereignty.
e. Britain is . . . , however, aware . . . that the necessity to go along with the French is all the stronger ever since unification has made Germany into the number one power on the continent.

| À VOUS 6 | *Résumé en anglais* |

Rédigez en anglais un résumé (d'environ 250 mots) de cette chronique pour une radio britannique. Puis enregistrez, si possible, votre chronique.

D Structures

Les verbes pronominaux à valeur réciproque » 7.5

Le pronom réfléchi en italique dans ces exemples a une valeur réciproque.
= *les Français agacent les Anglais et vice versa:*

. . . on *se* ménage, *se* cajole et *se* flatte . . . nous *nous* agaçons . . . nous *nous* ressemblons

Exercice 1

Traduisez les phrases suivantes en utilisant un verbe pronominal réciproque:

1 We'll see each other next week, won't we?
2 Steven and Sue met each other at my house.
3 Do you know each other?
4 Shall we call each other 'tu'?
5 Mr Chirac and Mr Blair shook hands.

Les pronoms et adjectifs possessifs « 3.5

> Bernard Guetta déclare à propos de la Grande-Bretagne: '*leur* économie était plus forte que *la nôtre*'
>
> Qu'aurait dit un(e) journaliste britannique? '_____ économie était plus forte que la _____'

Exercice 2

Révisez les adjectifs («p.12) et pronoms possessifs («p.96) et complétez les phrases suivantes:

1 J'ai perdu mes clés et mon mari a perdu _____.
2 Tu as terminé ton exposé? Moi, j'ai terminé _____ hier soir.
3 Veux-tu prêter ton parapluie à Géraldine: elle a encore oublié _____.

Un Anglais au sujet des Français:
4 _____ restaurants sont meilleurs que _____!
5 _____ équipe de football est un peu plus performante que _____!

Un Français à un Anglais:
6 _____ sens de l'humour est très différent du _____!
7 _____ salons de thé sont plus sympa que _____!

Les pronoms relatifs « 3.5, 4.1 » 8.3, 9.4

Exercice 3

Retrouvez le pronom relatif pour compléter les phrases de Bernard Guetta:

1 La première des raisons pour _____ les relations franco-britanniques sont traditionnellement aigres-douces, et _____ fait en même temps néanmoins converger aujourd'hui nos deux pays est que nous nous ressemblons très profondément.
2 La Grande-Bretagne et la France sont . . . d'anciens empires, . . . naturellement enclins à se sentir concernés par tout ce _____ se passe à la surface du globe.
3 Cela fait une différence fondamentale avec l'Allemagne _____ l'horizon historique se limite à l'Europe, _____ elle est le centre.

4.8 SAVOIR-FAIRE

A Dossier de traductions

Constituez un dossier de traductions comprenant

▷ un article d'un journal local francophone
▷ une lettre officielle
▷ une brochure touristique

Traduisez ces documents en tenant compte de leur but et de leur registre.

Faites ensuite soit B soit C.

B Interprétation consécutive abrégée

Réécoutez l'interview de Gwenolé Guiomard (« 2.4 ») sur le métier de journaliste. Prenez des notes pour pouvoir par la suite enregistrer un résumé oral de son exposé.

C Interprétation de liaison: discussion sur le thème de la ville

Vous allez faire de l'interprétation de liaison à partir d'une discussion entre Marie, Didier, Édith, Jocelyne et Hubert sur les différences entre Paris et la province (« 1.1 »). Après chacune de leurs phrases, il y aura une pause pour vous permettre d'interpréter ce qui a été dit. À votre niveau, la continuité de l'interprétation est plus importante que la précision.

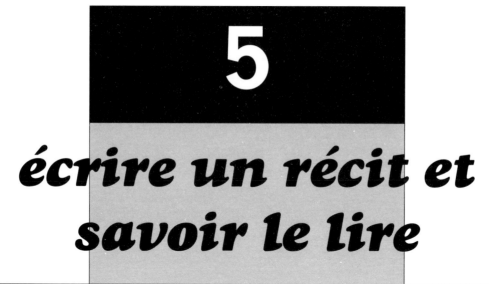

5

écrire un récit et savoir le lire

5.1 ÉCOUTE:

Micro-campus: lire pour son plaisir

À VOUS 1: discussion sur votre lecture

5.2 DÉCOUVRIR:

Les procédés narratifs

• comment ouvrir un récit

• comment fermer un récit

• la focalisation d'un récit

5.3 LECTURE:

'Vendredi ou la vie sauvage'

À VOUS 2: rédiger la suite d'un récit

• l'expression du temps

• l'inversion

À VOUS 3: rédiger un récit: le plan

5.4 ÉCOUTE:

Interview avec Michel Tournier

• adjectifs

• le préfixe -in, -im, le suffixe -able, -ible, -uble

5.5 GRAMMAIRE:

Les temps du passé

À VOUS 4: rédiger un récit: première version

La forme en –ant

5.6 STRATÉGIES:

Savoir lire à haute voix

• varier le débit et l'intonation

• respecter les pauses et les silences

• les accents final et initial

• les mots qui se ressemblent

• la liaison

5.7 ÉCOUTE:

Récit: *Le Petit Prince* d'Antoine de St.-Exupéry

• le subjonctif

• les temps du passé

• les pronoms

À VOUS 5: discussion sur *Le Petit Prince*

5.8 SAVOIR-FAIRE

Écrire un récit

Lire un récit devant un auditoire

5.1 ÉCOUTE — Micro-campus: lire pour son plaisir

Dans le prochain enregistrement, vous allez entendre Hubert interviewer Yves et Marie sur leurs goûts en matière de lecture.

A | Avant d'écouter

> **récit** *n.m* une histoire vraie ou imaginaire, relatée à l'écrit ou à l'oral.
> V. **Conte**, **fable**, **légende**, **narration**.

Reliez chaque type de récit ci-dessous à sa définition. Pour chaque type, donnez un exemple à partir de vos lectures personnelles:

1 le récit d'aventures
2 le récit biographique
3 le récit policier / le polar

4 le récit historique
5 le récit de science-fiction
6 le récit fantastique

a. Un récit ayant pour objet de raconter la vie d'un personnage.

b. L'histoire se passe souvent dans le cosmos ou autres planètes. Les découvertes scientifiques et technologiques y jouent un rôle important.

c. Les éléments essentiels du récit sont le surnaturel, l'irrationnel, le suspense, l'inquiétude ou la panique.

d. C'est un récit qui combine un ou plusieurs des ingrédients suivants: énigme, enquête, crime, meurtre, fait bizarre.

e. L'auteur fait revivre une époque passée en recréant les lieux et les actions de personnages historiques.

f. L'histoire est riche en actions et en situations imprévues. Elle se passe souvent dans des pays lointains ou imaginaires. Les héros sont souvent dépeints comme des personnages courageux, braves et généreux.

B | Idées

Écoutez l'interview plusieurs fois et répondez aux questions:

1 Quels sont les goûts de Marie et d'Yves en ce qui concerne les livres?
2 Quelles raisons donnent-ils pour justifier leurs préférences?
3 D'après Yves, quelle est la principale différence entre le polar anglais et le polar français?

4 Notez, dans la grille ci-dessous, tous les détails que donnent Marie et
   Yves sur les livres qu'ils lisent:

AUTEURS	Georges Simenon	Boris Vian	Daniel Pennac	Molière
GENRE		roman surréaliste		
TYPE DE RÉCIT				
LIEUX, MILIEUX, THÈMES ABORDÉS		comme un rêve		

C   Mots et expressions

1 Indiquez l'auteur ou l'œuvre auxquels se réfère chacun de ces commentaires:
   a. Ça fait partie d'une série de quatre livres.
   b. C'est très adapté à notre époque.
   c. J'aime avoir des histoires, des personnages, auxquels je peux m'identifier.
   d. C'est un auteur surréaliste, pour ne pas dire hyperréaliste.
   e. C'est un des classiques qui est vraiment facile à lire.
   f. L'intrigue va tourner autour du fait qu'un juge d'instruction décide que vous êtes coupable et que vous devez vous disculper.
   g. Il n'y a pas d'intrigue, mais il se passe des choses fort bizarres.
   h. Les personnages sont très attachants.
2 Complétez, les phrases ci-dessous avec l'une des expressions encadrés:

> horreur – des événements – passionnants – ennuyeux – les personnages – l'auteur –
> l'intrigue – le coupable – préfère – une époque – la fin

   a. Moi, j'ai _____ des polars. Je trouve que _____ est toujours trop complexe, ce qui fait que je ne découvre jamais _____.
   b. Moi, je _____ les romans contemporains. En général _____ y aborde des sujets qui nous concernent et_____ sont très attachants.
   c. Le récit historique est terriblement _____ parce que l'intrigue est inexistante et le narrateur fait revivre _____ passée.
   d. Moi, je trouve les récits fantastiques _____ depuis le début jusqu'à _____. Le suspense y est très fort . . . et il s'y passe toujours _____ incroyables.

À VOUS 1	*Discussion sur la lecture*

1 Discutez avec votre partenaire d'auteurs français que vous connaissez.
2 Présentez au groupe un livre que vous aimez et que vous recommandez.
   Donnez des détails sur:
   ▷ l'auteur et le genre du livre
   ▷ les personnages, les lieux et l'époque à laquelle se déroule l'histoire.

5.2 *DÉCOUVRIR* Les procédés narratifs

A Comment ouvrir un récit

Pour accrocher le lecteur, le récit présente, dès le début, le lieu, l'époque à laquelle se situe l'histoire, le ou les personnages-clés. Une fois ces détails donnés, l'intrigue est souvent introduite par un événement perturbateur qui change le cours des choses.

1 Lisez les débuts des récits ci-dessous, puis identifiez le procédé narratif utilisé par chaque auteur pour mettre en scène ses personnages:

Lieu de l'action ....
....
Mots qui annoncent le genre du récit ....
....

Procédés narratifs

▷ action immédiate
▷ monologue du narrateur
▷ portrait
▷ description d'un événement

Récit 2
Hélène Kro a rêvé de devenir aviatrice. Elle y pense encore souvent tout en piquant des vêtements à la machine, dans un atelier de confection. La journée est longue. Le soir, elle se dépêche de rentrer. Son fils a besoin d'elle. Il n'a que cinq ans. Elle prend le métro. Peut-être trouvera-t-elle en rentrant une lettre de son mari, prisonnier de guerre en Allemagne? Autour d'elle, les gens font semblant de ne pas la voir. Ou bien, au contraire, lui sourient, exprès. Car Hélène porte sur son manteau un carré de tissu jaune, avec une étoile à six branches dessinée dessus. Au milieu, un mot qui se veut outrageant: 'Juif'.

Récit 1
Le premier choc découpa le flanc de la fusée comme un gigantesque ouvre-boîte.
   Les hommes furent projetés dans l'espace, tels une douzaine de goujons frétillants. Ils furent semés dans l'océan de ténèbres. Et le vaisseau, en mille pièces, continua sa course; une nuée de météores cherchant un soleil perdu.

Événement perturbateur ....
....

Mots qui annoncent le genre du récit: ....
....

Récit 3

Le concierge toussota avant de frapper, articula en regardant le catalogue de la Belle-jardinière qu'elle tenait à la main: 'C'est une lettre pour vous, monsieur Hire.' Et elle serra son châle sur sa poitrine. On bougea derrière la porte brune. C'était tantôt à gauche, tantôt à droite, tantôt des pas, tantôt un froissement mou de tissu ou un heurt de faïences, et les yeux gris de la concierge semblaient, à travers le panneau, suivre à la piste le bruit invisible. Celui-ci se rapprocha enfin. La clef tourna. Un rectangle de lumière apparut, une tapisserie à fleurs jaunes, le marbre d'un lavabo. Un homme tendit la main, mais la concierge ne le vit pas, ou le vit mal, en tout cas n'y prit garde parce que son regard fureteur s'était accroché à un autre objet: une serviette imbibée de sang dont le rouge sombre tranchait sur le froid du marbre.

....
Lieu de l'action ....
....
Événement perturbateur ....

Récit 4

Tous les ans, c'est-à-dire le dernier et l'autre, parce qu'avant c'est trop vieux et je ne me rappelle pas, Papa et Maman se disputent beaucoup pour savoir où aller en vacances, et puis Maman se met à pleurer et elle dit qu'elle va aller chez sa maman, et moi je pleure aussi parce que j'aime bien Mémé, mais chez elle il n'y a pas de plage, et à la fin on va où veut Maman et ce n'est pas chez Mémé.

En quoi le récit est-il amusant? ....
....

Relations entre les personnages ....

B | Comment fermer un récit

Pour ne pas décevoir le lecteur, la fin du récit doit se terminer d'une façon originale tout en maintenant un lien avec les actions qui se sont déroulées jusque là.

1 Trouvez pour chaque fin de récit à la page 146 son début à la page précédente. Identifiez ensuite le procédé narratif utilisé par chaque auteur pour clore le récit:

Procédés narratifs

▷ fin dramatique, sans espoir
▷ fin tragique, avec espoir
▷ fin comique
▷ accomplissement d'un désir, d'un vœu

Récit A
Papa a dit que bon, qu'il allait écrire pour voir s'il restait encore des chambres. Ce n'est pas la peine, mon chéri, a dit maman, c'est déjà fait. Nous avons la chambre 29, face à la mer, avec salle de bains. Et maman a demandé à Papa de ne pas bouger parce qu'elle voulait voir si la longueur du pull-over qu'elle tricotait était bien. Il paraît que les nuits en Bretagne sont fraîches.

Identité des personnages......................................
....
En quoi la conclusion reflète-t-elle le point de vue du narrateur dans le début du récit?...............................
....

Récit B
Il tombait rapidement, comme une balle, un galet, un poids de fonte [. . .] ni triste, ni heureux, ni rien; mais avec seulement le désir d'accomplir une bonne action maintenant que c'était la fin, quelque chose qui ferait plaisir . . .

'Quand j'atteindrai l'atmosphère, se dit-il, je me consumerai comme un météore. Ce sera un spectacle extraordinaire. Je me demande si quelqu'un va me voir.'

Le petit garçon sur la route de campagne regarda le ciel et poussa un cri. 'Regarde, maman, regarde! Une étoile filante! Que c'est beau! – Fais un vœu, dit sa mère, Fais un vœu'.

Lieux de l'action..
....
Quelle est l'importance de l'étoile filante?
....

Récit C
Il n'y a qu'un moyen pour prévenir les camarades . . . Les policiers ne lui prêtent aucune attention. Elle enjambe vivement la fenêtre et se lance dans le vide, du 5e étage. Dans la rue, les gens hurlent. Les policiers se précipitent. Les résistants ralentissent le pas. Ils ont compris le drame qui s'est joué. Hélène leur a sauvé la vie, sans hésiter, au prix de la sienne.

D'après vous, pourquoi les policiers étaient-ils chez Hélène?
....
Pourquoi s'est-elle jetée par la fenêtre?
....

Récit D
La rumeur montait. 'Silence'. Et l'on couchait à terre, au bord du trottoir, le corps inerte de M. Hire, tandis que le médecin de la concierge se faufilait. Le visage était couleur de cire. Le gilet avait remonté, laissant voir la chemise rayée et les bretelles. [. . .] 'Il est mort. Arrêt du cœur . . .', dit le médecin en se redressant. Il n'y eut pas que le commissaire à entendre. Des gens se penchaient. Il n'y avait plus de M. Hire. C'était un mort, à qui l'on venait de fermer les yeux. Il avait encore des traces de sang rouge dans ses mains ouvertes. 'Faites circuler! Amenez l'ambulance!'

Quels sont les deux personnages qui figuraient déjà en début de récit?...
....

C La focalisation d'un récit

Dans tout récit, le narrateur adopte un certain point de vue qui détermine le rapport qu'il entretient avec les personnages. Il peut adopter comme point de vue:

1 **La focalisation interne**: il raconte l'histoire comme s'il habitait l'un des personnages.

2 **La focalisation zéro**: il raconte l'histoire comme s'il habitait à l'intérieur de tous les personnages, connaissant simultanément les pensées de chacun d'entre eux.

3 **La focalisation externe**: il décrit objectivement ce qu'il voit et entend mais sans entrer à l'intérieur des personnages.

1   Relisez le début et la fin des quatre récits dans les sections A et B. Pour chacun d'eux, identifiez le point de vue de l'auteur:

RÉCITS	INTERNE	ZÉRO	EXTERNE
Hélène, la Juive			
Le petit Nicolas			
Monsieur Hire			
L'homme extraterrestre			

2   Lisez le récit ci-dessous. Ensuite vous le réécrirez en changeant la focalisation: Pierre racontera l'histoire, à la personne *je*. Faites les changements nécessaires, à l'intérieur du texte.

Assis au bar, ils attendaient tous deux que l'autre fasse les premiers pas. Le patron qui les connaissait bien, les regarda et, pensant qu'il valait mieux qu'il ne s'en mêle pas, s'en alla à l'autre bout du comptoir. Les yeux fixés sur son verre, les dents serrées, Pierre pensait que c'était toujours lui qui devait s'excuser. Rosalie, elle, faisait semblant d'être absorbée par un couple assis près de la fenêtre. 'Il faut toujours qu'il gâche tout', pensa-t-elle, 'comme un enfant gâté'. Excédé par la situation, Pierre prit la main de Rosalie d'un geste brusque. Alors lentement, elle tourna la tête et le dévisagea longuement. 'Qu'il est beau' se dit-elle. Alors son cœur se mit à battre et pour la première fois de la soirée, elle sourit.

Vendredi ou la vie sauvage

Ci-dessous le premier chapitre du roman *Vendredi ou la vie sauvage* de Michel Tournier, une adaptation de l'histoire de Robinson Crusoé. Dans cet extrait, Michel Tournier nous raconte le naufrage du navire sur lequel voyage Robinson, naufrage qui va le jeter sur une île déserte . . .

© Éditions Gallimard

À la fin de l'après-midi du 20 septembre 1759, le ciel noircit tout à coup dans la région de l'archipel Juan Fernandez, à six cents kilomètres environ au large des côtes du Chili. L'équipage de *La Virginie* se rassembla sur le pont pour voir les petites flammes qui s'allumaient à l'extrémité des mâts et des vergues du navire. C'était des feux Saint-Elme, un phénomène dû à l'électricité atmosphérique et qui annonce un violent orage. Heureusement *La Virginie* sur laquelle voyageait Robinson n'avait rien à craindre, même de la plus forte tempête. C'était une galiote hollandaise, un bateau plutôt rond, avec une mâture assez basse, donc lourd et peu rapide, mais d'une stabilité extraordinaire par mauvais temps. Aussi le soir, lorsque le capitaine van Deyssel vit un coup de vent faire éclater l'une des voiles comme un ballon, il ordonna à ses hommes de replier les autres voiles et de s'enfermer avec lui à l'intérieur, en attendant que ça se passe. Le seul danger qui était à craindre, c'était des récifs ou des bancs de sable, mais la carte n'indiquait rien de ce genre, et il semblait que *La Virginie* pouvait fuir sous la tempête pendant des centaines de kilomètres sans rien rencontrer.

Aussi le capitaine et Robinson jouaient-ils aux cartes tranquillement pendant qu'au-dehors l'ouragan se déchaînait. On était au milieu du XVIIIe siècle, alors que beaucoup d'Européens – principalement des Anglais – allaient s'installer en Amérique pour faire fortune. Robinson avait laissé à York sa femme et ses deux enfants, pour explorer l'Amérique du Sud et voir s'il ne pourrait pas organiser des échanges commerciaux fructueux entre sa patrie et le Chili. Quelques semaines plus tôt, *La Virginie* avait contourné le continent américain en passant bravement le terrible cap Horn. Maintenant, elle remontait vers Valparaiso où Robinson voulait débarquer.

– Ne croyez-vous pas que cette tempête va beaucoup retarder notre arrivée au Chili? demanda-t-il au capitaine en battant les cartes.

Le capitaine le regarda avec un petit sourire ironique en caressant son verre de genièvre, son alcool préféré. Il avait beaucoup plus d'expérience que Robinson et se moquait souvent de son impatience de jeune homme.

– Quand on entreprend un voyage comme celui que vous faites, lui dit-il après avoir tiré une bouffée de sa pipe, on part quand on le veut, mais on arrive quand Dieu le veut.

Puis il déboucha un tonnelet de bois où il gardait son tabac, et il y glissa sa longue pipe de porcelaine.

– Ainsi, expliqua-t-il, elle est à l'abri des chocs et elle s'imprègne de l'odeur mielleuse du tabac.

Il referma son tonnelet à tabac et se laissa aller paresseusement en arrière.

– Voyez-vous, dit-il, l'avantage des tempêtes, c'est qu'elles vous libèrent de tout souci. Alors on ne fait rien. On s'en remet au destin.

À ce moment-là, le fanal suspendu à une chaîne qui éclairait la cabine accomplit un violent arc de cercle et éclata contre le plafond. Avant que l'obscurité se

fasse, Robinson eut encore le temps de voir le capitaine plonger la tête la première par-dessus la table. Robinson se leva et se dirigea vers la porte. Un courant
d'air lui apprit qu'il n'y avait plus de porte. Ce qu'il y avait de plus terrifiant, après
le tangage et le roulis qui duraient depuis plusieurs jours, c'était que le navire ne
bougeait plus du tout. Il devait être bloqué sur un banc de sable ou sur des récifs.
Dans la vague lueur de la pleine lune balayée par des nuages, Robinson distingua
sur le pont un groupe d'hommes qui s'efforçaient de mettre à l'eau un canot de
sauvetage. Il se dirigeait vers eux pour les aider, quand un choc formidable
ébranla le navire. Aussitôt après, une vague gigantesque croula sur le pont et balaya tout ce qui s'y trouvait, les hommes comme le matériel.

vergue, *n.m.* = pièce de bois placée en travers
d'un mât pour soutenir et orienter la voile
d'un bateau

récif, *n.m.* = groupe de rochers émergeant de
la mer

fanal, *n.m.* = une grosse lanterne

le tangage et le roulis = les mouvements d'un
navire en mer agitée

B Idées

1 Lisez du début jusqu'à la ligne 9 et notez ci-dessous les éléments-clés de
l'histoire:

SITUATION INITIALE	
Événement perturbateur	
Lieu	
Temps	
Personnage principal	

2 Une fois la situation initiale lancée, l'action progresse à l'aide d'événements qui font rebondir le suspense jusqu'à son apogée dans la conclusion de ce premier chapitre. Continuez votre lecture et complétez la
grille suivante en notant les autres événements et les réactions des personnages.

ÉVÉNEMENTS	RÉACTIONS DES PERSONNAGES
I *un coup de vent fit éclater l'une des voiles*	
2	
3	

B | Mots et expressions

1   Vérifiez le sens des verbes suivants, puis reliez chacun d'entre eux, sans consulter le texte, à son sujet encadré (le même sujet peut être utilisé plusieurs fois):

a.   noircit
b.   se rassembla sur le pont
c.   ordonna de replier les voiles
d.   déboucha son tonnelet de bois
e.   accomplit un arc de cercle

f.   éclata contre le plafond
g.   se leva et se dirigea
h.   ébranla le navire
i.   croula sur le pont
j.   balaya tout ce qui s'y trouvait

> *le ciel – Robinson – une vague gigantesque – le fanal suspendu – le capitaine –*
> *l'équipage – un choc formidable*

C | Analyse

Le dialogue est souvent utilisé dans un récit pour les raisons suivantes:
▷   annoncer une situation
▷   analyser une situation
▷   rechercher une solution
▷   faire le portrait psychologique d'un personnage

Identifiez le but du dialogue dans l'extrait de *Vendredi ou la vie sauvage*.

À VOUS 2 | *Rédiger la suite d'un récit*

Connaissez-vous l'histoire de Robinson Crusoé? Comment, d'après vous, le récit va-t-il continuer? Rédigez le premier paragraphe du 2ème chapitre (entre 8 et 10 lignes).

D | Structures

L'expression du temps « 2.5

Dans chacune des phrases encadrées ci-contre, soulignez l'expression temporelle et dites s'il marque l'antériorité, la simultanéité ou la postériorité.

> **a.** Le ciel noircit tout à coup dans la région de l'archipel . . .
>
> **b.** Le capitaine et Robinson jouaient aux cartes pendant qu'au dehors l'ouragan se déchaînait.
>
> **c.** Quelques semaines plus tôt, *La Virginie* avait contourné le continent . . .
>
> **d.** Maintenant elle remontait vers Valparaiso.
>
> **e.** . . . lui dit-il, après avoir tiré une bouffée de sa pipe.
>
> **f.** À ce moment-là, le fanal suspendu accomplit un violent arc . . .
>
> **g.** Avant que l'obscurité se fasse, Robinson eut encore le temps de voir . . .
>
> **h.** Aussitôt après, une vague gigantesque croula sur le pont . . .

Exercice 1

Complétez le récit suivant avec les expressions temporelles de votre choix:

> Ce jour-là, Robinson décida d'aller prendre l'air sur le pont de la galiote hollandaise. Il aperçut _____ (1) de gros nuages noirs à l'horizon. Il se rappela _____ (2) que le capitaine lui avait annoncé _____ (3) qu'au large des côtes du Chili, les tempêtes étaient fréquentes. _____ (4) Robinson cherchait le capitaine qui restait introuvable, un coup de vent fit éclater l'une des voiles. Le capitaine parut _____ (5) sur le pont et ordonna à tous ses hommes de se replier à l'intérieur _____ (6) que la tempête soufflait. Robinson, _____ (7) d'aller s'enfermer avec le capitaine, jeta un dernier coup d'œil au ciel noir et menaçant. Il eut _____ (8) le pressentiment d'un danger imminent.

L'inversion » 6.5

> – Voyez-vous, *dit-il*, l'avantage des tempêtes, c'est qu'elles vous libèrent de tout souci.
>
> – Quand on entreprend un voyage comme celui que vous faites, *lui dit-il* . . .
>
> – Ainsi, *expliqua-t-il*, elle est à l'abri des chocs et . . .
>
> **Au passé composé:** Voyez-vous, *a-t-il dit*, l'avantage des tempêtes . . .

Si necessaire, pour éviter l'enchaînement de deux voyelles, on insère un 't' entre le verbe et les pronoms sujets *il, elle, ils, elles*. Les pronoms COD restent placés avant le verbe.

Dans un langage **soutenu**, il y a inversion du verbe et du sujet après des expressions telles que *à peine – ainsi – aussi* – *encore – peut-être* placés **en début de phrase**:

....

> Aussi le capitaine et Robinson *jouaient- ils* aux cartes
>   *groupe nominal*   V. *pronom*
>
> ***Aussi**, placé en début de phrase, signifie 'donc'.

Si le sujet est un nom, groupe nominal ou *cela*, on réalise l'inversion avec le pronom correspondant, comme dans l'exemple ci-dessus. » 6.5D

Exercice 2

Reformulez les phrases suivantes en remplaçant les mots en italique par les adverbes entre parenthèses. Faites attention à l'ordre des mots.

1 La tempête se calmera. (peut-être)
2 La galiote est un bateau très stable. *Donc*, elle ne risque pas de couler. (ainsi)
3 Le capitaine et Robinson s'étaient mis à jouer aux cartes *lorsque* le fanal éclata contre le plafond. (à peine . . . que)
4 Robinson trouva le canot de sauvetage, *mais* il fallait le lancer à l'eau. (encore)
5 Le capitaine vit un coup de vent faire éclater l'une des voiles. *Donc*, il ordonna à ses hommes de replier les autres voiles. (aussi)

À VOUS 3	*Rédiger un récit: le plan*

■ Vous allez faire le plan d'un récit de 450–500 mots que vous terminerez dans la section 5.8. Vous vous inspirerez d'une des photos ci-dessous:

ı Choississez l'une des photos, puis, notez toutes les idées qui vous viennent en tête à partir des repères encadrées:

> **REPÈRES**
>
> ▷ **le genre de récit**: aventures? autobiographique? policier?
> ▷ **les personnages**: allez-vous vous limiter aux personnages représentés sur la photo?
> ▷ **l'élément perturbateur**: une rencontre inattendue, la découverte d'un objet, une sortie imprévue?
> ▷ **la fin du récit**: quelle fin envisagez-vous pour votre récit?
> ▷ **la focalisation**: quel sera votre rapport avec les personnages?

2   Mettez vos idées en ordre selon le schéma suivant:

Situation initiale:	**Situation intermédiaire:**
	Trois événements qui vont faire rebondir l'action et créer du suspense tout au long du récit
temps_____	
lieu _____	• _____
personnages_____	• _____
élément perturbateur _____	• _____

Situation finale:

le dénouement du récit

3   Une fois terminé, discutez de votre plan avec votre partenaire.

5.4 *ÉCOUTE*   Interview avec Michel Tournier

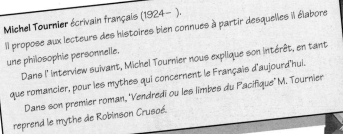

Michel Tournier écrivain français (1924–).
Il propose aux lecteurs des histoires bien connues à partir desquelles il élabore une philosophie personnelle.
Dans l'interview suivant, Michel Tournier nous explique son intérêt, en tant que romancier, pour les mythes qui concernent le Français d'aujourd'hui.
Dans son premier roman, 'Vendredi ou les limbes du Pacifique' M. Tournier reprend le mythe de Robinson Crusoé.

A   Avant d'écouter

Du temps où Daniel Defoe écrivait l'histoire de Robinson Crusoé, en 1719, vivre sur une île déserte aurait représenté 'une souffrance inimaginable'. Pour vous que représente l'image d'une île déserte? Accepteriez-vous de vivre sur l'une d'elles? Quelles seraient vos activités et vos conditions pour y rester? Discutez-en avec votre partenaire.

B   Idées

Première écoute

1   Ecoutez l'enregistrement, puis résumez les idées essentielles ci-dessous:

La signification de l'île déserte pour:	
Daniel Defoe	L'homme contemporain
La signification de bricoler et de tout faire soi-même pour:	
Daniel Defoe	L'homme contemporain
La différence entre les récits de:	
Robinson Crusoé de Daniel Defoe • arrivée sur l'île • l'île • le personnage	*L'Île Mystérieuse* de Jules Verne[*] • arrivée sur l'île • l'île • les personnages

[*]Jules Verne: écrivain français (1828–1905) créa le genre du roman scientifique d'anticipation: *Vingt Mille Lieues sous les mers, Le Tour du monde en quatre-vingts jours*

Deuxième écoute

2   Pourquoi Michel Tournier a-t-il choisi de reprendre l'histoire de Robinson Crusoé?

3   Michel Tournier et Jacques Chancel parlent du prolongement de l'histoire de Robinson Crusoé que Michel Tournier a raconté dans une nouvelle (dans le recueil *Le Coq de Bruyère*). Comment Michel Tournier imagine-t-il la suite de l'histoire?

4 Pourquoi dit-il qu'il ne la raconterait pas à des enfants?

5 Quelle est la moralité de ce prolongement?

C | Mots et expressions

Adjectifs

1 Le discours de Michel Tournier est riche en adjectifs. À qui ou à quoi se réfèrent ceux-ci?

a.	brûlante	**e.**	médiocres
b.	flous	**f.**	cassé, ruiné, perdu
c.	florissante	**g.**	consternés
d.	verdoyante	**h.**	affreuse

Le préfixe *-in, -im,* le suffixe *-able, -ible, -uble*

Les préfixes '*in*' et '*im*' marquent la negation; les suffixes '*able*', '*ible*' et '*uble*' marquent la possibilité.

> ses rêves . . . les plus *inavouables*
>
> l'idée du nudisme était vraiment *impensable*
>
> alors cette île . . . *introuvable*

2 Trouvez les adjectifs correspondant à ces définitions:

a.	qu'on ne peut pas imaginer	**f.**	qu'il est impossible de percevoir
b.	qui ne se lasse pas	**g.**	qu'il est impossible d'accepter
c.	qui ne peut être contesté	**h.**	qu'on ne peut pas entendre
d.	qui ne laisse pas traverser de liquide	**i.**	qui ne ressent rien
		j.	qu'on ne peut pas résoudre
e.	qu'on ne peut pas lire	**k.**	qui ne s'use pas

3 Composez une phrase autour de chacun de ces adjectifs.

5.5 GRAMMAIRE   Les temps du passé; la forme en -ant

A   Réflexion

> Quand on parle du passé:
> ▷   on raconte des événements,
> ▷   on décrit le contexte dans lequel se situent les événements.
> Pour distinguer ces différents aspects du passé, on emploie des temps différents.

1   Dans les deux extraits ci-dessous – le premier tiré du roman de Michel
Tournier, le second de son interview – identifiez le temps des verbes
soulignés comme dans les exemples.

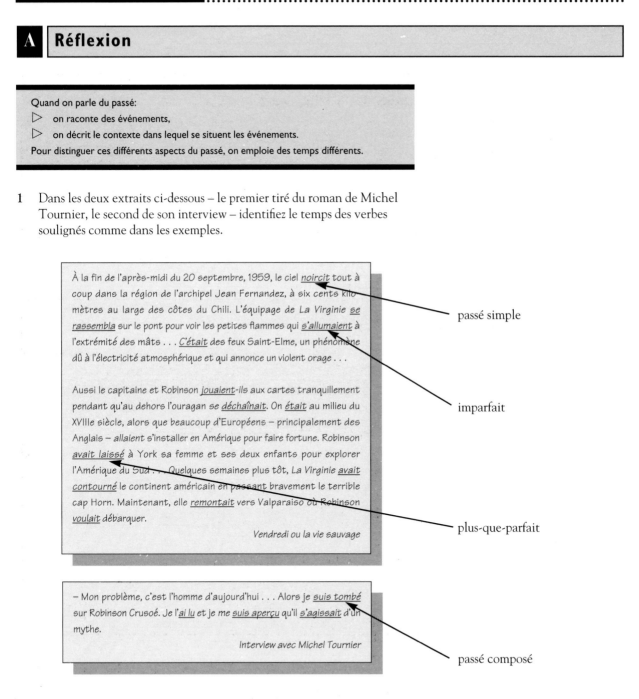

> À la fin de l'après-midi du 20 septembre, 1959, le ciel _noircit_ tout à
> coup dans la région de l'archipel Jean Fernandez, à six cents kilo
> mètres au large des côtes du Chili. L'équipage de _La Virginie se
> rassembla_ sur le pont pour voir les petites flammes qui _s'allumaient_ à
> l'extrémité des mâts . . . _C'était_ des feux Saint-Elme, un phénomène
> dû à l'électricité atmosphérique et qui annonce un violent orage . . .
>
> Aussi le capitaine et Robinson _jouaient_-ils aux cartes tranquillement
> pendant qu'au dehors l'ouragan se _déchaînait_. On _était_ au milieu du
> XVIIIe siècle, alors que beaucoup d'Européens – principalement des
> Anglais – allaient s'installer en Amérique pour faire fortune. Robinson
> _avait laissé_ à York sa femme et ses deux enfants pour explorer
> l'Amérique du Sud . . . Quelques semaines plus tôt, La Virginie _avait
> contourné_ le continent américain en passant bravement le terrible
> cap Horn. Maintenant, elle _remontait_ vers Valparaiso où Robinson
> _voulait_ débarquer.
>
>   _Vendredi ou la vie sauvage_

passé simple

imparfait

plus-que-parfait

> – Mon problème, c'est l'homme d'aujourd'hui . . . Alors je _suis tombé_
> sur Robinson Crusoé. Je l'_ai lu_ et je me _suis aperçu_ qu'il _s'agissait_ d'un
> mythe.
>
>   _Interview avec Michel Tournier_

passé composé

2   Quels temps emploie-t-on pour raconter des événements?

3   Quels temps emploie-t-on pour décrire les circonstances de l'arrière-
    plan?
4   Dans les deux textes, on raconte des événements, mais les verbes sont à
    des temps différents. Pourquoi? Qu'est-ce qui différencie les deux temps
    du récit?

B | Les temps du passé

Les temps du récit
– pour raconter des actions, des incidents

Le passé simple
• utilisé essentiellement à l'écrit pour les récits littéraires et historiques, il évoque un passé lointain, coupé du présent. Il donne à l'événement une dimension historique et mythique:
'Le ciel *noircit* . . . l'équipage *se rassembla* sur le pont . . . le capitaine van Deyssel *vit* . . .'

Le passé composé
• utilisé à l'oral et à l'écrit pour raconter des actions, des incidents: en opposition avec le passé simple, le passé composé implique un rapport avec le présent:
'Mon problème, c'est l'homme d'aujourd'hui. Alors *je suis tomb*é sur Robinson . . .'

Le présent de narration
• le présent remplace souvent le passé-simple pour rendre un récit plus actuel, plus vivant, plus proche du lecteur
'Elle *enjambe* vivement la fenêtre et *se lance* dans le vide . . .'

Les temps de l'arrière-plan
– pour brosser l'arrière-plan, décrire les circonstances de l'action

L'imparfait
• marque un fait qui est en train de se dérouler servant d'arrière-plan à l'action principale:
'Aussi le capitaine et Robinson *jouaient-ils* aux cartes tranquillement pendant qu'au dehors l'ouragan *se déchaînait* . . .'
'Il *se dirigeait* vers eux quand un choc formidable ébranla le navire.'
• marque la description d'une situation, d'un état:
'*c'était* au XVIIIe siècle'
'Robinson *voulait* débarquer'
'il *s'agissait* d'un mythe'
• marque une action habituelle
'au milieu du XVIIIe siècle alors que beaucoup d'Européens *allaient* s'installer en Amérique pour faire fortune.'
• marque la supposition après si:
'si vous *pouviez* habiter dans une ville francophone, où habiteriez-vous?'

Le plus-que-parfait
• marque une action déjà accomplie servant d'arrière-plan aux événements principaux:
'Robinson *avait laissé* à York sa femme et ses deux enfants pours explorer l'Amérique du Sud . . . Quelques semaines plus tôt, La Virginie *avait contourné* le continent américain en passant bravement le terrible cap Horn . . .'

Exercice 1

Relisez le début et la fin des récits aux pages 144–6. Identifiez les temps des
verbes et justifiez leur emploi.

Exercice 2

Mettez les verbes entre parenthèses au passé simple ou à l'imparfait pour compléter le premier paragraphe du deuxième chapitre de *Vendredi* . . .

Lorsque Robinson (reprendre) connaissance, il (être) couché, la figure dans le sable. Une vague (déferler) sur le sable et (venir) lui lécher les pieds. Il (se laisser) rouler sur le dos. Des mouettes noires et blanches (tournoyer) dans le ciel redevenu bleu après la tempête. Robinson (s'asseoir) avec effort et (ressentir) une vive douleur à l'épaule gauche. Puis il (se lever) et (faire) quelques pas. Il ne (être) pas blessé, mais son épaule (continuer) à lui faire mal. Comme le soleil (commencer) à brûler, il (se faire) une sorte de bonnet en assemblant de grandes feuilles qui (pousser) au bord du rivage. Puis il (ramasser) une branche pour s'en faire une canne et (s'enfoncer) dans la forêt.

Exercice 3

Mettez les verbes entre parenthèses au passé simple, à l'imparfait ou au plus-que-parfait :

Le 31 janvier 1709, un canot avec six hommes à bord (quitter) le navire de guerre anglais *Duke* et (s'approcher) de l'Île Màs a Tierra qui (être situé) à l'est de Santiago-du-Chili. Les hommes (apercevoir) bientôt une silhouette qui (gesticuler) à terre. En abordant, ils (voir) que c'(être) un homme. Il (être vêtu) de peaux de moutons et il (porter) une grande barbe. Les hommes lui (demander) son nom. Il (s'appeler) Alexandre Selcraig. Il (quitter) sa ville natale Largo, un petit port écossais, en 1703. À la suite d'une mésentente avec le commandant du *Cinq Ports*, il (être) déposé sur l'île où il (rester) quatre ans. Embarqué sur *Duke*, il (devoir) attendre le 14 octobre 1711 pour retrouver les siens qu'il ne (pas voir) depuis huit ans.

À VOUS 4	*Rédiger un récit: première version*

 Vous allez maintenant rédiger la première version de votre récit (450–500 mots) aux temps du passé à partir du plan élaboré dans À Vous 3. Puis, évaluez votre texte écrit à partir de la grille d'écriture (« 2.6)

C | La forme en -*ant*

Le participe présent

- peut exprime **une conséquence** ou **une cause** de l'action principale:
  a. Le gilet avait remonté, *laissant* voir la chemise rayée et les bretelles.
  ▷ **la conséquence**
  b. Ne *sachant* pas trop quoi faire, il s'est dirigé vers la place de la Bastille.
  ▷ **la cause**
- peut fonctionner comme **une proposition relative**:
  c. . . . une nuée de météores *cherchant* un soleil perdu
  ▷ **qui cherchent**

Le gérondif (*en* + participe présent)

- peut exprimer **la manière** ou **le moyen** dont s'accomplit l'action principale:
  d. *La Virginie* avait contourné le continent américain *en passant* bravement le terrible cap Horn.
  ▷ Comment *La Virginie* avait-elle contourné le continent américain? **En passant par** le terrible cap Horn
- peut exprimer **la simultanéité** de deux actions:
  e. Le capitaine le regarda avec un petit sourire ironique *en caressant* son verre de genièvre.
  ▷ Le capitaine le regarda . . . et **en même temps**, il caressait son verre de genièvre.
- pour **renforcer l'idée de simultanéité**, on peut employer l'expression *tout en* + participe présent:
  f. C'est drôle *tout en abordant* des sujets comme le racisme . . .
  ▷ It's funny, while *at the same time addressing* topics like racism . . .

L'adjectif verbal

La forme en -*ant* peut fonctionner comme un adjectif verbal, c'est-à-dire, qu'il sert à décrire un nom plutôt que d'exprimer une action. Comme tout autre adjectif, il s'accorde avec le nom auquel il se réfère:

une étoile *filante* . . . les personnages sont très *attachants* . . .

Exercice 4

Dans les phrases suivantes, tirées des documents que vous avez travaillés jusqu'ici, choisissez *le participe présent*, *l'adjectif verbal* ou le *gérondif* du verbe entre parenthèses pour compléter les blancs:

1 Les grands cafés, pleins de monde, débordaient sur le trottoir, (étaler) leur public de buveurs sous la lumière (éclater).

2 La presse n'a pas su se remettre en question, (laisser) partir de nouveaux lecteurs.

3 (Se vendre) moins cher et (tenter) d'innover avec un journal à lire rapidement et (s'adresser) surtout aux jeunes, *InfoMatin* a bien essayé de s'imposer.

4 C'est bien de relier les paragraphes (utiliser) des connecteurs.

5 Aujourd'hui, on estime entre 30 et 60 millions le nombre de personnes (se connecter) sur le 'Net' chaque jour dans le monde.

6 Jacques Santer fait son droit en France, d'abord à Strasbourg, puis à Paris où il passe le doctorat, tout en (obtenir) le diplôme de l'Institut d'études politiques.

7 'Ne croyez-vous pas que cette tempête va beaucoup retarder notre arrivée au Chili?' demanda-t-il (battre) les cartes.

5.6 *STRATÉGIES* — Savoir lire à haute voix

A | Varier le débit et l'intonation

Le son de la voix détermine la réaction de l'auditeur avant même que celui-ci n'ait saisi le sens des mots. Aussi est-il important pour l'orateur de maîtriser les différentes composantes de sa voix.

Pour stimuler l'intérêt du destinataire, il faut savoir:

▷ nuancer son débit et son intonation selon le genre de texte qu'on lit et l'impact qu'on veut créer sur l'auditoire.

▷ varier le débit et l'intonation pour éviter la monotonie.

Exercice 1

1 D'après vous, quelle impression crée un débit lent? Un débit rapide?

2 Le texte de Michel Tournier (« 5.3 ») s'articule autour de quatre sections correspondant aux quatre paragraphes. Imaginez que l'on vous demande de lire le texte devant un auditoire. Quels débit et intonation adopteriez-vous pour chacune de ces sections afin de renforcer l'effet des mots?

B | Respecter les pauses et les silences

Les pauses et les silences constituent la ponctuation orale. Ils seront d'autant plus longs et nombreux que le texte est littéraire, complexe et soutenu dans son registre. Ils permettent:

▷ que les idées soient clairement formulées.

▷ à l'auditoire de pouvoir suivre ce qui est dit ou lu

▷ au lecteur ou à l'orateur de reprendre son souffle!

Exercice 2

Ci-dessous un des paragraphes du récit étudié dans la section 5.3. La ponctuation et la plupart des majuscules ont été omises.

1 Lisez le passage à haute voix. Faites des pauses lorsque vous le jugez bon, et notez-les sur le texte.

2 Comparez avec le texte original. Les pauses correspondent-elles à la ponctuation écrite?

> Heureusement *La Virginie* sur laquelle voyageait Robinson n'avait rien à craindre même de la plus forte tempête c'était une galiote hollandaise un bateau plutôt rond avec une mâture assez basse donc lourd et peu rapide mais d'une stabilité extraordinaire par mauvais temps aussi le soir lorsque le capitaine van Deyssel vit un coup de vent faire éclater l'une des voiles comme un ballon il ordonna à ses hommes de replier les autres voiles et de s'enfermer avec lui à l'intérieur en attendant que ça se passe.

À l'oral on fait des pauses en plus de la ponctuation écrite. Tout groupe de mots énoncé sans pause s'appelle **un groupe rythmique**.

C | Les accents rythmiques final et initial

En anglais, tous les mots polysyllabiques ont une syllabe accentuée qui ne change pas. De plus, ce sont les mots les plus importants qui reçoivent l'accent tonique dans une phrase:

> Are you *coming* tomorrow   Are *you coming*

En français, au contraire, c'est la dernière syllabe de chaque groupe rythmique qui est accentuée et allongée. Selon le débit et le sens du discours, le groupe rythmique peut changer:

> À la fin de l'après-mi*di* . . . du 20 sept*EMBRE* dix-sept cent cinquante-*NEUF*
> À la fin de l'après-midi du 20 sept*EMBRE* . . . dix-sept cent cinquante-*NEUF* . . .
> À la fin de l'après-midi du 20 sept*EMBRE* dix-sept cent cinquante-*NEUF* . . .
> Le ciel noircit tout à *COUP* . . . dans la région de l'archi*PEL* . . .
> Le ciel noircit tout à coup dans la région de l'archi*PEL* . . .

Pour insister ou mettre en relief, la première syllabe du groupe rythmique peut recevoir l'accent. Dans ce cas, celui-ci est plus fort que l'accent final.

> *QUAND* on entreprend un vo*yage* . . .
> *PUIS* il déboucha un tonnelet de *bois* . . .

D | Les mots qui se ressemblent

Beaucoup de mots français et anglais se ressemblent à l'écrit, mais se prononcent d'une façon très différente.

▷ En français c'est la dernière syllabe d'un mot polysyllabique qui reçoit l'accent.

▷ Contrairement à l'anglais, les consonnes finales, en règle générale, ne se prononcent pas. Les exceptions: -*f*, -*l*, -*c*, -*g*.

▷ Notez les différentes prononciations pour *gu* et *gi*, *cu* et *ci*.

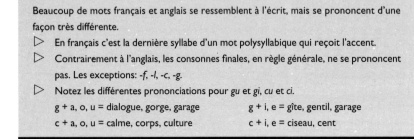

g + a, o, u = dialogue, gorge, garage   g + i, e = gîte, gentil, garage
c + a, o, u = calme, corps, culture   c + i, e = ciseau, cent

Exercice 3

Les mots ci-dessous sont extraits du texte. Prononcez-les, en mettant l'accent sur la dernière syllabe:

septembre, kilomètres, phénomène, atmosphérique, stabilité, capitaine, tranquillement, Européens, Amérique, commerciaux, expérience, impatience, l'avantage, suspendu, obscurité, distingua, formidable, gigantesque, matériel.

E | La liaison

À l'intérieur d'un groupe rythmique, on prononce souvent une consonne finale devant la voyelle initiale du mot suivant. Cela s'appelle faire une liaison.

> le ciel noircit tout à coup   un violent orage   Robinson n'avait rien à craindre

La liaison est obligatoire:

Avant:

- un nom   Il y a des activités pour les enfants. C'est un endroit charmant.

Après:

- **les pronoms personnels**   Elles ont déjà acheté leurs billets. Elles les ont payés cher.
- **certaines prépositions:**   Vous êtes chez Annie? En Auvergne?
  chez, dans, en, sans, sous   Dans une maison sans eau courante?
- **certains adverbes:**   C'est très intéressant.
  bien moins, plus, rien,   Je n'ai rien à faire.
  tout, très

La liaison ne se fait pas:

Avant:

- **les mots commençant par**   en haut, les héros, en hausse, en huit,
  un h 'aspiré'   tu n'as pas honte

Après:

- **et**   J'ai acheté des croissants et une tarte

Attention! Faire trop de liaisons crée un effet artificiel et ridicule. Par contre, n'en faire aucune produit un registre très familier.

Exercice 4
Lisez à haute voix le premier paragraphe de l'extrait de *Vendredi ou la vie sauvage* et relevez les liaisons.

Exercice 5
Travaillez à deux. L'un d'entre vous lira à haute voix le dialogue (lignes 25 à 39) et l'autre, la fin (lignes 40 à 51). Faites attention aux liaisons, aux pauses et aux accents final et initial.

5.7 ÉCOUTE

Récit: *Le Petit Prince* d'Antoine de Saint-Exupéry

Antoine de Saint-Exupéry
(1900–1944)
Aviateur et écrivain français, il apprend à piloter durant son service militaire. Dès lors sa carrière est tracée et il pilotera toute sa vie jusqu'à sa disparition en 1944, lors d'une mission au-dessus de Grenoble. En 1925 il publie son premier récit, dont l'action se situe dans le monde de l'aviation. Suivront des romans et des récits symboliques parmi lesquels *Vol de nuit* en 1931 et *Le Petit Prince* en 1943.

A | Idées

1   L'enregistrement suivant est un extrait de la bande sonore du *Petit Prince*, dans lequel Saint-Exupéry décrit sa première rencontre avec le petit prince. Notez les éléments essentiels de l'extrait sous les rubriques suivantes:

a.	lieu et époque
b.	les personnages
c.	la situation initiale
d.	l'événement perturbateur
e.	les incidents qui font rebondir l'action

2   Résumez par écrit en trois paragraphes ce que vous venez d'entendre. Utilisez les mots ci-dessous pour vous aider à reformuler le récit. Vous remplacerez le dialogue par une description de la situation.

a. la panne – s'était cassé – le moteur – mécanicien – la réparation – le démontage – l'avion – le désert du Sahara – c'était une question de vie ou de mort.

b. petit bonhomme – drôle de petite voix – ni égaré – ni mort de fatigue, ni mort de faim, ni mort de soif – pas l'apparence d'un enfant perdu au milieu du Sahara.

c. dessine-moi un mouton – griffonnai un dessin – savais pas dessiner – boa – éléphant – bélier – caisse – faute de patience – le mouton dedans.

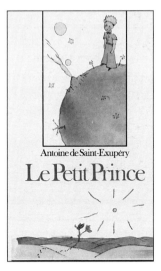

Antoine de Saint-Exupéry
Le Petit Prince

© Éditions Gallimard

B Analyse

Analyse rapide

Réécoutez l'extrait.

1 En quoi la musique contribue-t-elle à l'atmosphère?
2 En vous référant à la grille ci-dessous, analysez les effets de voix de Saint-Exupéry et du petit prince:

				St.-Exupéry	*Le petit prince*
DÉBIT	rapide	lent	varié		
ARTICULATION	confuse	claire			
INTONATION	monotone	variée			
VOLUME	faible	fort	correct		

Analyse approfondie à partir de la transcription

Lignes 1–12 et lignes 13–25
3 Contrastez dans les deux passages les intonations, le débit, les pauses, les accentuations de mots.
4 Quels sont les effets de ces changements?

Lignes 36 à la fin
5 Écoutez le passage et puis à deux, relisez le dialogue en essayant de varier vos intonations.

St.-Exupéry:	J'ai ainsi vécu seul, sans personne avec qui parler véritablement, jusqu'à une panne dans le désert du Sahara, il y a six ans. Quelque chose s'était cassé dans mon moteur. Et comme je n'avais avec moi ni mécanicien, ni passagers, je me préparai à essayer de réussir, tout seul, une réparation difficile. C'était pour moi une question de vie ou de mort. J'avais à peine de l'eau à boire pour huit jours. Le premier soir, je me suis donc endormi sur le sable à mille milles de toute terre habitée. J'étais bien plus isolé qu'un naufragé sur un radeau au milieu de l'Océan. Alors vous imaginez ma surprise, au lever du jour, quand une drôle de petite voix m'a réveillé.	1 5 10
Petit Prince:	S'il vous plaît . . . dessine-moi un mouton!	
St.-Exupéry:	Hein!	

Petit Prince:	Dessine-moi un mouton . . .	15
St.-Exupéry:	J'ai sauté sur mes pieds comme si j'avais été frappé par la foudre. J'ai bien frotté mes yeux. J'ai bien regardé. Et j'ai vu un petit bonhomme tout à fait extraordinaire qui me considérait gravement. Je regardais cette apparition avec des yeux tout ronds d'étonnement. N'oubliez pas que je me trouvais à mille milles de toute région habitée. Or mon petit bonhomme ne me semblait ni égaré, ni mort de fatigue, ni mort de faim, ni mort de soif, ni mort de peur. Il n'avait en rien l'apparence d'un enfant perdu au milieu du désert, à mille milles de toute région habitée.	20 25
St.Exupéry:	Mais . . . qu'est-ce que tu fais là?	
Petit Prince:	S'il vous plaît . . . dessine-moi un mouton.	
St.-Exupéry:	Quand le mystère est trop impressionnant, on n'ose pas désobéir. Aussi absurde que cela me semblât à mille milles de tous les endroits habités et en danger de mort, je sortis de ma poche une feuille de papier et un stylographe. Mais je me rappelai alors que j'avais surtout étudié la géographie, l'histoire, le calcul et la grammaire et je dis au petit bonhomme (avec un peu de mauvaise humeur) que je ne savais pas dessiner. Il me répondit:	30 35
Petit Prince:	Ça ne fait rien. Dessine-moi un mouton.	
St.-Exupéry:	Comme je n'avais jamais dessiné un mouton je refis, pour lui, l'un des deux seuls dessins dont j'étais capable. Celui du boa fermé.	
Petit Prince:	Non! Non! je ne veux pas d'un éléphant dans un boa. Un boa c'est très dangereux, et un éléphant c'est très encombrant. Chez moi c'est tout petit. J'ai besoin d'un mouton. Dessine-moi un mouton.	40
St.-Exupéry:	Alors j'ai dessiné.	
Petit Prince:	Non! Celui-là est déjà très malade. Fais-en un autre. Tu vois bien . . . ce n'est pas un mouton, c'est un bélier. Il a des cornes . . . Celui-là est trop vieux. Je veux un mouton qui vive longtemps.	45
St.-Exupéry:	Alors faute de patience, comme j'avais hâte de commencer le démontage de mon moteur, je griffonnai ce dessin-ci. Ça, c'est la caisse. Le mouton que tu veux est dedans.	50
Petit Prince:	C'est tout à fait comme ça que je le voulais! Crois-tu qu'il faille beaucoup d'herbe à ce mouton?	
St.Exupéry	Pourquoi?	
Petit Prince:	Parce que chez moi, c'est tout petit . . .	55
St.-Exupéry:	Ça suffira sûrement. Je t'ai donné un tout petit mouton.	
Petit Prince:	Pas si petit que ça . . . Tiens! il s'est endormi . . .	
St.-Exupéry:	Et c'est ainsi que je fis la connaissance du petit prince.	

À VOUS 5 | *Discussion sur Le Petit Prince*

La fin du récit du *Petit Prince* est triste. Un jour, piqué par un serpent, le petit prince disparaît de la planète terre sans laisser de traces. Le livre se termine avec un dernier dessin de Saint-Exupéry accompagné de ces quelques lignes d'espoir:

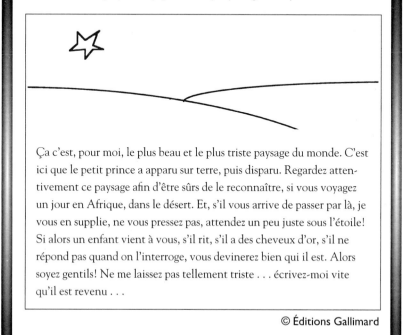

Ça c'est, pour moi, le plus beau et le plus triste paysage du monde. C'est ici que le petit prince a apparu sur terre, puis disparu. Regardez attentivement ce paysage afin d'être sûrs de le reconnaître, si vous voyagez un jour en Afrique, dans le désert. Et, s'il vous arrive de passer par là, je vous en supplie, ne vous pressez pas, attendez un peu juste sous l'étoile! Si alors un enfant vient à vous, s'il rit, s'il a des cheveux d'or, s'il ne répond pas quand on l'interroge, vous devinerez bien qui il est. Alors soyez gentils! Ne me laissez pas tellement triste . . . écrivez-moi vite qu'il est revenu . . .

© Éditions Gallimard

I   Discutez entre vous du genre du *Petit Prince*. Est-ce un livre pour enfants? Pour adultes? Quelle est, d'après vous, la personnalité de l'auteur? Quel est son message? Aimeriez-vous lire *Le Petit Prince*?

2   Aimeriez-vous écrire un livre? Quel en serait le sujet?

C | Structures

Le subjonctif » 8.5, 9.5

Le présent du subjonctif

a.   Je veux un mouton qui *vive* longtemps

b.   Crois-tu qu'il *faille* beaucoup d'herbe à ce mouton?

L'imparfait du subjonctif

c.   Aussi absurde que cela me *semblât* à mille milles de tous les endroits habités et en danger de mort, je sortis de ma poche une feuille de papier

L'imparfait du subjonctif, réservé à l'usage soutenu, est très peu employé de nos jours.

Exercice 1

1 Donnez l'infinitif des verbes en italique dans l'encadré.
2 Pouvez-vous justifier l'emploi du subjonctif dans (a) et (b)?

Les temps du passé « 5.5, » 7.3A

Exercice 2

Relisez le premier extrait du *Petit Prince* (p.165) et repérez tous les exemples des temps du passé. Vous constaterez que l'auteur emploie dans le même passage le passé composé et le passé simple: pourquoi?

Les pronoms « 3.5, 4.7, » 6.5, 8.3, 8.5, 9.4

Exercice 3

Sans relire le premier extrait, complétez les phrases suivantes avec le pronom qui manque. Puis, comparez vos réponses avec le texte.

1 J'ai ainsi vécu seul, sans personne avec _____ parler.
2 Comme je n'avais avec _____ ni mécanicien, ni passagers . . .
3 S'il vous plaît . . . dessine-_____ un mouton.
4 . . . je refis, pour _____ l'un des deux seuls dessins _____ j'étais capable. _____ du boa fermé.
5 Non! _____-là est déjà malade. Fais-_____ un autre!
6 C'est tout à fait comme _____ que je _____ voulais.

5.8 *SAVOIR-FAIRE*

A Écrire un récit

Vous allez écrire la version finale de votre récit, commencé dans la section À Vous 3. Vous y apporterez les corrections nécessaires à partir:

▷ des commentaires de votre partenaire
▷ des corrections de votre professeur
▷ de la grille d'écriture (« 2.6)

B Lire un récit devant un auditoire

Une fois que vous aurez terminé la version définitive de votre récit, entraînez-vous à le lire à haute voix. Si possible, enregistrez votre récit sur cassette.

6

l'enquête: interview et questionnaires

6.1 ÉCOUTE:

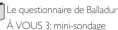 Micro-campus: attitudes des jeunes
- l'accord du participe passé
- l'expression de la comparaison
- le pronom sujet *on*

À VOUS 1: discussion sur les différences culturelles

6.2 DÉCOUVRIR:

L'enquête
- le pourquoi et le comment d'une enquête
- questions ouvertes, questions fermées
- savoir mener une interview

À VOUS 2: interview

6.3 ÉCOUTE:

Interview avec Janine Mossuz-Lavau: 'Les Français et la politique'

6.4 LECTURE:

Le questionnaire de Balladur

À VOUS 3: mini-sondage
- adverbes

6.5 GRAMMAIRE:

Les questions
- les trois constructions interrogatives
- questions avec dislocation et inversion
- les pronoms interrogatifs *qui* et *que*
- les questions indirectes

6.6 STRATÉGIES:

Savoir rapporter et commenter

'Courrier de star pour Balladur'

'Au hit-parade des préoccupations . . .'
- l'expression des relations logiques
- le discours rapporté

6.7 ÉCOUTE:

Sondage: valeurs et sports

À VOUS 4: commenter les chiffres

6.8 SAVOIR-FAIRE:

Mener une enquête

Écrire un rapport

6.1 *ÉCOUTE*   Micro-campus: attitudes des jeunes

Dans le prochain enregistrement, vous entendrez Marie Coste, lectrice dans une université britannique, nous parler des différentes attitudes des jeunes en Grande-Bretagne et en France. Elle parlera également du 'questionnaire Balladur' – questionnaire distribué, à l'initiative du premier ministre, Edouard Balladur, à tous les jeunes Français de 15 à 25 ans en avril 1994,* à la suite de manifestations contre le chômage et les mauvaises conditions dans les lycées et les universités.

*Notre intervieweur, Hubert, se trompe sur la date du questionnaire!

A Idées

1   Écoutez l'interview. Notez les domaines où, selon Marie, il existe des différences entre les jeunes Anglais et les jeunes Français. Partagez-vous les impressions de Marie?
2   Selon Marie, quel était le but du questionnaire d'Edouard Balladur? Comment ce questionnaire a-t-il été reçu par les jeunes Français? Quelles en ont été les suites?
3   Marie parle des différentes habitudes qu'elle a découvertes en Grande-Bretagne. Quelles sont-elles?

B Mots et expressions

1   Qu'entendez-vous par les expressions suivantes:
    a.   le travail en France est plus *scolaire*
    b.   plus de *moyens* sont mis à la disposition des étudiants
    c.   il y avait *un malaise* dans les lycées.
    d.   il y a eu *un effet boule de neige*
    e.   il y avait vraiment *une attente*
    f.   il y a eu *une très grosse déception*
2   À l'aide d'expressions que vous aurez entendues dans cette interview, traduisez les phrases suivantes:
    a.   If you've got a problem, you can go and see your lecturer.
    b.   Language learning is not a priority for British students.
    c.   Being able to speak English is an important goal for French students.
    d.   My impression is that in France, we spend more time on food.
    e.   In France, you often invite people round to your house for a drink, while in England, you meet up in a pub.
    f.   In Britain, it's not usual to invite people round to one's house.

C Structures

L'accord du participe passé « 0.4 » 10.1

Exercice 1

Complétez les phrases extraites de l'interview en choisissant le participe passé qui convient et en l'accordant, si nécessaire.

> *débouché – attache – découvert – mis en place – frappé – obligé*

1 Vous pouvez me parler des différences que vous avez _____?
2 Une des choses qui m'a _____ . . .
3 Les jeunes sont beaucoup moins _____ à leur famille
4 En France, on se sent _____ d'apprendre l'anglais
5 Ils ont _____ ce questionnaire.
6 Est-ce que ça a _____ sur des mesures concrètes?

L'expression de la comparaison « 2.5, 3.4

> **a.** ils ont *plus de* ressources
> **b.** on a *moins de* liberté
> **c.** l'apprentissage des langues . . . c'est *moins* important *qu*'en France
> **d.** les enseignants ne connaissent pas les prénoms des élèves *alors qu*'ici on peut s'adresser directement à son professeur
> **e.** ils ont plus de ressources . . . en Grande-Bretagne *par rapport à* la France
>
> Notez que
> - *plus/moins **de*** . . . indique une **quantité** (a. et b.)
> - *plus/moins **que*** . . . introduit une **comparaison** (c.)
>
> Pour introduire une comparaison, on peut utiliser:
> - *alors* **que** + groupe verbal   **que** + groupe nominal
> - *par rapport* **à** + groupe nominal

Exercice 2

Complétez ces phrases avec *de*, *que*, *alors que*, ou *par rapport à*:

1 Moins _____ Français ont voté en mai 1990 _____ en mai 1996.
2 Plus _____ un tiers de jeunes Français quitte l'école sans diplôme.
3 _____ la Grande-Bretagne, les jeunes en France ont moins de liberté.
4 En France, les lycéens présentent plus _____ sept matières au baccalauréat _____ en Grande-Bretagne, ils se spécialisent en trois.

Le pronom sujet *on* « 2.4

> 1. le travail qu'*on* leur demande en France est beaucoup plus scolaire
> 2. *on* a beaucoup moins de liberté dans ce qu'*on* fait
> 3. en France, *on* se sent obligé d'apprendre l'anglais
> 4. ici, *on* se dit 'de toute façon, je parle anglais, tout le monde parle anglais'

Exercice 3

Le pronom *on* est assez vague dans sa référence, d'où sa valeur dans le français contemporain. Étudiez les exemples encadrés: choisissez le groupe auquel se réfère le pronom 'on' dans chaque phrase:

a. les Anglais
b. les professeurs d'université

c. les étudiants
d. les Français

Exercice 4 « 2.4, 3.3

Notez que la phrase encadrée (1) peut se traduire par une construction passive en anglais: the work *they are asked to do*.

Traduisez les phrases suivantes en utilisant le pronom *on*:

1 The work I was asked to do was boring.
2 The students were told to leave.
3 My son was promised a full-time job.
4 Were you allowed to travel first class?

À VOUS 1 | *Discussion sur les différences culturelles*

Regardez les notes que vous avez prises sur les différences entre les jeunes en Grande-Bretagne et en France. En petits groupes, échangez vos expériences de différences culturelles. Puis, présentez-les à la classe.

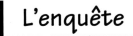

6.2 *DÉCOUVRIR*   L'enquête

> **Enquête** *n.f.* Recherche méthodique reposant notamment sur des questions et des témoignages. *Spécialt.* Étude d'une question sociale, économique, politique . . . par le rassemblement des avis, des témoignages des intéressés.

A Le pourquoi et le comment d'une enquête

1   Voici le titre d'une enquête publiée récemment par une politologue
    française, Janine Mossuz-Lavau, directrice du Centre National de la
    Recherche Scientifique (CNRS).

> **LES FRANÇAIS ET LA POLITIQUE**
> ENQUÊTE SUR UNE CRISE

Selon vous, quelles questions aura-t-elle posées? Qui aura-t-elle inter-
rogé? Quelles auront été ses conclusions?

2   Parcourez ci-dessous l'extrait de la préface de son livre.
    a.   Résumez le raisonnement qui a mené à l'enquête. (La structure de
         son raisonnement est clairement indiquée par des mots con-
         necteurs.) Précisez son objectif.
    b.   Elle choisit de mener son enquête à partir d'"entretiens non direc-
         tifs', une méthode qu'elle oppose aux sondages. Quelles sont les dif-
         férences entre ces deux méthodes? Croyez-vous que la méthode
         choisie par Mme Mossuz-Lavau soit justifiée?

Constat 1	**Les sondages** [. . .] **signalent** un divorce croissant entre les Français et ceux qui sont censés les représenter, une crise de confiance qui s'étend d'année en année, atteignant des proportions que l'on peut à juste titre juger inquiétantes.
Preuves	**Ainsi**, la politique qui était, en 1985, jugée comme une activité peu honorable ou pas honorable du tout par 26% des Français est qualifiée de cette manière, en 1991, par 44% d'entre eux . . .
Constat 2	**Pourtant** [. . .] l'intérêt pour la politique, tel qu'il peut être mesuré par les questions de
Preuves	sondages, faiblit à peine. **En 1974**, d'après le SOFRES, 54% des électeurs déclaraient s'in-téresser beaucoup ou un peu à la politique: en 1990 ils sont 52% . . .
Problématique	**Au bout du compte**, quels rapports [les Français] entretiennent-ils avec cette politique à laquelle ils s'intéressent mais qu'ils semblent en même temps rejeter? . . .
Objectifs	**Pour tenter de comprendre** quels liens existent aujourd'hui entre les citoyens et la vie publique, **pour cerner** la crise qui affecte notre pays depuis plusieurs années,
Méthode	**j'ai choisi** d'aller à la rencontre des Français, magnétophone en poche, en utilisant une
Objectif	méthode qualitative, **afin de** saisir plus profondément le vécu de cette population dont on connaît pour l'essentiel les réponses à des questions de sondages mais pas la manière dont elle ressent les problèmes sur lesquels elle peut être amenée à se prononcer.
Méthode	**J'ai donc effectué une enquête** à l'aide d'entretiens non directifs. [. . .] Ce type d'entretien à l'inverse du sondage, laisse l'entière initiative aux hommes et aux femmes ainsi sollicités; ils explorent à voix haute leur univers, prennent toutes les voies traversières qu'ils souhaitent, disent vraiment ce qui leur tient à cœur.

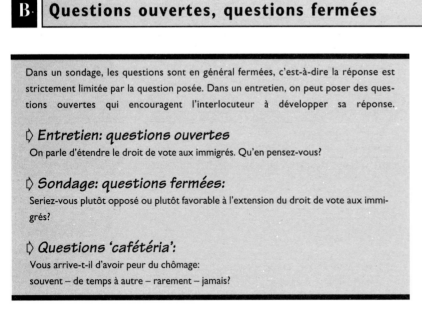

B· | **Questions ouvertes, questions fermées**

Dans un sondage, les questions sont en général fermées, c'est-à-dire la réponse est strictement limitée par la question posée. Dans un entretien, on peut poser des questions ouvertes qui encouragent l'interlocuteur à développer sa réponse.

◊ *Entretien: questions ouvertes*
On parle d'étendre le droit de vote aux immigrés. Qu'en pensez-vous?

◊ *Sondage: questions fermées:*
Seriez-vous plutôt opposé ou plutôt favorable à l'extension du droit de vote aux immigrés?

◊ *Questions 'cafétéria':*
Vous arrive-t-il d'avoir peur du chômage:
souvent – de temps à autre – rarement – jamais?

Le tableau récapitulatif ci-contre recense les différents genres de questions qui peuvent être posées lors d'un entretien. Complétez la liste à partir d'interviews à la radio/télévision ou dans la presse écrite.

	Questions fermées
	Avez-vous voté aux dernières élections?
	Pour qui voterez-vous? Quelle est votre profession?
	Questions ouvertes
Opinions	Que pensez-vous de . . .? Considérez-vous que . . .? Selon vous, . . .?
Comparaison	Est-ce qu'il y a des différences entre . . . et . . .? Quelles sont les différences entre . . . et . . .?
Positif/négatif	Quels sont les avantages/les inconvénients de . . .?
Problèmes–solutions	Quels sont les problèmes/obstacles à . . .? Quelles solutions proposez-vous . . .?
Explications	Pourquoi avez-vous décidé de . . .? Qu'est-ce qui vous a amené à . . .?
Bilan	Quel est le bilan de . . .? Qu'est-ce que cela vous a apporté? Qu'est-ce que vous avez appris en . . .?
Récit	Comment ça se passe? Qu'est-ce qui s'est passé . . .? Comment êtes-vous devenu . . .?
Superlatifs	Qu'est-ce qui vous a le plus étonné . . .? Quels sont les côtés de . . . qui vous plaisent le plus?
Hypothèses	Quels conseils donneriez-vous à . . .? Si vous étiez . . . /aviez . . . /pouviez . . . que feriez-vous?
Questions indirectes	Parlez-moi de . . . Expliquez-moi . . . Racontez-moi . . . Décrivez-moi . . . Est-ce que vous pourriez m'expliquer/décrire/parler de . . .? Je me demande si . . .
Pour approfondir ou relancer	Vous pourriez préciser (un petit peu)? Pourriez-vous me donner un exemple? Vous parlez de . . . Que voulez-vous dire exactement? Qu'entendez-vous par . . .? Est-ce que cela veut dire que . . .?
Pour obtenir une confirmation	. . . c'est cela? C'est vrai? Vous avez bien dit . . .? Si j'ai bien compris . . .?

C Savoir mener une interview

Micro-campus: attitudes des jeunes

Si les questions ouvertes ont l'avantage d'encourager la personne interrogée à développer sa réponse, elles lui demandent quand même plus de réflexion. Il est rare dans un entretien qu'on pose des questions ouvertes sans préparer d'abord le terrain. Observez comment Hubert commence son interview avec Marie (6.1):

> **Hubert:** Alors, Marie, vous avez travaillé en Grande-Bretagne en tant que lectrice dans une université anglaise . . . vous avez aussi travaillé dans un lycée anglais, je crois . . . Est-ce que vous pouvez me parler un petit peu des différences que vous avez découvertes au niveau des jeunes . . . les attitudes, les habitudes, et cetera . . .?

1 Soulignez la question: est-elle ouverte/fermée? directe/indirecte? Pourquoi, à votre avis, Hubert ne l'a-t-il pas posée tout au début?

2 Pourquoi ajoute-t-il à la fin de sa question les expressions 'les attitudes, les habitudes, et cetera'?

3 Étudiez ci-dessous le schéma de l'interview qui indique les thèmes et les sous-thèmes abordés. Réécoutez-la en suivant la transcription et notez les expressions utilisées:
   ▷ pour approfondir un thème en introduisant un nouvel aspect
   ▷ pour orienter l'interview vers un nouveau thème

4 Évaluez les stratégies d'Hubert: l'interview est-elle bien menée?

THÈMES	**PHRASES UTILISÉES**
1	
différences d'attitudes entre les jeunes Français et les jeunes Anglais	Est-ce que vous pouvez me parler un petit peu des différences que vous avez découvertes au niveau des jeunes . . . les attitudes, les habitudes etc.?
▷ le travail	
▷ les ressources	
▷ les rapports prof–étudiant	
▷ l'apprentissage des langues	
2	
le questionnaire de Balladur	
▷ attitudes envers le questionnaire	
▷ les 'suites'	
3	
habitudes différentes en France et en Grande-Bretagne?	
▷ sortir	
▷ les Anglais – plus fermés?	

À VOUS 2 | Interview

Travaillez à deux. Vous allez vous interviewer à tour de rôle sur l'un des thèmes suivants: les études, la musique, la politique, le travail. Chaque interview doit durer au moins 5 minutes.

N'oubliez pas de structurer votre interview, d'approfondir les thèmes et de varier les questions que vous poserez. Par la suite, regroupez vous avec ceux qui ont choisi le même thème. Chacun présentera les points les plus importants qui se sont dégagés de son interview. Chaque groupe présentera un résumé de ces points.

6.3 ÉCOUTE   Interview avec Janine Mossuz-Lavau

Dans l'enregistrement suivant, vous allez entendre Janine Mossuz-Lavau parler de son enquête 'Les Français et la politique', qui vous a été présentée en 6.2. Revoyez les notes que vous avez prises.

A   Avant d'écouter

1   Que comprenez-vous par ces expressions? Vérifiez-les dans un dictionnaire si nécessaire.

a. un fait divers	**f.** les enjeux
b. un échantillon significatif	**g.** les jeux politiciens
c. une affaire de sang	**h.** le patrimoine
d. la collectivité	**i.** la xénophobie
e. une solution de rechange	**j.** une exigence éthique

B   Idées

L'interview est divisée en deux parties: dans la première partie, Mme Mossuz-Lavau présente sa méthode de recherche; dans la deuxième partie, elle donne les résultats de son enquête. Écoutez l'interview deux ou trois fois et répondez aux questions suivantes:

Sa méthode de recherche
1   Quelle est sa méthode de recherche?
2   Rapportez l'histoire de l'ouvrier de Mulhouse. Pourquoi Mme Mossuz-Lavau raconte-t-elle cette anecdote?

Le rejet des hommes politiques

3 Dans quel sens les Français s'intéressent-ils à la politique?

4 Que reprochent les Français aux hommes politiques?

Le clivage gauche–droite

5 Quel est le paradoxe concernant le 'clivage gauche–droite'?

6 Notez les valeurs qui caractérisent:
   a. le discours de droite
   b. le discours de gauche

Les 'affaires'

7 Mme Mossuz-Lavau parle des attitudes des Français face aux 'affaires'. Dans quel sens emploie-t-elle le mot 'affaires'?

8 En quoi les réactions des hommes et des femmes sont-elles différentes face aux 'affaires'? Comment Mme Mossuz-Lavau explique-t-elle ce fait?

C | Mots et expressions

1 Avec quel complément sont employés ces verbes dans l'interview? Reliez chaque verbe à son complément. Puis rédigez des phrases à partir de ces verbes.

recueillir	la xénophobie
déboucher	un parti
se préoccuper	sur une affaire de sang
apporter	des informations
récuser	les hommes politiques
s'identifier à	des affaires de la collectivité
se battre contre	des solutions

2 Que signifient les expressions suivantes, employées dans la deuxième section de l'interview? Choisissez la bonne réponse:
   a. *tenir le haut du pavé*:
      i occuper le premier rang
      ii se comporter d'une façon arrogante
      iii parler pour ne rien dire
   b. *passer l'éponge (sur qqch)*:
      i demander des explications
      ii critiquer
      iii pardonner
   c. *tourner la page*:
      i oublier une mauvaise affaire et passer à autre chose
      ii porter plainte
      iii demander une enquête judiciaire

6.4 *LECTURE* — Le questionnaire de Balladur

A Avant de lire

Relisez vos notes sur l'interview de Marie à propos du questionnaire d'Edouard Balladur. Pourquoi ce questionnaire a-t-il été proposé aux jeunes? Quelle a été leur réaction? Le questionnaire a-t-il abouti à des suites concrètes?

B Explorer le questionnaire

1 Parcourez le questionnaire et identifiez les trois sections que vous jugez les plus intéressantes.
2 Évaluez le questionnaire. En quoi les résultats pourraient-ils être utiles au gouvernement?

Ce questionnaire est anonyme, il ne porte donc pas votre nom. Nous vous remercions d'y répondre et de le renvoyer le plus vite possible, *avant le 31 juillet prochain.*

COMMENT RÉPONDRE AUX QUESTIONS.

Pour répondre aux questions entourez sur chaque ligne le chiffre qui correspond à votre opinion ou à votre situation.

Si certaines d'entre elles ne vous concernaient pas, vous pourriez passer à la suivante.

Vous êtes invité(e) à exprimer vos idées, questions et propositions à la fin du questionnaire.

COMMENT RENVOYER CE QUESTIONNAIRE.

Après avoir répondu aux questions, repliez le questionnaire. Rabattez la patte extérieure (page 10) sur la couverture et humectez la bande de colle pour fermer (l'adresse postale est alors bien visible au dos de la couverture).

Votre questionnaire ainsi refermé, postez-le sans le timbrer, *avant le 31 juillet prochain.*

Q:1 Mon opinion sur la société actuelle

	Tout à fait d'accord	Plutôt d'accord	Plutôt pas d'accord	Pas du tout d'accord
1 La France est le pays des Droits de l'Homme	1	2	3	4
2 Je me sens européen(ne)	1	2	3	4
3 J'ai confiance en l'avenir	1	2	3	4
4 Le dialogue jeunes–adultes me satisfait	1	2	3	4
5 Je trouve ma place dans cette société	1	2	3	4

Q:2 Mon opinion sur la famille et les amis

	Tout à fait d'accord	Plutôt d'accord	Plutôt pas d'accord	Pas du tout d'accord
1 Je me sens à l'aise dans ma famille	1	2	3	4
2 L'endroit où j'habite me plaît	1	2	3	4
3 Mes parents me font confiance	1	2	3	4
4 J'attends plus d'amour de mes parents	1	2	3	4
5 Je souhaiterais plus d'autorité dans ma famille	1	2	3	4
6 Des grands-parents, c'est important pour moi	1	2	3	4
7 Ma famille me prépare à être adulte	1	2	3	4
8 J'aimerais, dès aujourd'hui, avoir un logement indépendant	1	2	3	4
9 Je passe beaucoup de temps avec mes amis, mes copains	1	2	3	4
10 J'ai suffisamment de lieux pour rencontrer mes amis, mes copains	1	2	3	4
11 Ma famille a suffisamment d'argent pour vivre	1	2	3	4

Q:3 Mon opinion sur la santé

	Tout à fait d'accord	Plutôt d'accord	Plutôt pas d'accord	Pas du tout d'accord
1 Je me sens bien dans ma peau	1	2	3	4
2 Je suis bien informé(e) sur les problèmes de santé	1	2	3	4
3 Quand je me sens mal, je sais à qui m'adresser	1	2	3	4
4 J'ai besoin de centres de soins anonymes et gratuits	1	2	3	4

Q:4 Mon opinion sur l'école et les études

	Tout à fait d'accord	Plutôt d'accord	Plutôt pas d'accord	Pas du tout d'accord
1 Je me sens bien à l'école ou à l'université	1	2	3	4
2 J'ai choisi les études, l'orientation scolaire ou universitaire que je voulais	1	2	3	4
3 Mes professeurs me donnent envie d'apprendre	1	2	3	4
4 J'aurais aimé apprendre un métier avant mes 16 ans	1	2	3	4
5 Il y a trop de violence à l'école	1	2	3	4
6 On aide correctement les élèves en difficulté	1	2	3	4
7 Financièrement, j'ai les moyens de faire les études de mon choix	1	2	3	4

8	Les locaux scolaires devraient être mis à la disposition des élèves en dehors des heures de classe	1	2	3	4
9	Il y a assez de sport à l'école ou à l'université	1	2	3	4
10	Il y a suffisamment d'activités culturelles à l'école ou à l'université	1	2	3	4
11	Le travail scolaire ou universitaire me prend trop de temps	1	2	3	4

Q:5 Mon opinion sur l'emploi et le monde du travail

		Tout à fait d'accord	Plutôt d'accord	Plutôt pas d'accord	Pas du tout d'accord
1	L'école prépare bien au monde du travail	1	2	3	4
2	Les employeurs font confiance aux jeunes	1	2	3	4
3	Je suis prêt(e) à partir travailler dans une autre région	1	2	3	4
4	Je suis prêt(e) à partir travailler à l'étranger	1	2	3	4
5	Je suis prêt(e) à changer de métier dans une vie professionnelle	1	2	3	4
6	J'aimerais exercer un métier manuel	1	2	3	4
7	Les stages et la formation professionnelle sont bien organisés	1	2	3	4
8	Il y a assez d'informations sur les métiers	1	2	3	4

Q:6 Questions pour ceux qui travaillent déjà

		Tout à fait d'accord	Plutôt d'accord	Plutôt pas d'accord	Pas du tout d'accord
1	Mon travail correspond à la formation que j'ai reçue	1	2	3	4
2	Mon salaire me permet de vivre correctement	1	2	3	4
3	J'ai choisi mon métier	1	2	3	4
4	Je souhaite participer à la vie d'entreprise	1	2	3	4
5	J'ai la possibilité de continuer à me former tout en travaillant	1	2	3	4

Q:7 Mon opinion sur les sports et les loisirs

		Tout à fait d'accord	Plutôt d'accord	Plutôt pas d'accord	Pas du tout d'accord
1	Il y a suffisamment d'installations sportives près de chez moi	1	2	3	4
2	Faire du sport n'est pas forcément cher	1	2	3	4
3	Il y a suffisamment de lieux de sorties et de spectacles (salles de cinéma, concert, théâtre) près de chez moi	1	2	3	4
4	On peut sortir sans dépenser trop d'argent	1	2	3	4
5	Il y a suffisamment de lieux près de chez moi pour faire de la musique, de la danse, etc	1	2	3	4
6	La culture est accessible à tous	1	2	3	4
7	Les programmes de télévision me conviennent	1	2	3	4

••••••••••••

Q:8 Ma participation et mes engagements

	Tout à fait d'accord	Plutôt d'accord	Plutôt pas d'accord	Pas du tout d'accord
1 Je suis prêt(e) à prendre des responsabilités dans la vie de ma commune	1	2	3	4
2 J'ai suffisamment d'informations sur ce qui se passe dans ma commune	1	2	3	4
3 Les associations sont un bon moyen pour agir	1	2	3	4
4 Il faut développer les formes civiles du Service National (social, humanitaire, environnement)	1	2	3	4

Q:9 Je suis prêt(e) à m'engager personnellement pour:

ou je suis déjà engagé(e) pour: (plusieurs réponses possibles)

- La lutte contre la pauvreté en France   01
- La lutte contre l'exclusion   02
- L'action humanitaire à l'étranger   03
- La lutte contre le racisme   04
- La protection de l'environnement   05
- La construction de l'Europe   06
- L'action politique   07
- L'action syndicale   08
- La lutte contre la toxicomanie   09
- La lutte contre le SIDA   10
- Autres (précisez)   11
- Aucune de ces actions   12

Mes idées et mes propositions sur: *vie quotidienne, lutte contre le chômage, accès au monde du travail, loisirs, sports, culture, solidarité dans la société, etc.*

Mes priorités dans la vie:

Les valeurs et idéaux auxquels j'attache le plus d'importance:

Trois questions que je voudrais poser au Gouvernement:

C Structures

Adverbes » 8.1, 10.4

Un adverbe peut qualifier:	
un verbe	On *aide* **correctement** les élèves à l'école
un adjectif	Faire du sport n'est pas **forcément** cher
toute une phrase	**Financièrement**, j'ai les moyens de faire les études de mon choix

Certains adverbes reviennent souvent dans les questionnaires:

Adverbes d'intensité	Adverbes de fréquence
peu, assez, suffisamment, beaucoup, trop, pas du tout, plutôt, tout à fait	jamais, quelquefois, de temps en temps, souvent, toujours

Exercice 1

Parcourez le questionnaire Balladur et repérez tous les adverbes.

Tout un groupe d'adverbes se termine en *-ment* et se forme à partir de l'adjectif. Le tableau ci-dessous résume les différentes formes d'adverbes.

Adjectif	Adverbes en *-ment* règle générale = adjectif *f.* **+ment**
complet juste	complètement justement
adjectif *m.* en *-i*, *-u*, *-é* (pas *-eau*, *-ou*)	**adjectif *m.* +*ment***
vrai forcé	vraiment forcément
	autres adverbes en +*ément*
énorme intense précis profond	énormément intensément précisément profondément
adjectif m. en *-ant* ou ent	**adjectif m. +*mment***
suffisant évident	suffisamment évidemment lentement (exception)

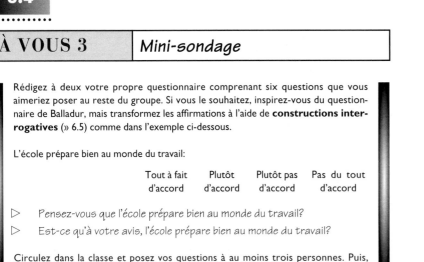

À VOUS 3 | *Mini-sondage*

Rédigez à deux votre propre questionnaire comprenant six questions que vous aimeriez poser au reste du groupe. Si vous le souhaitez, inspirez-vous du questionnaire de Balladur, mais transformez les affirmations à l'aide de **constructions interrogatives** (» 6.5) comme dans l'exemple ci-dessous.

L'école prépare bien au monde du travail:

	Tout à fait d'accord	Plutôt d'accord	Plutôt pas d'accord	Pas du tout d'accord

▷   *Pensez-vous que l'école prépare bien au monde du travail?*
▷   *Est-ce qu'à votre avis, l'école prépare bien au monde du travail?*

Circulez dans la classe et posez vos questions à au moins trois personnes. Puis, retrouvez votre partenaire et tirez les conclusions de votre sondage.

Exercice 2
À partir de l'adjectif entre parenthèses, retrouvez l'adverbe.

1   Je viens de la province du Québec, plus (précis) de la ville de Québec.
2   (Évident), c'est très animé l'été.
3   Il y a (énorme) de sociétés qui se sont installées en province.
4   (Actuel) le France arrive au 22ème rang dans le monde . . .
5   (Contraire) aux quotidiens, la presse magazine se porte bien en France.
6   Les serveurs sont (insuffisant) protégés.
7   La société Socpresse est (lourd) déficitaire.
8   On écoute (long) les témoignages des jeunes.
9   (Apparent) ils vont fermer ce musée.
10   J'ai lu (récent) que les Français lisent moins de quotidiens que nous.

6.5 GRAMMAIRE   Les questions

A | Réflexion

1   On distingue les **questions totales** (celles qui attendent une réponse oui/non) des **questions partielles**, qui se construisent à l'aide d'un mot interrogatif: *que, quoi, qui, quand, où, pourquoi, comment, combien, quel, lequel*. Parmi les questions encadrées ci-dessous, indiquez celles qui sont partielles et soulignez le mot interrogatif dans chaque cas.

2   Étudiez chaque question dans l'encadré ci-contre et dites si elle pourrait être construite autrement. Par exemple:
    (**h.**) ▷ où est-ce que vous habiteriez? vous habiteriez où?

a. Vous serez un président à poigne?

b. Ça parle de quoi, ce roman?

c. Comment ça se passe?

d. Est-ce que ça correspond à la réalité?

e. Est-ce qu'il y a une différence entre hommes et femmes?

f. Qu'est-ce que vous lisez en ce moment?

g. Faut-il fuir Paris?

h. Si vous pouviez habiter dans une ville francophone, où habiteriez-vous?

i. Pourquoi le coût de la presse est-il si élevé en France?

j. Les Français, que vous disent-ils?

B Les trois constructions interrogatives

On distingue en français trois constructions pour formuler une question:

Forme 1: sans inversion

Dans les phrases encadrées **a.**, **b.** et **c.**, l'ordre des mots est celui de la phrase affirmative. Le mot interrogatif se place au début ou à la fin de la phrase. À l'oral, c'est l'intonation qui marque la forme interrogative; à l'écrit, la présence d'un point d'interrogation.

Forme 2: avec *est ce-que*

Dans les phrases encadrées **d.**, **e.** et **f.**, *est-ce que* est placé devant la phrase affirmative. Le mot interrogatif se place en début de phrase comme dans la phrase **f.**: *Qu'est-ce que*.

Forme 3: avec inversion

Dans les exemples **g.**, **h.**, **i.** et **j.**, il y a inversion du sujet et du verbe. Le mot interrogatif se place en début de phrase.

Les trois constructions interrogatives tendent à s'employer dans des contextes différents selon les critères suivants:

◊ *le registre*

– les questions sans inversion (Forme 1) caractérisent le discours oral relâché
– dans des contextes plus formels, les questions à inversion (Forme 3) sont
  préférables
  Dans une discussion orale ▷ Quel genre de livres *vous lisez* d'habitude?
  Dans une interview écrite ▷ Quel genre de livres *lisez-vous* d'habitude?

◊ *l'équilibre de la phrase:*

– la locution 'est-ce que', surtout lorsque l'expression interrogative est longue, peut
  rendre la phrase très lourde, surtout à l'écrit:
  Combien de fois *est-ce que* vous avez vu ce film?   ✗
  Combien de fois *avez-vous* vu ce film?   ✓

◊ *le but de la question:*

– les questions sans inversion servent souvent à demander une confirmation, valeur
  qui ne s'exprime pas par les autres constructions.
  Vous avez aussi travaillé dans un lycée anglais, je crois?

Exercice 1

Comparez ci-dessous les questions posées dans les interviews 2.1 (sur la
presse) et 6.1 (sur les attitudes des jeunes). Que remarquez-vous? Quel intervieweur adopte le style le plus formel?

Interview 2.1

Alors pourriez-vous nous parler de la presse en France et en particulier de cette
crise qui semble frapper les quotidiens nationaux?

D'après vous, quelle est la cause de cette désaffection vis-à-vis des quotidiens?

Pourquoi le coût de la presse est-il si élevé en France?

Pourriez-vous nous parler de la diffusion des quotidiens nationaux et nous dire à
quelle mouvance politique ils appartiennent?

On dit qu'en France contrairement à la Grande-Bretagne, la proportion d'abonnement est faible. Est-ce exact?

Et qu'en est-il de la presse magazine?

Interview 6.1

Alors Marie, vous avez travaillé en Grande-Bretagne en tant que lectrice, dans une université anglaise?

Vous avez aussi travaillé dans un lycée anglais, je crois?

Est-ce que vous pouvez me parler un petit peu des différences que vous avez découvertes au niveau des jeunes . . .?

Au niveau du travail, est-ce qu'ils ont plus de chances en Grande-Bretagne ou . . .?

Vous pouvez préciser un petit peu les rapports entre les enseignants et . . . et les étudiants ici par exemple?

Pour ce qui est de l'apprentissage des langues en Grande-Bretagne, est-ce que ça se passe comme en France?

Est-ce que vous pouvez me dire, comment c'est arrivé, ce questionnaire? Qu'est-ce qui l'a précédé, un petit peu? Quel était le contexte dans lequel s'est situé ce questionnaire?

C'est un questionnaire qui a été bien reçu? Quelles ont été les réactions immédiates des étudiants?

Et ça a donné des suites, ce questionnaire?

Est-ce que ça a débouché sur des mesures concrètes au niveau du gouvernement?

Est-ce que vous avez pris de nouvelles habitudes en Grande-Bretagne, par exemple au niveau de la nourriture?

Au niveau de la vie étudiante alors, est-ce qu'on sort plus en Grande-Bretagne ou en France? Comment ça se passe?

Est-ce que ça veut dire que les Anglais sont moins accueillants que les Français?

C Tableau récapitulatif: les constructions interrogatives

	Forme 1	Forme 2	Forme 3
Question totale			
	Tu viens?	Est-ce que tu viens?	Viens-tu?*
Questions partielles			

Sujet
  qui
  que
	Qui vient?
	~~Quoi ne marche pas?~~
		Qui est-ce qui vient?
		Qu'est-ce qui ne marche pas?
			
			~~Que ne marche pas?~~

Complément
d'objet direct
  qui
  que/quoi
	Tu vois **qui** demain?
	Tu fais **quoi** demain?
		Qui est-ce que tu vois demain?
		Qu'est-ce que tu fais demain?
			Qui vois-tu demain?
			Que fais-tu demain?

Complément
d'objet indirect
  de **qui**
  de **quoi**
	Tu parles **de qui**?
	Tu parles **de quoi**?
		De qui est-ce que tu parles?
		De quoi est-ce que tu parles?
			De qui parles-tu?
			De quoi parles-tu?

Lequel Quel	Parmi ces livres, **lequel** tu veux? **Quelle** heure il est?	Parmi ces livres, **lequel** est-ce que tu veux?* **Quelle** heure est-ce qu'il est?*	Parmi ces livres, **lequel** veux-tu? **Quelle** heure est-il?
Combien Comment Ou Pourquoi Quand	Tu en veux **combien**? Tu y vas **comment**? Tu vas **où**? **Pourquoi** tu y vas? Tu y vas **quand**?	**Combien** est-ce que tu en veux?* **Comment** est-ce que tu y vas?* **Où** est-ce que tu vas? **Pourquoi** est-ce que tu y vas? **Quand** est-ce que tu y vas?	**Combien** en veux-tu? **Comment** y vas-tu? **Où** vas-tu? **Pouquoi** y vas-tu? **Quand** y vas-tu?

*ces formes sont rarement employés

Exercice 2

Voici des réponses. A vous d'imaginer les questions!

1   Un an et demi.
2   Non, c'est à droite.
3   Le travail, la qualité de la vie.
4   Cadre commercial dans un grand magasin.
5   Ça va faire douze ans au mois de septembre.
6   Je les ai vus hier vers midi.
7   Il y en a plusieurs. Il y a tout d'abord le coût excessif de la presse.
8   Alors, l'entretien . . . c'était vraiment très décontracté.
9   Oui, j'ai travaillé l'année dernière en tant que lectrice.

D | Questions avec inversion et dislocation « 5.3

Considérez les phrases suivantes:

Paris vaut la peine	▷	~~Vaut Paris la peine?~~	▷	Paris vaut-il peine?
Cela fait une ville	▷	~~Fait-cela une ville?~~	▷	Cela fait-il une ville?

Si le sujet d'une question est un nom [*Paris*], groupe nominal ou *cela*, on réalise l'inversion avec le pronom correspondant (ex. *il*). Ceci s'appelle la **dislocation**. Dans certains cas, l'inversion d'un nom **sans dislocation** est possible, surtout après l'interrogatif *que*:

Que disent les Français? Que va faire le président de la République?

Exercice 3

Donnez la version écrite de ces questions en utilisant l'inversion:

1 Marie, quel genre de livres vous lisez d'habitude?
2 Ça parle de quoi, ce roman?
3 Ce roman ne s'adresse pas à un public trop intellectuel?
4 Est-ce que vous connaissez aussi les classiques, comme Molière?
5 Est-ce que le questionnaire a débouché sur des mesures concrètes?
6 Est-ce que vous avez pris de nouvelles habitudes en Grande-Bretagne?
7 Est-ce que les Anglais sont moins accueillants que les Français?

L | Les pronoms interrogatifs *qui* et *que*

Pronom interrogatif:

a.	**Qui** est-ce qui vient ce soir?	= quelle personne?
b.	**Qu'**est-ce qui vient ensuite?	= quelle chose?

Pronom relatif:

c.	Qu'est-ce **qui** s'est passé?	= sujet: X s'est passé
d.	Qu'est-ce **que** tu fais?	= objet: tu fais X

Exercice 4

Traduisez ces questions en français en utilisant *est-ce*:

1 Who are you seeing tomorrow?
2 What do I have to do now?
3 What are you doing next week?
4 What happened last night?
5 Who's coming to dinner this evening?

6.5
∙∙∙∙∙∙∙∙∙∙∙

F Les questions indirectes

Pour être moins direct dans une interview ou un entretien, on pose souvent
des questions indirectes:

> **Indirecte:**
> Est-ce que vous pouvez me parler des différences que vous avez découvertes?
>
> **Directe:**
> Quelles différences avez-vous découvertes?

Exercice 5

À partir des questions indirectes, formulez les questions directes:

1 Racontez-nous comment vous avez choisi l'interprétariat.
2 Expliquez-moi ce qui s'est passé.
3 Racontez-nous ce que vous avez fait en Grande-Bretagne.
4 Je voudrais vous demander si l'interprétation est un métier difficile.
5 Je ne sais pas à qui il faut s'adresser.
6 Je me demande si les mentalités ont changé.
7 Pourriez-vous me dire sur quoi vous mettriez l'accent si vous étiez élu?

Au hit-parade des préoccupations: l'entreprise, l'école, l'armée

Cinq mois après le lancement de l'opération 'questionnaire Balladur', les onze membres du comité pour la
consultation nationale des jeunes ont remis lundi un
rapport intermédiaire portant sur les 800 000 premiers
questionnaires dépouillés.

La consultation des 15–25 ans s'est déroulée avec succès puisque le total des réponses dépasse 1 539 000. Au 6
septembre, le comité avait également reçu, en plus des
questionnaires, près de 6 000 lettres. Selon le rapport, trois
éléments principaux ressortent de l'analyse des questionnaires: une relative satisfaction des jeunes interrogés vis-à-
vis de leur entourage proche, une très grande inquiétude
face à l'avenir, et l'expression d'un désir d'engagement.
Ainsi, une écrasante majorité d'entre eux pensent que leurs
parents leur font confiance et les préparent à être adultes.
S'ils affirment à 83% se sentir bien dans leur peau, ils sont
50% à trouver qu'ils ont du mal à s'insérer dans la société.
Cette vision pessimiste s'accompagne d'une critique du
système scolaire. 77% estiment que l'aide aux élèves en
difficulté est insuffisante. Et à peine un sur deux juge que
l'école prépare efficacement au monde du travail.

L'emploi apparaît comme une de leurs préoccupations
premières. L'avenir professionnel fait peur et l'immense
majorité affirme que les employeurs ne leur font pas confiance. La troisième caractéristique est un fort désir de participation et d'engagement. Ainsi, 70% des jeunes
souhaitent être consultés régulièrement au niveau local.

Libération, 6/10/94

6.6 *STRATÉGIES*   Savoir rapporter et commenter

La mission d'un enquêteur est premièrement de collectionner des données à partir de questionnaires ou d'interviews, deuxièmement de les analyser et de les communiquer. Dans cette section, nous allons comparer deux articles qui présentent les conclusions du rapport sur le questionnaire de Balladur.

JEUNES
Courrier de star pour Balladur

Ce n'est plus une consultation, c'est un raz de marée! Quelques jours après sa clôture, plus d'un million et demi de réponses au questionnaire adressé aux jeunes s'entassent sur le bureau d'Édouard Balladur. Et ce qui au départ ressemblait à une 'consultation' de circonstance née de l'échec du CIP débouche sur un étonnant cahier de doléances de la jeunesse française. Un véritable autoportrait d'une *'génération inquiète, mais positive et lucide'*, comme le soulignent les experts de la Sofres, qui ont dépouillé 20 000 réponses représentatives, à la destination exclusive des onze membres du comité. En avant-première, *Le Point* en livre ici la teneur – résultats chiffrés ou cris du cœur adressés au Premier ministre.

Une petite surprise, d'abord: ces jeunes qu'on dit en plein malaise se déclarent plutôt bien dans leur peau (à 82%), à l'aise dans leur école ou leur université (à 59%), et aussi dans leur famille (à 90%!). Seul problème majeur pour eux – à vrai dire, on s'en doutait un peu: le chômage. Entreprenants, prêts à s'adapter, ils ne se sentent pas vraiment accueillis par le monde des adultes. *'Pourquoi, avec un bac + 2, je me retrouve caissière dans un supermarché?'* écrit une jeune fille à Balladur. *'Dans les entreprises,* accuse une chômeuse de 25 ans, *si on n'est pas le fils, le cousin ou le copain de M. le Directeur, on n'est pas embauché.'* La faute, estiment 79% des jeunes, à une école qui ne les a pas préparés au monde du travail. Et aussi à des employeurs qui ne leur font pas confiance (83%).

Résultat: *'Une fraction importante de la jeunesse,* notent les sondeurs de la Sofres, *souffre du manque d'argent, de logement indépendant et d'avenir professionnel.'* Pour ces jeunes, c'est la galère au quotidien,

comme pour ce lycéen qui prend à témoin le Premier ministre: *'Ma ville ne propose que très rarement des manifestations où les jeunes pourraient s'amuser (concerts, boîtes), nous en sommes réduits à aller chez les uns ou chez les autres pour abuser sur l'alcool et autres conneries [sic].'*

Pourtant, à en croire leurs réponses, les jeunes Français sont prêts à s'enthousiasmer pour la lutte contre le sida (65%), contre la pauvreté (56%) ou contre la toxicomanie (43%). Ils fourmillent aussi de propositions antichômage: réduire le temps de travail, rémunérer les mères au foyer, recréer les emplois de proximité. *'Pourquoi aider les pays du tiers-monde au lieu d'aider les pauvres et les SDF en France?'* demande ingénument un jeune correspondant. Çà et là, au gré des réponses, on dérape parfois dans un néopoujadisme digne des tirades du personnage incarné

par Patrick Timsit dans 'La crise': *'Je ne suis pas raciste, mais c'est à cause des étrangers que nous, les Français, nous sommes au chômage',* accuse une lycéenne de 15 ans, pas isolée.

Mais les têtes de Turc des 15–25 ans, ce sont . . . les politiciens. *'Pourquoi ne vont-ils pas à la retraite à 65 ans?'* demande un jeune. *'Les hommes politiques ne pourraient-ils pas être un exemple d'intégrité?'* ajoute un autre, perfide. Une chômeuse de 25 ans propose, elle, de *'diminuer les salaires des ministres, qui ont déjà plein d'avantages dans la vie quotidienne, et d'utiliser l'argent pour une cause intéressante'.* Des suggestions rafraîchissantes, dont Balladur tiendra, sans nul doute, le plus grand compte.

FRANÇOIS DUFAY
Le Point, 10/9/94

CIP = Contrat d'Insertion Professionel. Mesure proposée par Edouard Balladur pour lutter contre le chômage des jeunes, le CIP proposait d'employer les jeunes diplomés de l'enseignement supérieur à un salaire qui correspondait à seulement 80% du salaire minimum, le SMIC.

Les SDF = Sans Domicile Fixe. Les personnes qui n'ont pas de logement.

Le poujadisme = attitude de refus contre le progrès social

A   Idées

Lecture globale

1   Parcourez rapidement les deux textes aux pages 190 et 191. Pour chacun, notez dans la grille les réponses apportées aux questions suivantes:

		Courrier de star	Au hit-parade
a.	Peut-on qualifier l'initiative de M. Balladur de 'réussite'? Pourquoi? Pourquoi pas?		
b.	Quelles sont les trois conclusions essentielles qui se dégagent du rapport?		
c.	Les jeunes critiquent: ▷ leurs parents? ▷ leurs professeurs? ▷ les employeurs? ▷ les hommes politiques?		

Courrier de star: lecture analytique

2   Dans le premier paragraphe, le journaliste qualifie la réponse au questionnaire de 'raz de marée'. Il fait la distinction entre 'une consultation de circonstance' et 'un étonnant cahier de doléances'. En quoi consiste l'étonnement du journaliste?

3   Expliquez le sens des expressions suivantes:
   a.   c'est *la galère* au quotidien
   b.   les *têtes de Turc*

4   Expliquez l'ironie de la conclusion de l'article.

B   Commentaires

1   Le portrait qui se dégage du questionnaire est d'une 'génération inquiète, mais positive et lucide' (*Le Point*). Expliquez en quoi cette qualification est justifiée en vous référant au détail des résultats.

2   En quoi les résultats de ce questionnaire confirment-ils les conclusions de Mme Mossuz-Lavau sur les Français (en général) et la politique?

3   L'article du *Point* cite différentes propositions venant des jeunes Français. Sélectionnez la proposition que vous jugez la plus importante à mettre en place et expliquez pourquoi à votre partenaire.

C | Analyse

Commentez les différences entre les deux articles:

Contenu
1 Les données présentées sont-elles les mêmes?
2 Les résultats chiffrés et les réponses aux questions ouvertes, sont-ils exploités de la même façon dans les deux articles?

Style
3 Pouvez-vous dégager des différences de style?

Comme vous l'avez certainement constaté, l'article de *Libération* se limite à rapporter les faits d'une façon neutre; l'article du *Point* les commente, proposant des interprétations personnelles (phrase soulignée). Comparez les avantages et les inconvénients de chaque style.

Seul problème majeur pour eux – <u>à vrai dire on s'en doutait un peu</u> – le chômage. Entreprenants, prêts à s'engager, ils ne se sentent pas vraiment accueillis par le monde des adultes ... La faute, estiment 79% des jeunes, à une école qui ne les a pas préparés ... Et aussi à des employeurs qui ne leur font pas confiance (83%) ...
Le Point

L'emploi apparaît comme une de leurs préoccupations premières. L'avenir professionnel fait peur et l'immense majorité affirme que les employeurs ne leur font pas confiance.
Libération

D | Structures

L'expression des relations logiques « 1.1, 2.5 » 8.3

a. *Une petite surprise d'abord*: ces jeunes qu'on dit en plein malaise se déclarent plutôt bien dans leur peau.

b. *Pourtant*, à en croire leurs réponses, les jeunes Français sont prêts à s'enthousiasmer ...

c. La consultation s'est déroulée avec succès, *puisque* le total des réponses dépasse 1 539 000.

d. La troisième caractéristique est un fort désir de participation et d'engagement. *Ainsi* 70% des jeunes souhaitent être consultés régulièrement ...

1   Le texte du *Point* nous donne plusieurs exemples de phrases elliptiques (sans verbes) comme (**a.**), utilisées surtout pour mettre en valeur la co-hérence de l'article. C'est un style qui relève plutôt du discours oral mais qui se répand de plus en plus dans la presse écrite. Soulignez d'autres exemples dans le texte 'Courrier de star'.

2   Identifiez la relation logique indiquée par *pourtant*, *puisque* et *ainsi*.

Exercice 1

Choisissez entre *puisque*, *ainsi* et *pourtant* pour compléter les phrases:

1   Les jeunes Français ont exprimé une inquiétude marquée quant à leur avenir. _____ ils sont 79% à reprocher à l'école de ne pas les préparer au monde du travail.

2   Les jeunes doivent faire face à de graves difficultés économiques _____ ils sont nombreux à ne pas trouver de travail.

3   _____ les jeunes ont exprimé un désir de s'engager, pourquoi le gou-vernement ne donne-t-il pas plus aux associations de jeunes?

4   Tout le monde est d'accord pour affirmer que la consultation des jeunes a été un succès. _____ seulement 15% des jeunes de 15 à 25 ans ont ren-voyé le questionnaire.

5   Le questionnaire de Balladur a donné des conclusions intéressantes. _____ le gouvernement a décidé de créer une commission pour pro-poser des mesures concrètes.

6   Les jeunes affirment à 83% se sentir bien dans leur peau. _____ ils sont 50% à trouver qu'ils ont du mal à s'insérer dans la société.

Le discours rapporté
···

L'un des objectifs essentiels d'une enquête est de rapporter *le discours* ou les opinions des personnes interrogées. Il y a plusieurs façons de rapporter ce qui est dit ou pensé:

On cite directement:

a.   'Pourquoi ne vont-ils pas à la retraite?' *demande* un jeune

b.   'Une fraction importante de la jeunesse, *notent* les sondeurs, souffre d'un manque d'argent . . .'

On rapporte la phrase:
Notez le changement de temps dans la phrase rapportée.

c.   Un jeune *a demandé pourquoi* les politiciens n'**allaient** pas à la retraite à 65 ans.

d.   Les sondeurs *ont noté qu*'une fraction importante de la jeunesse **souffrait** d'un manque d'argent . . .

On rapporte l'acte de parole:

e.   'Nous voulons être consultés régulièrement' = un souhait
70% des jeunes *souhaitent* être consultés régulièrement

f.   'Oui, je me sens bien dans ma peau' = une affirmation
. . . ils *affirment* à 83% se sentir bien dans leur peau

Il existe un grand nombre de verbes pour rapporter le discours. Le tableau ci-dessous en recense les principaux et indique les différentes structures qui les accompagnent. Vérifiez le sens des différents verbes dans un dictionnaire.

Verbes de communication	Construction
s'affirmer, se déclarer, se dire, se sentir	**verbe + adverbe/adjectif** ces jeunes se *déclarent* bien dans leur peau
contester, critiquer, éprouver, s'interroger sur, noter, souligner	**verbe + nom** De nombreuses fiches *critiquent* la permanence du personnel politique
affirmer, déclarer, souhaiter	**verbe + infinitif** 54% *déclaraient* s'intéresser beaucoup à la politique
conseiller, demander, proposer, reprocher	**verbe + à quelqu'un + de + infinitif** Les jeunes *reprochent* massivement à l'école de laisser de côté les moins doués
ajouter, avouer, considérer, estimer, expliquer, noter, penser, préciser, remarquer, souligner, trouver	**verbe + que + subordonnée à l'indicatif** 77% *estiment* que l'aide aux élèves en difficulté est insuffisante
déplorer, souhaiter, trouver + adj.	**verbe + que + subordonnée au subjonctif** La quasi-totalité des jeunes *déplorent* que les chefs d'entreprise ne leur **fassent** pas confiance

La séquence des temps dans le discours rapporté

Exercice 2

1   Observez le changement du temps du verbe dans le discours rapporté:

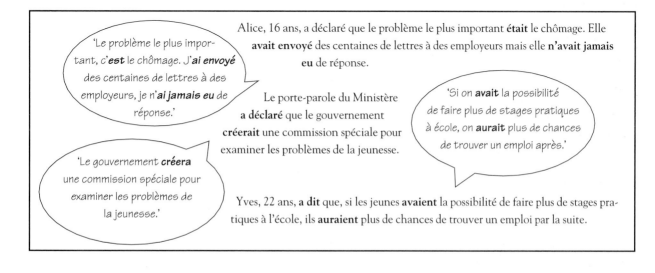

'Le problème le plus important, c'**est** le chômage. J'**ai envoyé** des centaines de lettres à des employeurs, je n'**ai jamais eu** de réponse.'

Alice, 16 ans, a déclaré que le problème le plus important **était** le chômage. Elle **avait envoyé** des centaines de lettres à des employeurs mais elle **n'avait jamais eu** de réponse.

Le porte-parole du Ministère **a déclaré** que le gouvernement **créerait** une commission spéciale pour examiner les problèmes de la jeunesse.

'Si on **avait** la possibilité de faire plus de stages pratiques à école, on **aurait** plus de chances de trouver un emploi après.'

'Le gouvernement **créera** une commission spéciale pour examiner les problèmes de la jeunesse.'

Yves, 22 ans, **a dit** que, si les jeunes **avaient** la possibilité de faire plus de stages pratiques à l'école, ils **auraient** plus de chances de trouver un emploi par la suite.

2 Complétez la grille ci-dessous en indiquant le temps du verbe rapporté,
   comme dans l'exemple:

Temps du message	Verbe de communication au passé composé	Discours rapporté au passé composé:
FUTUR 'Le gouvernement *créera* une commission'	Il a dit que	*conditionnel* le gouvernement *créerait* . . .
PRÉSENT 'Le problème, c'est le chômage'	Elle a dit que	le problème *était* le chômage
PASSÉ COMPOSÉ 'J'*ai envoyé* des lettres'	Elle a dit qu'	elle *avait envoyé* des lettres
IMPARFAIT 'Si on *avait* la possibilité de faire plus de stages pratiques . . .'	Il a dit que	si les jeunes *avaient* la possibilité de faire plus de stages pratiques . . .
CONDITIONNEL '. . . on *aurait* plus de chances de trouver un emploi après'		. . . ils *auraient* plus de chances de trouver un emploi après.

Exercice 3

Voici des commentaires de jeunes sur les thèmes du questionnaire. Rapportez
par écrit ce que dit chaque personne à l'aide du verbe de communication qui
convient (voir tableau p. 195). Pour chaque commentaire, plusieurs réponses
sont possibles.

1 Hélène: 'Moi j'ai confiance en l'avenir.'
2 Jean: 'L'important, c'est de créer des emplois pour les jeunes.'
3 Stéphane: 'Les véritables coupables, ce sont les employeurs qui ne font
   rien pour les jeunes.'
4 André: 'Sans travail, les jeunes ne peuvent pas vraiment trouver leur
   place dans la société.'
5 Alain: 'Oui, il est honteux que le gouvernement n'ait pas mis en place
   plus de mesures pour lutter contre le chômage des jeunes.'
6 Marie: 'En général, je crois que je suis satisfaite de mes études.'
7 Jeanne: 'Mon rêve, c'est de travailler dans le monde de la musique.'
8 Alex: 'Aux prochaines législatives, je voterai blanc parce que je n'ai confiance ni dans la gauche ni dans la droite.'

6.7 *ÉCOUTE*   Sondage: valeurs et sports

A Avant d'écouter

Dans l'extrait que vous allez entendre, deux animatrices de *France inter* discutent d'un sondage sur les valeurs et le sport. Formulez quelques questions qui pourraient faire partie d'un sondage sur le sport. Posez-les au reste de la classe et rapportez les conclusions de votre discussion.

B Idées

Première écoute
1   Notez les résultats du sondage.
2   Les trouvez-vous surprenants? Pourquoi?

Deuxième écoute
3   Qui est-ce qui a organisé ce sondage et dans quel but?
4   L'une des animatrices émet une réserve concernant la validité de ce genre de sondage: de quoi s'agit-il?
5   Pourquoi les résultats relatifs à 'l'esprit de compétition' sont-ils surprenants?
6   Expliquez l'attrait qu'a le sport sauvage pour les jeunes.

C Mots et expressions

1   Trouvez l'équivalent des expressions suivantes:
    a.   cannot always afford it
    b.   two or three points which deserve attention
    c.   even if people don't always do what they say
    d.   to be out of favour
    e.   very much the in thing

D Analyse

1   Réécoutez la discussion. Yolaine de la Bigne présente-t-elle les résultats du sondage d'une façon neutre ou personnelle? (« 6.6). Justifiez votre réponse.
2   Quelles expressions utilise-t-elle pour signaler les différentes étapes de la

discussion? Réécoutez l'enregistrement et complétez les phrases dans le schéma ci-dessous:

Tout d'abord sur la transmission des valeurs . . .
- _____ le respect des autres
- _____ c'est que l'esprit de compétition . . . arrive en dernière position
- Alors _____ le sens de la justice, du partage se maintiennent très bien
- _____ nous mettons beaucoup plus d'espoir dans nos enfants
- _____ enfants, ils ont confiance aussi en l'avenir
- _____ sport, . . . les disciplines préférées des Français sont individuelles et peu violentes
- _____ d'intéressant, c'est qu'il y a un plus grand choix [de sports] aujourd'hui

---

À VOUS 4   *Commenter les chiffres « 2.1*

Vous allez commenter oralement l'un des deux tableaux ci-dessous. Vous pouvez choisir de les commenter d'une façon neutre ou d'une façon plus personnelle. Utilisez les expressions vues dans ce chapitre pour structurer votre commentaire.

Représentation politique: la parité pour les femmes
Pour augmenter la place des femmes en politique, certains proposent que les partis politiques désignent autant de femmes que d'hommes comme candidats aux élections. Pensez vous que:

	Hommes	Femmes	Ensemble
Ce serait une bonne chose, il faut changer les choses en faveur des femmes	44%	38%	41%
Ce ne serait pas une bonne chose: on ne doit pas choisir les candidats en fonction de leur sexe	49%	52%	52%

Le cinéma

Parmi les raisons citées ci-dessous, quelles sont celles qui vous poussent à aller voir un film?

le sujet du film	46%
les acteurs qui jouent dans le film	39%
le genre du film	36%
les critiques des journalistes	15%
le nom du réalisateur	13%
les conversations avec les amis	8%

6.8 SAVOIR-FAIRE

Vous allez mener une enquête sur un thème de votre choix auprès de 6 à 8 personnes: étudiants, amis ou connaissances. Vous présentez votre enquête sous forme de rapport écrit et d'exposé oral.

Voici les différentes étapes à suivre:

1 **Définissez le domaine que vous voulez rechercher** et les raisons de votre choix. Faites une liste de questions. Puis, passez-les en revue: quelles sont les questions les plus importantes?

2 **Documentez-vous**: faites des recherches dans votre centre de documentation (bibliothèque, médiathèque).

3 **Fixez l'objectif et la méthode de votre enquête**: que voulez-vous savoir? Comment allez-vous obtenir ces informations? Entretien? Questionnaire? Questions ouvertes/fermées?

4 **Rédigez votre questionnaire/liste de questions**. Dans quel ordre allez-vous les poser? Si vous avez choisi de faire des entretiens, organisez-les (pensez à prendre un magnétophone pour les enregistrer); si vous faites un sondage, distribuez les questionnaires.

5 **Analysez les résultats** (plus facile dans le cas d'un questionnaire). Dans le cas d'entretiens, il faut identifier les thèmes qui orienteront votre analyse. Il faudrait également transcrire les extraits les plus pertinents.

6 **Dégagez les points les plus importants**: de toutes les données que vous avez recueillies, il faut dégager les points les plus importants afin d'en tirer des conclusions intéressantes. Identifiez d'abord les cinq points les plus intéressants (inattendus? significatifs?) qui se dégagent de votre enquête. Pourquoi sont-ils intéressants? Quelle signification ont-ils?

7 **Un plan pour le rapport et l'exposé**: votre rapport et votre exposé présenteront:
   ▷ l'objectif de votre enquête
   ▷ la justification de cet objectif (pourquoi avez-vous choisi cet objectif?)

▷ la méthode choisie
▷ l'analyse et la discussion des résultats
▷ conclusions

Réfléchissez au style: allez-vous adopter un style neutre (*Libération*) ou un style plus personnel (*Le Point*, discussion radio)? Quels résultats allez-vous citer? Allez-vous les présenter sous forme de graphique? Allez-vous citer directement les témoignages que vous avez recueillis?

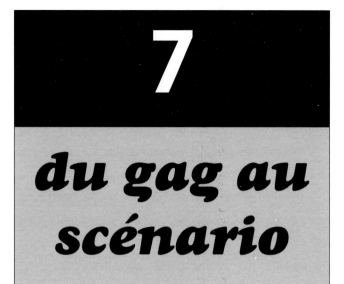

7

du gag au scénario

7.1 ÉCOUTE:

📼 Micro-campus: l'humour
- *c'est . . . à ≠ il est . . . de*

À VOUS 1: discussion sur l'humour, et anecdotes amusantes

7.2 DÉCOUVRIR:

L'humour

7.3A LECTURE:

📖 'Vive le rire-plaisir!'
- passé composé ≠ passé simple

7.3B ÉCOUTE:

📼 Sketch de Raymond Devos:
'La protection des espaces vides'

À VOUS 2: rapport en anglais sur Raymond Devos

7.4 LECTURE:

📖 *Les Apprentis*
- L'article défini + parties du corps
- *si . . .* pour exprimer des conseils et des reproches

7.5 GRAMMAIRE:

Les verbes pronominaux
- verbes simples et verbes pronominaux
- verbes d'action, verbes d'état

Faire + infinitif
- *se faire* + infinitif
- *entendre, laisser, voir* + infinitif

7.6 STRATÉGIES:

📖 Savoir écrire des indications scéniques
'Je suis le locataire du cinquième'

7.7 LECTURE:

📖 Comptes-rendus de films
'Films en exclusivité'
Buffet froid
Le plus beau métier du monde
- le français familier

À VOUS 3: raconter un film

7.8 SAVOIR-FAIRE:

Rédiger un compte-rendu de film
Rédiger un compte-rendu de film en anglais
Rédiger un scénario

Le Chat de Philippe Geluck © Casterman

Micro-campus: l'humour

Hubert disc... ec Didier, Marie, Édith et Jocelyne de l'humour. Ils parlent
de ce qui les fait rire et des différents genres d'humour.

A | Avant d'écouter

1 Regardez dans la première colonne de la grille ci-desous la liste d'hu-
   moristes et de productions comiques. Lesquels reconnaissez-vous? Les
   trouvez-vous drôles? Pourquoi? Pourquoi pas?
2 Vérifiez le sens des expressions suivantes qui se rapportent à l'humour:
   a. cocasse   **b.** pince-sans-rire   **c.** pinçant   **d.** burlesque

B | Idées

Première écoute
1 Écoutez une première fois la discussion et complétez autant que possible
   la grille ci-dessous.

HUMORISTES ET PRODUCTIONS COMIQUES	DESCRIPTION	GENRE D'HUMOUR	QUI AIME?	QUI N'AIME PAS
Louis de Funès	acteur comique français	la mimique, les grimaces		
Mr Bean		l'humour visuel		
Monty Python et le Sacré Graal	film britannique			
Dumb et Dumber				
Raymond Devos	comique francophone			
Have I Got News for You	émission TV britannique	la satire		
Claire Brétécher	auteur française de bandes dessinées			
La Petite Vie				

Deuxième écoute

2 Didier raconte un incident qu'il a vu dans le métro londonien. Notez les détails pour pouvoir le raconter. Pourquoi rions-nous dans ce cas? Êtes-vous d'accord avec Hubert qui trouve que c'est de l'humour méchant?

3 Comment les intervenants caractérisent-ils l'humour britannique? Et l'humour français? Êtes-vous d'accord?

4 Selon les intervenants, l'humour d'une autre culture est difficile à saisir. Pour quelles raisons? Pouvez-vous ajouter d'autres raisons?

5 Jocelyne donne un exemple qui montre que l'humour n'est pas seulement une affaire de langue. De quel exemple s'agit-il?

6 Savez-vous ce qu'est une 'histoire belge'? A votre avis, correspond-t-elle à un genre d'humour particulièrement français ou au contraire universel?

> en Belgique, *ils se sont retrouvés* = ils se sont identifiés aux personnages et à l'humour du feuilleton

C Mots et expressions

1 Notez tous les adjectifs utilisés au cours de cette discussion pour parler de l'humour. Vérifiez leur sens dans un dictionnaire.

2 Dans les transcriptions de phrases ci-dessous, complétez les expressions relatives à l'humour employées par les intervenants. Réécoutez l'enregistrement si nécessaire.

   a. Jocelyne: J'ai le _____ _____.

   b. Didier: [*Sacré Graal*] C'est le genre de truc qui me _____ complètement _____. Je ne suis pas du tout _____ de ce _____ d'_____.

   c. Édith: Il y a un film qui ne m'_____ _____ _____ _____ du tout, c'était *Dumb and Dumber*.

   d. Marie: En Angleterre, il y a de l'humour qui est basé sur des _____ _____ _____.

   e. Jocelyne: [L'humour anglais] C'est difficile à _____ au début.

   f. Marie: Oui, je crois que c'est vraiment une _____ d'_____.

   g Édith: [*Have I Got News for You*] . . . je me _____ de _____, je me _____ par _____ des fois, tellement c'est _____.

   h. Didier: Que ce soit les *Bidochons*, que ce soit Claire Brétecher . . . ce sont des gens qui peuvent _____ _____ d'_____mêmes, de leur environnement social, donc, c'est plutôt une _____.

D Structures

C'est . . . à ≠ il est . . . de + infinitif » 8.4

Quand utilise-t-on *c'est . . . à + infinitif* et quand *il est . . . de + infinitif*?

> [*L'humour*], *c'est* difficile **à** expliquer **ou** L'humour est difficile **à** expliquer.
> [*Les jeux de mots*], *c'est* difficile **à** saisir **ou** Les jeux de mots sont difficiles **à** saisir.
>
> *Il est* difficile **d'**expliquer l'humour.
> *Il est* difficile **de** saisir les jeux de mots quand on ne connaît pas la langue.
>
> *À l'oral, on emploie souvent *c'est* à la place de *il est*.

Exercice 1

Utilisez ces structures pour rédiger des phrases à partir des éléments ci-dessous:

1 L'humour britannique – difficile – comprendre
2 Difficile – comprendre – les émissions satiriques à la télévision
3 Les jeux de mots – impossible – comprendre dans une langue étrangère
4 Intéressant – discuter – des différents styles d'humour
5 Les blagues – facile – expliquer
6 Dans une langue étrangère – souvent impossible – comprendre les références culturelles

À VOUS 1 | *Discussion sur l'humour*

1 Avec quel intervenant partagez-vous le plus le sens de l'humour?
2 Préparez des notes sur ce qui vous fait rire. Notez des exemples concrets. Essayez de définir ce qu'est pour vous l'humour.
3 Préparez une blague ou une anecdote amusante que vous raconterez à la classe « 5.6.

7.2 *DÉCOUVRIR* L'humour

A Qu'est-ce qui vous fait rire?

Les trois documents aux pages 205–6 représentent trois formes d'humour différentes. Commentez chaque document à partir des questions suivantes:

1 Est-ce que ce document vous fait rire? Pourquoi? Pourquoi pas?
2 De quel genre d'humour s'agit-il? (Référez-vous à vos notes de l'exercice précédent pour des expressions utiles.)
3 Connaissez-vous des exemples de ce genre d'humour dans votre propre langue? S'agit-il d'un genre d'humour spécifique à une culture ou au contraire universel?

A Les blagues

4 Expliquez les cinq jeux de mots:

Un taureau dit à un hibou:
— Oh, si tu savais comme je suis malheureux: ma femme est vache.
— Moi, ça va, répond le hibou. Ma femme est plutôt chouette.

Un petit chien dit à sa mère:
— Dis, comment je m'appelle? Assis ou Couché?

Un chat photographe un autre chat et lui dit:
— Souris!

Mme Dupont rencontre M. Durand à quatre pattes dans les rayons du supermarché. Elle s'étonne:
— Mais pourquoi vous baissez-vous ainsi?
— Pour trouver les prix les plus bas, bien sûr!

Un thon téléphone à une sardine:
— Allô?
— Non, à l'huile.

B *Le chat* de Philippe Geluck

Philippe Geluck: dessinateur belge

Le Chat de Philippe Geluck © Casterman

C *Les Frustrés* de Claire Brétecher

5 Relevez les expressions et tournures de phrase qui dénotent un registre familier.

6 Dites en quoi la réponse d'Amanda (dernière case) diffère de celles des autres intervenants.

Claire Brétecher: auteur française de bandes-dessinées

VINGT MINUTES POUR COMPRENDRE

7.3A *LECTURE*   Vive le rire-plaisir!

A Avant de lire

Relisez les notes que vous avez prises sur les différences culturelles relatives à l'humour. Ensuite, vérifiez le sens des mots suivants, que vous rencontrerez dans le texte.

s'esclaffer	=	éclater de rire bruyamment
un quolibet	=	plaisanterie ironique ou injurieuse
le persiflage	=	action de ridiculiser par des propos ironiques
railler	=	tourner en ridicule par des moqueries
gouailler	=	railler sans délicatesse
le bagout	=	grande facilité de parole, tendant parfois à duper

B Idées

Lecture globale
1   Ce texte est-il extrait d'un journal français ou belge? Justifiez votre réponse.
2   Selon l'auteur, en quoi l'humour français, anglais et belge diffèrent-ils?

Lecture analytique
3   Pourquoi la première affirmation de l'article ferait 's'esclaffer la France entière'?
4   Comment l'article explique-t-il le fait que 'la moquerie politique' est moins courante en Belgique qu'en France?
5   Stéphane Steeman fait la distinction entre 'l'humour' des Belges et 'l'esprit' des Français. Expliquez cette distinction.
6   Lisez le petit texte ci-dessous sur deux artistes-humoristes très connus en France. Lequel serait d'origine belge?

Raymond Devos (1922–), artiste de variétés. Son sens de l'absurde anime ses monologues, où à travers calembours, non-sens et gags verbaux, le personnage principal est toujours le langage.

Coluche (Michel Colucci, dit) (1944–1986) artiste de variétés et acteur. La dérision violente dont il usait pour dénoncer les stéréotypes de la société contemporaine allait de pair avec une profonde sensibilité.

VIVE LE RIRE-PLAISIR!

L'HUMOUR EST BELGE, ASSURÉMENT! Voilà une affirmation qui ne manquera pas de faire s'esclaffer la France entière. Mieux encore, elle sera l'objet de quolibets divers. C'est qu'ils adorent ça, nos chers voisins: ridiculiser, critiquer, choquer. À Paris règne la tyrannie du persiflage. Se montrer dur et méchant est devenu gage de réussite pour un humoriste. Goût du scandale. Escalade de la méchanceté. Nous exagérons à peine . . . Coluche, si formidable qu'il pût être, ne fit pas l'unanimité en Belgique. Nombreux furent ceux qui le jugeaient trop direct, trop agressif. Christophe Déchavanne, dans le registre journalistique, nous a également offert un échantillon de ces mœurs parisiennes; son émission sur la Belgique n'avait pour but que de présenter une image débile et ridicule de notre pays.

Nous les Belges, avons l'humour plus tendre, plus bon enfant. Rire ne signifie nullement gouailler, railler. De même, la moquerie politique n'est pas notre tasse de thé, peut-être en raison d'une classe politique moins folklorique, moins présente dans la vie quotidienne. Humour gentil, candide, humour belge. Mais attention, nous pouvons également goûter de la critique caustique si toutefois elle est parfumée d'un zeste de tendresse et de compréhension.

Le Belge a de l'humour et beaucoup plus que le Français, affirme haut et fort Stéphane Steeman, humoriste belge. Il n'a peut-être pas la facilité d'élocution, le bagout de ses voisins mais il a une sorte d'instinct qui lui fait toujours voir les aspects plaisants et insolites des événements. Le Français, toujours selon Stéphane Steeman, aurait plutôt de l'esprit. Quand il a de l'humour, c'est du style frite et compagnie. Les blagues dont il raffole sont bêtes et méchantes: 'Pourquoi les Belges ont-ils la figure griffée lorsqu'ils mangent avec une fourchette?' est l'une de ses préférées. A les entendre, il se pâme de rire, alors qu'au quotidien le Français, et plus précisément le Parisien, est réputé pour sa mauvaise humeur, son caractère râleur.

Si le rire belge se différencie du français, il noue quelque rapport – lointain sans doute – avec le superbe humour anglais. Rire de soi-même, manier le 'non-sens', l'absurde sont autant de vertus anglo-saxonnes. Ainsi, notre humour serait un compromis – tiens, tiens . . . encore lui – entre le rire incendiaire français et l'anglais. L'humour belge a des relents surréalistes . . . Surréalistes, ces blagues qui opposent deux logiques; surréalistes, ces histoires où opèrent une confusion réalité-rêve. Geluck, Franquin et bien d'autres sont des spécialistes en ce domaine; leur humour serait certainement différent s'ils n'étaient nés en Belgique.

Le Soir Magazine

Structures

Passé composé ≠ passé simple « 5.5, 5.7

Expliquez pourquoi dans l'extrait ci-dessous on emploie le passé simple pour parler de Coluche, alors que le verbe relatif à Christophe Déchavanne est au passé composé.

> Coluche, si formidable qu'il pût* être, ne **fit** pas l'unanimité en Belgique. Nombreux **furent** ceux qui le jugeaient trop direct... Christophe Déchavanne nous a également **offert** un échantillon de ces mœurs parisiennes...

*pût = l'imparfait du subjonctif du verbe pouvoir (« 5.7)

Exercice

Révisez la valeur de ces deux temps du passé (« 5.5), puis complétez les phrases suivantes en mettant le verbe soit au passé composé soit au passé simple. Justifiez votre choix.

1 Chère Suzanne: Je (arriver) à Paris il y a deux jours, je (se trouver) un bon petit hôtel dans un quartier calme.
2 A cause des conflits qui (opposer), à partir du 12e siècle, les rois de France et d'Angleterre, les châteaux-forts (se multiplier) dans cette région.
3 Vous (voir) Mme Ramlot? Elle (oublier) son sac dans mon bureau.
4 La concierge (toussoter) avant de frapper. Elle (serrer) son châle sur sa poitrine. On (bouger) derrière la porte brune.
5 La Californie du Sud (subir) hier matin un tremblement de terre. Le séisme (faire) au moins un mort et (provoquer) de sérieux dommages dans la région.
6 **Charles 1er d'Angleterre**: Poussé dans la voie du despotisme par ses ministres et sa femme, Henriette de France, il (soulever) une violente opposition parlementaire; la pétition de Droit l'(amener) à renvoyer le Parlement et à gouverner seul. En 1642, la guerre civile (éclater) entre les partisans du roi et l'armée du Parlement. L'armée (être) vaincue en 1645. Le roi (être) décapité en 1649.

7.3B *ÉCOUTE* — Sketch de Raymond Devos: La protection des espaces vides

A Avant d'écouter

Vous allez écouter un sketch de Raymond Devos. Lisez le titre et identifiez le mot insolite.

B | Idées

1 Dans quel ordre Raymond Devos évoque-t-il:
  ▷ une porte
  ▷ le fumeur de cigarettes
  ▷ un papillon
  ▷ les espaces vides?
2 Quel est le véritable thème de ce sketch?
3 Raymond Devos est un grand spécialiste des jeux de mots et des calembours. Vérifiez le sens des expressions suivantes:
  a. mettez le paquet
  b. miner la santé
  c. emporter
  Ensuite, réécoutez le sketch et pour chaque expression, expliquez les jeux de mots.
4 Dans l'article précédent, l'humour belge est caractérisé par:
  ▷ l'opposition entre deux logiques
  ▷ la confusion réalité–rêve
  Laquelle de ces caractéristiques correspond au sketch de Devos? Appuyez votre réponse sur des exemples concrets.

À VOUS 2 | *Rapport en anglais sur Raymond Devos*

Un ami organise en Angleterre un Festival international de comédie. Il a entendu parler de Raymond Devos et se demande si l'humour de celui-ci serait accessible à un public de jeunes étudiants ayant des notions de français. Rédigez un court rapport en anglais sur Raymond Devos en réponse à votre ami (maximum 300 mots).

7.4 *LECTURE*   *Les Apprentis*

Nous passons maintenant des gags et du sketch au cinéma, où les effets comiques sont souvent communiqués par la juxtaposition de personnages différents, de 'mondes différents'.

A | Avant de lire

Regardez les photos tirées d'une séquence du film *Les Apprentis*.

1 Décrivez la situation et anticipez la suite.
2 Décrivez les personnages: quel âge ont-ils? Que font-ils dans la vie?
3 D'après vous, en quoi cette séquence est-elle comique?

2 1 0   © Tadeusz Paczula

B | Idées

1 Maintenant lisez le résumé du film jusqu'à la séquence qui correspond aux photos.

Antoine, la trentaine passée, dramaturge manqué, s'est fait expulser de l'appartement de sa petite amie. Hébergé par un copain souvent en voyage, il finit par s'installer dans l'appartement de celui-ci, qu'il doit partager avec Fred, un jeune homme de dix-huit ans. Le sujet principal du film est l'amitié improbable entre ces deux personnages.

Fauchés tous les deux, sans emploi stable, ils sont vite confrontés à un problème: l'appartement, appartenant à la grand-mère du copain, va être vendu. Ils n'ont même pas de quoi payer le loyer d'un autre appartement. Un soir, pour oublier leurs ennuis, ils se partagent une bouteille de vodka. Antoine s'endort sur le lit de Fred. Le lendemain . . .

---

2 L'effet comique principal de cette scène se dégage des contrastes entre les trois personnages. Lisez le scénario et relevez les différences de langage et de comportement.

3 En quoi Fred et Antoine sont-ils différents l'un de l'autre? Lisez ci-dessous la description des deux personnages principaux donnée par le créateur du film, Pierre Salvadori. Comment ces différences se manifestent dans les séquences que vous venez de lire?

Contrairement à Fred, qui est encore dans le romantisme de la bohème, Antoine souffre de son absence de statut, du manque de reconnaissance. Il est obsédé par la normalité et il a peur de la folie qu'il va évidemment frôler à un moment.

Le personnage de Fred a été écrit pour Guillaume (Depardieu). C'est un acteur expressionniste et paradoxalement très intérieur. Il ne triche pas du tout. Il y a sûrement un peu de moi dans ce personnage, ce désir que 'tout aille bien', cette volonté d'insouciance un peu pathétique.

Le personnage d'Antoine est animé, comme je l'ai été à un moment, par le désir d'exister socialement d'une façon très précise. Les gens vous demandent très souvent ce que vous faites dans la vie, et quand vous ne faites pas grand-chose, c'est une question qui peut être effrayante, paniquante. Antoine a tendance à être un peu noir, hypocondriaque, désespéré mais il reste drôle.

Je tenais beaucoup à ce qu'il y ait une différence physique entre les deux: un aspect 'tandem burlesque'. Un peu comme Laurel et Hardy. On retrouve ça dans de nombreux films. Le grand et le petit . . . Gene Hackman et Al Pacino dans *L'Épouvantail*, John Voight et Dustin Hoffman dans *Macadam Cowboy*. Cette différence physique suggère tout de suite un sentiment de protection et de complémentarité. Ils veillent l'un sur l'autre.

À VOUS 3 | *Lecture à haute voix*

Maintenant à vous de jouer/lire à haute voix la sequence.
Une personne lira les indications scénique.

Salvadori, Pierre and Philippe Harel, *Les Apprentis*, Arté Éditions, Hachette: Paris.

SÉQUENCE 25. ENTRÉE DE L'APPARTEMENT – INT/JOUR.

Bruit de clef. La porte d'entrée s'ouvre de l'extérieur. Une jeune femme vêtue d'un tailleur, une serviette en cuir sous le bras et un papier à la main, entre. Elle considère perplexe l'appartement, le manteau suspendu à une porte et les quelques affaires traînant sur le sol.

Après un instant d'hésitation, elle se tourne vers un groupe de personnes restées sur le palier et les invite à rentrer. Parmi eux, une femme enceinte et son mari se tiennent amoureusement.

La jeune femme: Bon, j'ai l'impression qu'il reste encore quelques affaires appartenant aux anciens locataires mais je vous propose de visiter malgré tout afin que vous ayez un aperçu des lieux.

Les cinq ou six personnes entrent et la suivent.

La jeune femme: Donc nous avons une entrée avec deux fenêtres sur rue, un vaste salon qui donne sur une première chambre à laquelle on accède également par le couloir . . . Nous retrouvons l'entrée qui donne aussi sur une deuxième chambre, sur cour, plus vaste, 25 m², lumineuse . . .

Elle ouvre et allume la lumière. Les visiteurs s'avancent et se figent en découvrant Antoine et Fred endormis côte à côte.

SÉQUENCE 26. APPARTEMENT (CHAMBRE DE FRED) – INT/JOUR.

Antoine ouvre les yeux et sursaute en découvrant six regards braqués sur lui.
Il se lève en prenant les couvertures avec lui et découvre Fred qui dort nu sous les draps.

Antoine: Qu'est-ce qu . . .

La jeune femme: Je fais visiter l'appartement. On ne vous a pas prévenus? Je suis l'agence Sandner.

Antoine: Ah non, j'suis désolé, j'suis désolé. Je dors pas là, habituellement. Je suis désolé, on a bu, hier, j'ai été un peu malade. Je suis à vous dans deux minutes.

Fred se tourne, regarde les visiteurs, et tranquillement, tape sur le plancher avec un journal. Les visiteurs sursautent.

Fred: C'est bourré de cafards, ici.

SÉQUENCE 27. CUISINE – COULOIR – INT/JOUR.

Tandis qu'Antoine boit son café, la jeune femme de l'agence s'agite.

La jeune femme: Vous m'avez vraiment mis dans une situation embarrassante. Vous ne deviez plus être là . . . Au moins si vous aviez fait le ménage. C'est pourtant pas difficile de passer un coup d'éponge.

Elle s'empare d'une vieille éponge et la passe sur la table.

La jeune femme: Voilà, comme ça. Bon, les bouteilles on les met là, les chiffons, on les secoue un petit peu . . .

Ce qu'elle fait tout en parlant.

La jeune femme: La vaisselle, si vous la faisiez au fur et à mesure, ça éviterait les odeurs désagréables . . . Et les vitres, c'est dégoûtant. Même si vous n'avez pas de produit ménager, vous prenez un vieux journal . . . [*souriante*]. Ça marche très très bien, le journal.

Elle prend un quotidien qui traîne, passe une page sous l'eau, grimpe prestement sur l'évier et commence à frotter les vitres sous le regard éberlué d'Antoine.

La jeune femme: Hop, et voilà. Ça va très vite . . . Les fenêtres, c'est rien et ça change tout . . . Vous savez, j'ai un petit frère qui vit comme vous, je comprends ça très bien . . . Votre bonheur est ailleurs . . .

Elle descend de l'évier, s'empare du balai et continue le ménage.

La jeune femme: Vous savez, les gens sont bizarres, s'ils entrent dans un appartement sale . . .

Elle balaye autour de la chaise. Antoine lève ses pieds, tandis que Fred entre et assiste à la scène avec étonnement.

La jeune femme: . . . ils ont l'impression qu'il l'a toujours été et qu'il le sera toujours. Les gens ont des réflexes bizarres, comme ça.

Elle part dans le couloir et continue à s'agiter, accroche les vestes dans un placard, ramasse le linge qui traîne par terre et revient dans la cuisine des vêtements à la main.

La jeune femme: Et votre linge sale, vous le mettez où?

Fred: Ben . . . On le porte.

C Structures

L'article défini + parties du corps

> On emploie l'article défini quand la partie du corps appartient au sujet de la phrase:
>
>> Une jeune femme, une serviette en cuir sous *le* bras et un papier à *la main*, entre.
>
> On emploie l'adjectif possessif quand la partie du corps est sujet de la phrase ou pour apporter une emphase:
>
>> *Son* visage est rouge. Sylvie s'approche d'Antoine et le prend dans *ses* bras [*à elle*]
>
> Pour indiquer que le sujet agit sur son propre corps, on met **un pronom réfléchi** avant le verbe:
>
>> Fred *s'est cogné la tête* contre la porte [*sa tête à lui*]
>
> Si le sujet agit sur le corps d'un autre, on met **un pronom COI** (*lui*, *leur*) avant le verbe:
>
>> Fred s'approche d'Antoine et veut *lui* prendre *les mains* [*à Antoine*]

Exercice 1

Traduisez les phrases suivantes en anglais:

1 I closed my eyes.
2 She had a suitcase in her hand.
3 My leg hurts.
4 She went up to the President and shook his hand.
5 I've broken my arm.

Si . . . pour exprimer des conseils et des reproches

> **a.** La vaisselle, si vous la *faisiez* au fur et à mesure, ça *éviterait* les odeurs désagréables
> **imparfait**   **conditionnel**
> **b.** Au moins si vous *aviez fait* le ménage . . .
> **plus-que-parfait**

Exercice 2

L'agent immobilier fait d'autres remarques à Antoine et à Fred. Complétez ses phrases suivant le modèle (a) de l'encadré.

1   Votre linge, si vous . . .
2   Les placards, si vous . . .
3   Les fenêtres, si vous . . .
4   La poubelle, si vous . . .
5   Le plancher, si vous . . .

Exercice 3

Formulez des reproches aux personnes suivantes selon la construction (b) de l'encadré.

1   Un ami ne vous a pas écrit de lettres depuis son départ, il y sept mois en Australie. (au moins . . . une carte postale)
2   Une copine avec qui vous deviez faire une longue traduction n'a rien fait. (au moins . . . la première page)
3   Le copain avec qui vous partagez un appartement n'a pas fait le ménage. (au moins . . . la vaisselle)
4   Une amie que vous aviez invitée à dîner n'est pas venue. Vous la voyez le lendemain. (au moins . . . me téléphoner)
5   Vous devez partir en vacances en Thaïlande avec votre sœur. Elle se décommande à la dernière minute. (au moins . . . me prévenir plus tôt).

7.5 GRAMMAIRE   Les verbes pronominaux

Qu'est-ce qu'un verbe pronominal? C'est un verbe qui se construit avec un pronom – *me, te, se, nous, vous, se*. En principe, ces pronoms correspondent à *myself, yourself, himself*, etc. en anglais, mais la tournure pronominale est beaucoup plus usitée en français qu'en anglais.

Beaucoup de verbes, comme *ouvrir* et *regarder*, ont une forme simple (sans pronom réfléchi) et une forme pronominale. Il y a également un groupe de verbes plus réduit qui s'emploient uniquement à la forme pronominale, par exemple *s'emparer*.

Forme pronominale	Forme simple
La porte s'ouvre	Antoine ouvre la porte
Elles se donnent un coup de main	Elle donne un coup de main à sa voisine
Elle s'empare d'une vieille éponge	

Les différentes constructions d'un verbe sont indiquées dans le dictionnaire.

> **ouvrir** I. V.*tr.* Disposer (une ouverture) en déplaçant ses éléments mobiles, de manière à mettre en communication l'extérieur et l'intérieur. *Ouvrir une porte* . . .
> II. V. *intr.* Être ouvert. *Cette porte n'ouvre jamais.* III. S'ouvrir. *v. pron.* Devenir ouvert. *La porte s'ouvre.*
> **emparer (s')** *v. pron.* III. Se saisir avidement (de qqch.) en vue d'une utilisation. *Le gardien de but réussit à s'emparer du ballon* . . .

A   Réflexion

La forme pronominale d'un verbe a-t-elle toujours le même sens que la forme simple? Vérifiez le sens des verbes ci-dessous dans un dictionnaire. Puis, employez chacun d'entre eux dans une phrase. Identifiez les cas où il y a une différence importante de sens entre la forme simple (non pronominale) et la forme pronominale.

1	arrêter	s'arrêter	6	entendre	s'entendre
2	attendre	s'attendre à	7	occuper	s'occuper de
3	décider	se décider à	8	promener	se promener
4	demander	se demander	9	servir de	se servir de
5	douter	se douter	10	terminer	se terminer

B   La valeur du pronom réfléchi

Accords « 0.4, 1.1, 6.1 » 10.1

En règle générale, aux temps composés, **l'accord** du participe passé d'un verbe pronominal se fait avec **le sujet**, comme dans les exemples (**a.**) et (**b.**) ci-dessous. Il y a cependant des exceptions. Comment expliquez-vous l'absence d'accord dans les exemples (**c.**) et (**d.**)?

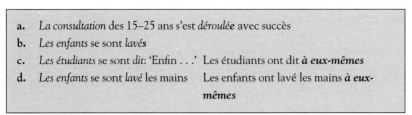

> **a.** *La consultation* des 15–25 ans s'est *déroulée* avec succès
> **b.** *Les enfants* se sont *lavés*
> **c.** *Les étudiants* se sont *dit*: 'Enfin . . .'   Les étudiants ont dit *à eux-mêmes*
> **d.** *Les enfants* se sont *lavé* les mains   Les enfants ont lavé les mains *à eux-mêmes*

Dans les phrases (**c.**) et (**d.**), le pronom réfléchi *se* a un rôle de **complément d'objet indirect**. Dans ce cas, le participe passé n'est pas accordé.

Réfléchi ou réciproque? « 4.7

Étudiez les deux tournures ci-dessous. Traduisez-les en anglais. Vous constaterez que le pronom a une valeur différente dans les deux phrases:

Réfléchi	Ici, on *se* dit 'tout le monde parle anglais, donc c'est pas très grave'
Réciproque	S'il n'y a pas de possibilité d'accord, on *se* dit 'au revoir'

Exercice 1

Traduisez les phrases suivantes en français. Attention aux accords!

1 Mr Chirac and Mr Blair met today.
2 They had spoken to each other yesterday by phone.
3 She poured herself a Scotch.
4 The children fell asleep in the back of the car.
5 She wondered whether she should leave immediately.

C Forme simple = transitif; forme pronominale = intransitif

Transitif:	Intransitive:
J'ai ouvert *la porte* (COD) →	La porte s'ouvre
I opened the door	The door opened

Exercice 2

Suivant le modèle ci-dessus, traduisez les phrases suivantes à l'aide du verbe donné. Faites les accords nécessaires.

1 a. I walked the dog (*promener*).
   b. I went for a walk.
2 a. I switched on the television. (*allumer*)
   b. The screen came on.
3 a. Am I boring you? (*ennuyer*)
   b. I'm bored.
4 a. Scientists have developed a new strategy. (*développer*)
   b. This town has developed a lot.
5 a. I've lost the map. (*perdre*)
   b. I'm going to get lost.
6 a. I met Helen at the supermarket. (*rencontrer*)
   b. The last time we met was in January.
7 a. The little boy broke the window. (*casser*)
   b. The glass broke in two.

8 **a.** The secretary put their names down on the list. (*inscrire*)
   b. They registered for the French course.
9 **a.** He negotiated the contract. (*négocier*)
   b. That's negotiable!
10 **a.** He stretched out his arms. (*étendre*)
   b. The forest stretches from the village over to the river.

D | La forme pronominale à valeur passive « 2.4

Comme vous l'avez déjà vu («2.4»), une forme pronominale peut avoir un sens passif:

> Comment *se fabrique* un article?

Exercice 3

1 Certaines expressions quotidiennes prennent cette forme. Donnez pour chacune une traduction en anglais comme dans l'exemple:

a.	Ça s'arrose!	→	That calls for a drink!
b.	Ça se fête!		
c.	Ça ne se dit pas comme ça!		
d.	Ça ne se fait pas!		
e.	Ça se peut!		
f.	Ça se voit!		

2 Choisissez l'une de ces expressions pour compléter chaque mini-dialogue ci-dessous:
   a. 'Je l'ai eue, ma promotion!
   _____,'
   b. 'Tu viendras ce soir?
   _____ mais j'ai beaucoup de choses à faire.'
   c. 'Je n'ai pas eu le temps de me coiffer.
   _____,'
   d. 'Il est onze heures. Je pourrais téléphoner à Monsieur Bonnard?
   Téléphoner à une personne inconnue après dix heures du soir?
   Non, _____.'
3 Complétez les phrases ci-dessous avec le verbe qui manque:
   a. Le français se _____ au Québec.
   b. Le vin rouge se _____ à la température de la pièce.
   c. En France, les journaux se _____ dans les kiosques.
   d. En Angleterre, le gigot se _____ avec une sauce à la menthe.

E | Verbes d'action et verbes d'état

Verbes d'action:	Verbes d'état:
Fred *s'assoit* face à Antoine	Antoine *est assis* face à Fred
Fred sits down opposite Antoine	Antoine is sitting opposite Fred
Anne *se penche* vers lui	Elle *est penchée* sur le rebord de la baignoire
Antoine *s'appuie* contre un mur	Nicolas *est appuyé* contre une voiture

s'accouder	accoudé	se coucher	couché
s'accroupir	accroupi	s'écarter	écarté
s'affaler	affalé	s'éloigner	éloigné
s'agenouiller	agenouillé	s'endormir	endormi
s'allonger	allongé	s'étendre	étendu
s'appuyer	appuyé	se pencher	penché
s'asseoir	assis	se tourner	tourné

Exercice 4

Dans ce scénario, encerclez la forme du verbe voulue:

> **SÉQUENCE 4. BUREAU D'ALAIN**   **Intérieur / Jour**
>
> *Lorsque le rideau se lève, Alain* **est assis/s'assoit** *devant sa table de travail. Brusquement il* **est levé/se lève**, *se dirige vers le fond de la pièce et* **s'appuie/est appuyé** *contre le mur. Une fenêtre* **est ouverte/s'ouvre**. *Alain* **est penché/se penche** *par la fenêtre et regarde sa femme, Éléonore, qui* **s'endort/est endormie** *dans un transat, sur la terrasse. Il pousse un soupir et* **s'affale/est affalé** *sur le canapé.*

F | Réflexion: Faire + Infinitif

Traduisez en anglais les phrases encadrées qui emploient le verbe *faire*, suivi d'un infinitif.

a.	Qu'est-ce qui vous *fait rire?*
b.	Il faut reconquérir l'opinion publique . . . leur *faire comprendre* qu'il n'y a pas d'alternatif
c.	Le maire *a fait rénover* toutes les façades des bâtiments
d.	Le journaliste *fait valider* l'article par le rédacteur en chef
e.	C'est bien de *faire relire* ses transparents par d'autres personnes
f.	Je *fais visiter* l'appartement

Cette construction avec le verbe *faire* indique que le sujet 'provoque' une action accomplie par quelqu'un d'autre. L'action est exprimée par l'infinitif. Le participe passé *fait* suivi de l'infinitif **n'est jamais accordé**!

Exercice 5

Faites des phrases à partir des éléments donnés en utilisant *faire* + infinitif, comme dans l'exemple:

> À cause de cette photo – je pense à mon grand-père
>> ▷ *Cette photo me fait penser à mon grand-père*

1 À cause de ces romans – j'ai beaucoup réfléchi
2 À cause de cette chanson – je pleure
3 À cause de cette musique – je rêve
4 À cause de ce film – j'ai pensé à mon voyage en Australie
5 À cause de cette émission – j'ai hurlé de rage

Le professeur fait travailler les étudiants!

Exercice 6

Répondez 'non' aux questions suivantes en utilisant *faire* + infinitif, comme dans l'exemple:

> Vous avez repeint vous-même la cuisine?   ▷ *Non, je l'ai fait repeindre*

1 Vous avez tapé vous-même votre mémoire?   ▷ *Non, je . . .*
2 Vous avez construit vous-même cette annexe?   ▷ *Non, nous . . .*
3 Vous avez installé vous-même le chauffage central?   ▷ *Non, on . . .*
4 Vous avez réparé votre voiture vous-même?   ▷ *Non, je . . .*
5 Vous allez faire vous-même votre robe de mariage?   ▷ *Non, je . . .*

G   *Se faire* + infinitif

Traduisez les phrases suivantes en anglais:

> **a.** Les Anglais *se font livrer* leurs journaux chez eux
> **b.** Antoine *s'est fait expulser* de l'appartement de sa copine
> **c.** Laurent Monier *se fait muter* dans la région parisienne
> **d.** Le bruit d'un verre *se fait entendre*

La construction *se faire* + infinitif peut exprimer l'idée de causalité tout comme la construction *faire* + infinitif et se traduit alors par la construction anglaise 'to get/have something done (to oneself)'. Cependant l'idée de causalité n'est pas toujours présente: ainsi (**b.**) (**c.**) et (**d.**) se traduisent par un verbe au passif en anglais. La construction *se faire* + infinitif, avec un sens passif, est de plus en plus courante dans la langue française contemporaine.

Exercice 7

Vérifiez le sens des verbes encadrés. Puis, utilisez-les dans la construction *se faire* + infinitif pour traduire les phrases ci-dessous.

> *comprendre – couper – gronder – embaucher – entendre – photographier – raccompagner*

1   She was taken home by her friend.
2   We had our photographs taken.
3   I'd like to get my hair cut.
4   A fire alarm was heard.
5   She got herself taken on as a researcher.
6   He got his message across at the meeting.
7   I got told off by the concierge.

H Verbes de perception + infinitif

Les verbes *écouter, entendre, laisser, regarder, sentir, voir* peuvent fonctionner comme *faire* dans la construction *faire* + infinitif. Les constructions *s'entendre* + infinitif et *se voir* + infinitif peuvent avoir une valeur passive, comme dans les exemples **c.** et **d.** ci-dessous.

> **a.** Elle sourit et s'éloigne. Antoine la *regarde partir*.
>
> **b.** Il *entend* des pas *s'approcher*.
>
> **c.** Robinson eut encore le temps de *voir* le capitaine *plonger* la tête la première par-dessus la table.
>
> **d.** Les chefs d'État en avaient assez de *s'entendre donner* des leçons par Delors.
>
> **e.** Il *s'est vu refuser* l'entrée au club.

Exercice 8

Traduisez les phrases suivantes :

1   I saw him leave.
2   I heard him talking to the director.
3   I watched them dance.
4   I let the students leave early.

7.6 STRATÉGIES

Savoir écrire des indications scéniques

Comme vous l'avez vu en étudiant le scénario des *Apprentis*, le dialogue n'est qu'un élément d'un film ou d'une pièce de théâtre. Les décors, l'apparence physique et les gestes des personnages créent un effet aussi fort que leurs paroles. Dans cette section, votre tâche sera d'écrire des indications scéniques pour un dialogue de film.

A | Réflexion

Quel genre d'informations trouve-t-on dans les indications scéniques?

Bruit de clef. La porte d'entrée s'ouvre de l'extérieur. Une jeune femme vêtue d'un tailleur, une serviette en cuir sous le bras et un papier à la main, entre. Elle considère perplexe l'appartement, le manteau suspendu à la porte et les quelques affaires traînant sur le sol.

Sylvie le regarde avec étonnement et inquiétude . . . Elle se lève et le prend dans ses bras, gentiment.

Assis à la table du salon, Antoine, visiblement agacé par le bruit, tente d'écrire . . .

Appuyé contre le capot d'une voiture, Fred attend devant le théâtre. Il paraît nerveux . . .

Antoine entend la porte d'entrée s'ouvrir. Il regarde dans le couloir et découvre Fred, le visage ravagé, les yeux rouges et le teint pâle. Il porte une paire de skis sur l'épaule gauche et des bâtons dans la main droite.

Antoine et Fred se disputent violemment [. . .]. Fred reste silencieux. Antoine lui tourne le dos et se plonge dans le journal. Fred se lève et s'approche de Nicolas qui prépare à manger.

La pièce est plongée dans la pénombre. Antoine, quelque peu vacillant, est attablé face à une petite veilleuse qui flotte dans un verre d'eau et irradie une lumière pâle.

Antoine et Fred traversent d'un pas décidé le carrefour d'une banlieue cossue. Ils portent tous les deux une veste, une chemise et une cravate qui leur donne l'air d'enfants endimanchés.

À l'aide des exemples du scénario des *Apprentis*, complétez la grille à la page 222 avec des exemples:

POSITION	participes passés.	appuyé . . .
ATTITUDE	adjectifs.	agacé . . .
APPARENCE PHYSIQUE	locutions: verbes:	l'air d'enfants endimanchés . . . vêtue de . . . sous le bras . . . à la main . . .
ACTIONS	verbes:	se disputent . . .
MANIÈRE D'ACCOMPLIR L'ACTION	adverbes: locutions:	gentiment . . . d'un pas décisif . . .

B   Rédiger des indications scéniques

Je suis le locataire du cinquième . . .

Ci-contre, le dialogue d'un autre film. Votre tâche sera d'y apporter des indications scéniques.

1   D'abord, lisez le dialogue 'Je suis le locataire du cinquième . . .' et dégagez-en les éléments comiques.
2   Ensuite, notez les informations essentielles à partir des rubriques suivantes:

Les personnages: qu'apprenez-vous sur eux? Comment les imaginez-vous? Age? Apparence physique? Caractère?

A

B

Le lieu: où se passe ce dialogue? À l'intérieur? À l'extérieur? Décor? Ambiance?

Mouvements, gestes, changements de ton: à quels moments dans le dialogue imaginez-vous des mouvements, des gestes, des changements de ton?

3   À partir de vos notes, insérez des indications scéniques dans le dialogue.
    Commencez par une description des deux personnages et du lieu.

A: Je suis le locataire du cinquième . . . Je voulais simplement vous souhaiter la bienve-
     nue dans l'immeuble . . . Vous êtes mon premier voisin . . . Je suis rudement content
     que vous soyez là . . . On va se sentir moins seuls . . . . . . .Vous êtes célibataire?

B: Veuf.

A: Condoléances . . . Moi, je suis chômeur, et vous?

B: Inspecteur de police.

A: Ça tombe bien!

B: Quoi?

A: Que vous soyez inspecteur de police . . .

B: Pourquoi?

A: Parce que je viens d'assister à un meurtre dans le métro.

B: Ah oui?

A: Oui . . . le pauvre bougre, il a ramassé un coup de couteau dans le ventre . . .

B: Ah bon!

A: Ben oui . . . Et puis, ce qui m'emmerde, c'est que le couteau était le mien . . .

B: Et alors?

A: Mettez-vous à ma place. Je me pose des questions . . .

B: Quelles questions?

A: Je me demande si c'est pas moi qui l'ai tué . . .

B: Vous avez pas une tête à tuer les gens . . .

A: Je peux vous montrer le couteau si vous le voulez . . . Il est chez moi, dans la machine
     à vaisselle . . .

B: Écoutez, mon vieux . . . Des crimes et des assassins, je m'en farcis toute la journée.
     Actuellement, je suis pas en service. Je mange. J'ai déménagé, je suis fatigué et vous
     m'emmerdez. Alors, vous allez redescendre bien gentiment chez vous et essayer de
     m'oublier.

C   Mots et expressions

Le français familier « 1.3

Relisez le dialogue et soulignez toutes les expressions qui vous semblent
relever d'un registre familier. Pour chaque expression, proposez une 'traduction' en français standard.

Verbes à sens neutre et familier

Dans les exemples encadrés la façon dont ces verbes sont utilisées relèvent du
français familier. Cependant les verbes *farcir* et *ramasser* ont également un
sens neutre. Vérifiez ce sens dans le dictionnaire. Trouvez d'autres verbes qui
s'emploient avec des sens différents selon le registre.

a. il a *ramassé* un couteau dans le ventre

b. Des crimes et des assassins, je m'en *farcis* toute la journée

FILMS EN EXCLUSIVITÉ

À L'ABRI DE LEURS AILES.
1993. 1h25. Comédie dramatique indienne en couleurs de Buddhadeb Dasgupta avec Rajit Kapoor, Laboni Sarkar, Sadhu Meher, Indrani Halder.

Le grand dilemme d'un homme rêveur, contraint de capturer les oiseaux pour vivre, mais prêt à tout sacrifier par amour pour eux. Des images belles et poétiques pour un film qui illustre à merveille le conflit entre matérialité et spiritualité.

◆**Reflet Medicis Logos** 20 v.o.

À LA VIE, À LA MORT. 1995. 1h40. Comédie dramatique française en couleurs de Robert Guédiguian avec Ariane Ascarida, Jacques Boudet, Jean-Pierre Darroussin, Jacques Gamblin, Gérard Meylan, Jacques Pieiller, Pascale Roberts, Farid Ziane, Laetitia Pesenti.

Dans les faubourgs de Marseille, la galère de quelques personnages – amis de longue date – qui continuent à s'aimer et se débattent dans leurs problèmes quotidiens pour garder la tête hors de l'eau. Un film généreux et profondément humain.

◆**Denfert 82** ◆**Le Grand Pavois 94**

L'AME DES GUERRIERS. Once were warriors. 1994. 1h50. Drame néo-zélandais en couleurs de Lee Tamahori avec Rena Owen, Temuera Morrison, Mamaengaroa Kerr-Bell, Julian Arahanga, Taungaroa Émile.

Dans la banlieue d'Auckland, le drame d'une famille descendante des Maoris: la mère énergique et opiniâtre tente de s'en sortir entre son mari violent et alcoolique et ses cinq enfants en mal d'affection paternelle. Un premier film brûlant et émouvant, remarquablement interprété, qui a remporté vingt prix internationaux dont le Meilleur Film au festival de Venise 1994. int – 16 ans.

◆**14 Juillet Beaubourg 11** v.o.

L'ANGLAIS QUI GRAVIT UNE COLLINE MAIS DESCENDIT UNE MONTAGNE. 1995. 1h35. Comédie anglaise en couleurs de Christopher Monger avec Hugh Grant, Colm Meaney, Tara Fitzgerald, Ian MacNeice, Kenneth Griffith.

En 1917, dans un paisible village gallois dont les habitants se disent montagnards, débarquent deux cartographes anglais. Leur décision pétrifie le village: la montagne – faute de quelques mètres – n'est qu'une colline . . . Les habitants se mobilisent . . . Une comédie champêtre, drôle et charmante.

◆**UGC Triomphe 55** v.o.

LES APPRENTIS. 1995. 1h35. Comédie française en couleurs de Pierre Salvadori avec François Cluzet, Guillaume Depardieu, Judith Henry, Claire Laroche.

L'un angoisse, l'autre pas, l'un râle, l'autre pas, l'un est démerde, l'autre pas . . . Mais la vie les a rapprochés et, comme un vieux couple, c'est pour le meilleur et pour le pire . . . Mais aussi pour le rire! Le boulot, l'amour, l'amitié à travers les galères de deux potes: une comédie follement drôle, tonique et joyeuse et un couple d'acteurs qui fonctionne du tonnerre. César 96 du meilleur espoir masculin pour Guillaume Depardieu.

◆**Saint André des Arts 35** ◆**Le République 74** ◆**L'Entrepot 83**
◆**Le Grand Pavois 94**
◆**Saint Lambert 96**

BUFFET FROID ▷

Film français de Bertrand Blier (1979).

Précédente diffusion: mars 89.

Alphonse Tram: **Gérard Depardieu**

L'inspecteur: **Bernard Blier**

L'assassin: **Jean Carmet**

La veuve: **Geneviève Page**

Le quidam: **Michel Serrault**

Le témoin: **Jean Rougerie**

Le toubib: **Bernard Crommbey**

L'hôtesse: **Denise Gence**

Josyane: **Liliane Rovere**

L'homme en bleu: **Jean Benguigui**

La jeune fille: **Carole Bouquet**

L'escogriffe: **Michel Fortin**.

Fiche technique. Scénario et dialogues: Bertrand Blier.

Images: Jean Penzer. Décors: Théo Meurisse. Montage: Claudine Merlin. Musique de Brahms, interprétée par le Quatuor Bartok et des membres du Quatuor Tatrai. Critique parue dans Télérama 1563. Durée annoncée: 90 mm.

Le genre. Humour noir.

L'histoire. Sur le quai d'une gare déserte du RER, à La Défense, Alphonse Tram, chômeur, rencontre un quidam avec lequel il tente de faire la conversation. Il lui raconte ses cauchemars et lui montre le couteau qu'il porte toujours sur lui. Ce couteau disparaît et le quidam monte dans le métro, laissant Alphonse sur le quai. Celui-ci le retrouve dans les couloirs du RER avec son couteau planté dans le ventre. Alphonse rentre chez lui, dans un immeuble de trente étages. Sa femme Josyane lui apprend qu'ils ne sont plus seuls. Il y a maintenant un voisin au-dessus. Alphonse va lui rendre visite. C'est un inspecteur de police, il refuse d'écouter le récit de son 'crime'. Plus tard, Josyane disparaît.

Ce que j'en pense. L'absurde règne dans cette histoire irréaliste et inquiétante, où le meurtre devient une activité à répétition. L'humour noir de Bertrand Blier fait penser au théâtre de Ionesco. Ce film (César 1980 du meilleur scénario) est construit sur la logique du bizarre. C'est une œuvre insolite, pour ne pas dire unique, dans le cinéma français contemporain. Car, derrière l'humour et le burlesque, par de subtils dérapages de la mise en scène, se profilent une angoisse, un malaise de la vie quotidienne dans un monde déshumanisé (RER, tours ultra-modernes, etc.). Et quand, d'aventure, Alphonse, l'assassin, et l'inspecteur, lui-même meurtrier, se retrouvent à la campagne, ils souffrent du froid dans une nature humide où les oiseaux cessent de chanter. La solitude, la violence, les meurtres 'pour rien' règnent sur un monde où même la musique n'adoucit pas les mœurs: un grand film, 'inconfortable', des acteurs absolument étonnants.

Jacques Siclier

Le plus beau métier du monde

Une comédie sur le thème des banlieues chaudes: il fallait oser. Gérard Lauzier l'a fait, Depardieu avec lui, et ils ont gagné leur délicat pari. Comment faire rire sans gêne et sans honte sur des sujets aussi délicats que le foulard islamique, le racisme, l'exclusion? Sur le papier, on se dit que 'Le plus beau métier du monde' a toutes les raisons d'aller droit dans le mur, avec son mélange de vaudeville et de réalisme. Par la grâce de l'écriture et le talent des acteurs, Gérard Lauzier tient le spectateur sous le charme de son récit dans un dosage parfait d'émotion, de gags et d'humanisme sincère.

Pour une fredaine de trop, Laurent Monier, le prof d'histoire-géo brillant et cavaleur, perd le même jour sa femme et son bon vieux lycée de province. Afin de rester proche de ses enfants, il se fait muter dans la région parisienne et se retrouve chargé de la turbulente quatrième techno du lycée Serge-Gainsbourg, quelque part entre Saint-Denis et Epinay. Le voilà exilé dans la cité des Mûriers, au cœur du melting-pot beur, africain et 'français de souche' . . . Gérard Depardieu en enseignant courageux qui brave les embûches de l'école d'aujourd'hui, tout en essayant de résoudre sa crise de couple? On y croit dès la première minute. Et tous les comédiens autour de lui respirent la même aisance: Guy Marchand et Ticky Holgado, le proviseur et l'intendant au bord de la crise de nerfs, Philippe Khorsand, le gardien de l'immeuble qui a depuis longtemps renoncé à faire la loi, Souad Amidou, la jolie beurette qui va prêter main forte au bourgeois tombé du ciel, Michèle Laroque, désormais préposée aux rôles d'épouse cocue, et le grandiose Daniel Prévost, qui joue sans doute la scène la plus périlleuse du film, dans le rôle du beauf Front national avec ses bergers allemands et ses armes à feu . . . Entre dérision, constat et tendresse, Lauzier avance sur la corde raide sans jamais déraper. On sort de là heureux et le cœur à l'aise. Un miracle, vous dis-je . . .

M.P.

une fredaine = une bêtise, un écart de conduite sans gravité

7.7 LECTURE — Comptes-rendus de films

A │ Idées: Films en exclusivité

1 Parcourez l'extrait ci-dessus d'un guide des spectacles. Les cinq résumés de films ont plus ou moins la même structure: une première partie qui décrit l'histoire du film et une deuxième partie qui l'évalue. Pour chaque résumé identifiez les deux parties.

2 Notez tous les adjectifs employés pour décrire ou évaluer un film et véri-fiez leur sens dans un dictionnaire.

3 Deux films ont le même thème, mais sont de genres différents. De quels films s'agit-il?

4 Lisez attentivement les résumés de ces deux films. Quel est celui qui a le registre le plus familier? Justifiez votre réponse.

B │ Idées: Buffet froid; Le plus beau métier du monde

Parcourez les deux comptes-rendus.

1 Lequel correspond au film dont vous avez étudié le dialogue dans la sec-tion précédente?

2 Ces deux comptes-rendus apportent beaucoup plus d'informations que ceux du guide-cinéma; toutefois les éléments sont plus ou moins les mêmes. Remplissez la grille ci-dessous:

	BUFFET FROID	*LE PLUS BEAU MÉTIER DU MONDE*
Genre		
Thèmes		
Décor		
Personnages		
La situation de départ		
Critique		

C | Mots et expressions

1   Qu'entendez-vous par ces expressions employées pour évoquer le style
    d'un film:

a.	l'absurde	**d.**	le vaudeville
b.	le burlesque	**e.**	l'humanisme
c.	l'angoisse		

2   Donnez un synonyme ou une paraphrase pour les expressions en italique:

   a.   Sur le papier, on se dit que 'Le plus beau métier du monde' a toutes
            les raisons *d'aller droit dans le mur*.

   b.   Gérard Depardieu, un enseignant courageux qui *brave les embûches*
            de l'école d'aujourd'hui . . .

   c.   Souad Amidou, la jolie beurette qui va *prêter main forte* au bourgeois
            tombé du ciel . . .

À VOUS 4 | *Raconter un film*

 Lequel de ces films aimeriez-vous voir? Pour quelles raisons? Ces films vous rappel-
lent-ils d'autres films que vous avez vus? Quel genre de film vous plaît? ne vous plaît
pas? Racontez un film que vous avez particulièrement aimé.

7.8 *SAVOIR-FAIRE*

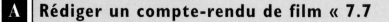

A | Rédiger un compte-rendu de film « 7.7

Rédigez le compte-rendu d'un film français (300 à 350 mots). Revoyez la section 7.7 pour vous rappeler la structure essentielle d'un compte-rendu ainsi
que les expressions utiles pour le rédiger.

Si vous avez accès à des films français dans une bibliothèque/médiathèque,
préparez à plusieurs un 'guide' de ces films. Chaque étudiant rédigera le
compte-rendu d'un film, qui sera placé, après relecture, dans un classeur accessible à tous.

B | Rédiger un compte-rendu de film en anglais

Votre ciné club va montrer deux films français: *Les Apprentis* et *Le plus beau
métier du monde*. À partir des documents que vous avez lus dans ce chapitre,
rédigez en anglais un compte-rendu de chaque film pour insérer dans la
brochure du cinéclub.

Le synopsis

En petits groupes, proposez des idées pour un film. Ordonnez vos idées selon le plan à la page 153 (« 5.3 »). Une fois les éléments définis, rédigez-en le synopsis (200 à 250 mots).

Une scène

Vous allez maintenant rédiger une scène de votre film. D'abord, réfléchissez:

> **Les personnages et l'action**: Qui sont les personnages qui jouent dans cette scène? Qu'est-ce qui va se passer dans cette scène? Comment les personnages se comportent-ils? Quelle est leur attitude: calme, nerveuse, inquiète, gaie, triste, ennuyée, effrayée, expansive, silencieuse, pensive, volubile?
>
> **Les circonstances de la scène**: Où se passe-t-elle? À la ville? À la campagne? Dans un lieu public, désert, peuplé? Dans quel décor? À l'intérieur ou à l'extérieur? De jour ou de nuit? À quelle époque?
>
> **La situation**: Les personnages sont-ils assis ou debout? En mouvement ou immobiles? Proches ou éloignés les uns des autres?
>
> **Le dialogue**: Ton? Registre? Animé? Lent?

Puis, rédigez la scène. Pour la présentation, inspirez-vous du scénario des *Apprentis* (7.4). N'oubliez pas les indications scéniques détaillant les effets visuels et sonores: décors, mouvements, gestes, voix etc. Revoyez la section 7.6 pour les ressources linguistiques associées à cette tâche.

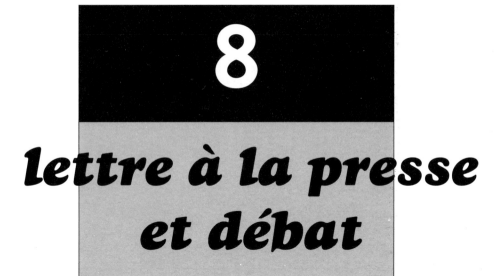

8
lettre à la presse et débat

8.1 ÉCOUTE:

Le téléphone sonne: droits des femmes: que reste-t-il à conquérir?
- le futur, le futur antérieur
- les adverbes d'énonciation
À VOUS 1: discussion sur l'égalité

8.2 DÉCOUVRIR:

L'argumentation
- développer son argumentation
'Courrier des lecteurs sur la parité'
À VOUS 2: exprimer une opinion à l'écrit

8.3 LECTURE:

'Femmes et politique'

- les pronoms relatifs
À VOUS 3: résumé écrit

8.4 ÉCOUTE:

Débat: la parité en politique
- *c'est* ≠ *il est*, cela
À VOUS 4: préparer un débat

8.5 GRAMMAIRE:

Le subjonctif dans la proposition complétive
- Employer le conditionnel

8.6 STRATÉGIES:

Savoir débattre

- enchaîner des arguments
À VOUS 5: mini-débat

8.7 LECTURE:

'Taslima face aux filles voilées'
- le subjonctif
À VOUS 6: mini-débat sur le port du foulard

8.8 SAVOIR-FAIRE:

Le débat
La lettre à la presse
'Atlanta +'
'Lida Fariman, une Iranienne aux Jeux'

28 **FRANCE** >en couverture   >en couverture **FRANCE** 29

Une nouvelle révolution française : la parité

Dix femmes élues ou ex-élues lancent dans L'Express une campagne nationale pour l'égalité des sexes en politique. Notre sondage le démontre : une très large majorité de Français les approuve

>par Élisabeth Schemla

Le téléphone sonne: 'droits des femmes – que reste-t-il à conquérir?'

Vous allez entendre un extrait de l'émission radiophonique *Le téléphone sonne* où des auditeurs appellent pour poser des questions à des invités. Dans cette émission, trois femmes militant pour la défense des droits des femmes – Christelle Tarot de l'association *Marie pas claire*, Michèle Barzach, Ministre de la santé entre 1988 et 1989 et Gisèle Halimi, célèbre avocate – donnent leur point de vue sur l'évolution des mentalités dans la société française concernant l'égalité entre hommes et femmes.

A | Avant d'écouter

Lisez l'article ci-dessous, rédigé à l'occasion de la IVe Conférence mondiale sur les femmes à Pékin, en septembre 1995. Il expose les blocages qui menacent en France l'égalité entre hommes et femmes. Comparez la situation en France avec celle de votre pays.

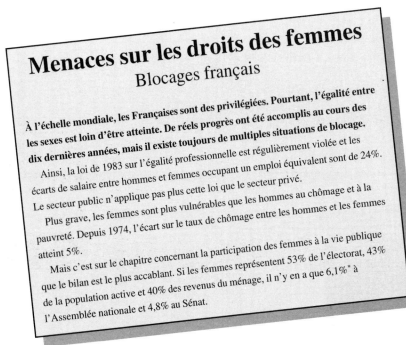

Menaces sur les droits des femmes
Blocages français

À l'échelle mondiale, les Françaises sont des privilégiées. Pourtant, l'égalité entre les sexes est loin d'être atteinte. De réels progrès ont été accomplis au cours des dix dernières années, mais il existe toujours de multiples situations de blocage.

Ainsi, la loi de 1983 sur l'égalité professionnelle est régulièrement violée et les écarts de salaire entre hommes et femmes occupant un emploi équivalent sont de 24%. Le secteur public n'applique pas plus cette loi que le secteur privé.

Plus grave, les femmes sont plus vulnérables que les hommes au chômage et à la pauvreté. Depuis 1974, l'écart sur le taux de chômage entre les hommes et les femmes atteint 5%.

Mais c'est sur le chapitre concernant la participation des femmes à la vie publique que le bilan est le plus accablant. Si les femmes représentent 53% de l'électorat, 43% de la population active et 40% des revenus du ménage, il n'y en a que 6,1%* à l'Assemblée nationale et 4,8% au Sénat.

*Aux élections de juin, 1997, le nombre de femmes siégeant à l'Assemblée nationale est passé de 32 à 63, soit une proportion de 10,92%. Malgré cette amélioration, la France est toujours loin derrière les pays scandinaves (41,1% pour la Suède, 33,5% pour la Finlande, 32,9% pour le Danemark), l'Allemagne (26,3%) et les Pays-Bas (33,3%).

B Idées

Première écoute

1 Voici la première question posée par une auditrice: 'Je me demande si l'évolution féminine s'est bien accompagnée d'une évolution des mentalités masculines'. Résumez les points de vue des trois invitées en complétant la grille ci-dessous:

	POSITIF Les mentalités ont changé	**NÉGATIF** Les mentalités n'ont pas changé; les inégalités existent toujours
Christelle Tarot		
Michèle Barzach		
Gisèle Halimi		

Deuxième écoute

2 Christelle Tarot cite l'exemple d'une interview à la télévision de Martine Aubry.* Pourquoi?
3 Michèle Barzach se réjouit de l'attitude de la 'jeune génération'. Pourquoi?
4 Gisèle Halimi parle de son fils. Pourquoi?
5 Elle raconte une enquête qu'elle a lue dans un journal féminin. De quoi s'agit-il? Est-elle d'accord avec la conclusion de cette enquête?

*Martine Aubry: femme politique. Ministre de l'emploi et de la solidarité dans le gouvernement Jospin, juin 1997.

C Mots et expressions

Trouvez les expressions qui correspondent à celles-ci:

1 est-ce que *les misogynes ont tempéré un peu leurs attitudes*?
2 les femmes *ont* deux fois plus de *tâches ménagères*
3 elles sont *envoyées* dans *des sections* littéraires
4 les filles sont *très mauvaises* en maths
5 cela me semble être *le signe d'une mentalité* . . .

6 les journalistes sont *hostiles envers les femmes*
7 je dirais que dans *l'autre catégorie d'âge* il y a *un barrage*
8 voilà *le résultat de l'action des féministes*
9 c'est une *occupation réservée* aux hommes

D | Analyse

Dans un débat ou une discussion, on signale la cohérence de son discours grâce à des expressions telles que *Moi, je pense que . . .* qui marquent différents actes de parole.

Actes de parole	Expressions
a. Donner son avis	*Je crois que . . .*
b. Concéder et s'opposer	*Cela dit, je voudrais dire que*
c. Ajouter un autre point	*Et il y a un autre problème aussi . . .*
d. Donner un exemple	*Le blocage des mentalités, c'est par exemple . . .*
e. Tirer une conclusion	*Donc, il y a quand même un certain nombre de problèmes . . .*

Indiquez l'acte ou les actes de parole réalisés par les phrases suivantes, employées lors de la discussion.

1 Je pense heureusement qu'il y a une évolution dans les pratiques masculines, mais il y a quand même encore un certain nombre de problèmes.
2 Si on parle par exemple de la vie de tous les jours . . .
3 Ou même on le voit bien dans les entreprises . . .
4 Je pense que c'est vraiment tout à fait optimiste de vous trouver là.
5 Alors, moi, j'ai trouvé ça fantastique!
6 Donc, vous voyez, elles n'ont pas tellement changé, les mentalités.
7 C'est donc qu'il y a un blocage terrible.
8 Et si vous permettez, juste un mot . . .

E Structures

Le futur et le futur antérieur

> - Notez qu'on emploie le temps du **futur** après une conjonction temporelle lorsque celle-ci introduit un événement futur:
>
> Les mentalités n'ont pas changé dans la sphère de la politique . . . Tant qu'elles ne *changeront* pas là, il y *aura* un certain nombre de blocages qui continueront.
>
> **Conjonctions temporelles:** aussitôt que, après que, dès que, lorsque, quand, tant que
>
> - Pour parler d'une action qui sera achevée à un moment futur, on emploie **le futur antérieur** (auxiliaire *être* ou *avoir* au futur + participe passé).
>
> J'espère qu'au mois de juillet, nous *aurons terminé* ce travail.
>
> Lorsque mes filles *seront parties*, j'aurai peut-être un peu plus de temps libre.

Exercice 1
Mettez le verbe entre parenthèses au futur ou au futur antérieur:

1 Dès que je (rentrer), je te (passer) un coup de fil.
2 Il (venir) te voir quand tu le (vouloir).
3 Tant que la parité ne (être) pas introduite, il y (avoir) toujours une sous-représentation de femmes en politique.
4 Dans vingt ans, les femmes (jouer) un rôle encore plus important dans la société et (occuper) plus de postes dans les partis politiques.
5 Quand les journalistes (cesser) de poser aux femmes politiques des questions concernant leur famille, nous (gagner)!
6 Aussitôt que vous (connaître) les résultats, vous me les (communiquer).

Les adverbes d'énonciation » 10.4

Les adverbes d'énonciation signalent:

l'attitude du locuteur	absolument, bien sûr, certainement, éventuellement, évidemment, forcément, heureusement, malheureusement, paradoxalement, probablement, sans doute, sûrement, vraiment, vraisemblablement . . .
l'ordre des idées, les relations logiques	d'abord, effectivement, également, finalement, notamment, quand même . . .

Exercice 2

Réécoutez si nécessaire le débat et remplissez les blancs avec les adverbes d'énonciation, employés par les intervenants. Tous figurent dans l'encadré à la page 233.

1 Je pense _____ qu'il y a une évolution dans les pratiques masculines, mais il y a _____ _____ encore un certain nombre de problèmes . . .

2 Je vois que _____ _____ il y a à peu près 26% de jeunes femmes de moins de 25 ans qui sont au chômage alors que _____ [. . .] ça ne concerne que 15% des jeunes hommes.

3 _____ on n'imagine pas poser la même question à un homme!

4 Je crois que les mentalités ont changé, _____ pour la jeune génération.

5 Je pense qu'elles n'ont pas _____ changé dans la sphère politique.

6 Je pense que _____ tant qu'elles ne changeront pas là, il y aura un certain nombre de blocages qui continueront.

7 . . . _____ notre grande angoisse était de s'être battues pendant de longues années . . .

8 Je pense qu'_____ dans la jeune génération . . . (les choses ont changé).

9 Il y a un véritable blocage . . . Alors _____, il s'habille autrement.

À VOUS 1 | *Discussion sur l'égalité*

1 À partir de vos notes, résumez les idées essentielles de l'enregistrement sur l'égalité entre hommes et femmes dans les domaines suivants:
   ▷ la vie de tous les jours   ▷ la scolarité
   ▷ les entreprises   ▷ le chômage
   ▷ le domaine politique

2 Partagez-vous l'avis des invitées en ce qui concerne l'égalité entre hommes et femmes? Discutez-en en petits groupes.

8.2 *DÉCOUVRIR*   L'argumentation

A | Avoir une opinion

1 Comment résoudre ce problème de la sous-représentation des femmes en politique? Notez toutes les solutions qui vous viennent à l'esprit avec leurs avantages et leurs inconvénients. Quelle est selon vous la meilleure solution? Débattez de cette question avec votre partenaire.

2 Lisez le court texte ci-contre présentant les mesures préconisées dans le 'Manifeste pour la parité'. Êtes-vous pour ou contre ces mesures?

Le Manifeste pour la parité

Pour répondre au problème de la sous-représentation des femmes en politique, dix femmes élues ou ex-ministres ont lancé au mois de juin 1996 une campagne nationale sur l'égalité des sexes dans les domaines politique et public. Elles préconisent entre autres mesures:

- la 'parité' – un système de quotas selon lequel un nombre fixe d'hommes et de femmes seraient élus;
- la limitation du 'cumul des mandats', c'est-à-dire limiter le nombre des fonctions politiques pouvant s'exercer simultanément; actuellement en France, un premier ministre peut également être maire d'une grande ville ou président d'un conseil régional;
- un référendum qui demanderait aux Français de se prononcer pour ou contre un changement de la Constitution pour légaliser la parité;

'Le Manifeste pour la parité', publié dans *L'Express*, a suscité de vifs remous, comme en témoignait le courrier des lecteurs dans la presse magazine française.

B | Développer son argumentation

Courrier des lecteurs sur la parité

1 Parcourez les lettres à la page 236. Identifiez celles qui sont pour la parité et celles qui sont contre. Classez les arguments 'pour' et 'contre'.
2 Voici quelques techniques classiques d'argumentation: identifiez-les dans les lettres.

a.	**Les conséquences**	On décrit les conséquences – positives ou négatives – d'une proposition
b.	**L'analogie**	On compare une situation avec une autre, on cite des exemples positifs ou négatifs
c.	**L'appel aux valeurs**	On fait appel à des valeurs supérieures telles que le patriotisme, la famille, la solidarité, la responsabilité
d.	**L'appel à une autorité**	On se réfère à une autorité scientifique, politique, morale, légale pour soutenir son opinion
e.	**L'appel à témoin**	On recherche l'accord du destinataire en faisant croire que tout le monde pense ou agit ainsi

A Femmes

À propos de l'article 'Parité: Jospin donne l'exemple': aux élections européennes de 1994, le Parti socialiste avait montré l'exemple en présentant 50% de candidates. Les autres partis politiques avaient suivi, et le constat est là: 30% des députés européens français sont des femmes, alors qu'il n'y a même pas 6% des parlementaires nationaux qui soient du sexe féminin. Voilà pourquoi, lorsque je vois que Lionel Jospin décide d'attribuer un tiers des circonscriptions aux femmes lors des prochaines législatives, je salue l'initiative . . .

A. Tanier

B Parité

J'ai lu avec intérêt votre article sur le Manifeste pour la parité. Il importe peu aux Français que les lois soient faites par des hommes ou des femmes, par des jeunes ou des vieux, par des gros ou des maigres. Mais il importe que les lois correspondent à leurs désirs. Et les Français sont parfaitement capables de désigner pour eux-mêmes ceux qu'ils veulent élire sans qu'on leur impose des quotas arbitraires. Le manifeste des femmes politiques est le témoignage d'une terrible décadence des mœurs. Qu'on laisse aux Français le pouvoir de décider de leur sort!

André Ducrot

C

Le principe de la parité évoque irrésistiblement 'l'affirmative action' instaurée aux États-Unis en faveur des minorités, longtemps victimes de discrimination. Or les Américains commencent à mesurer les effets pervers du système, l'exigence des statistiques portant en effet à sacrifier les aptitudes, les compétences et les motivations qui sont les qualités essentielles à l'efficacité. Il est important de lutter pour permettre aux femmes qui en ont la volonté et la capacité d'accéder aux mêmes fonctions que les hommes. Mais en faire un impératif chiffré risque fort de se traduire par des contre-emplois et des passe-droits, et cela en partie faute de 'vocations' en nombre suffisant.

F. Chartier

D

Je suis entièrement d'accord avec votre éditorial du 24/6/96 sur les quotas féminins dans les partis politiques. Il

est de la responsabilité de tous les segments de la société d'offrir les mêmes chances aux femmes qu'aux hommes, c'est une question de mentalité et d'éducation. Il s'agit de bannir une certaine vision rétrograde et obtuse de la société. Mais ces changements de comportement ne peuvent pas se décréter, c'est dans la tête que ça se passe. La prise de conscience doit commencer dès le plus jeune âge et, là, la formation a un rôle important à jouer.

M. Grunberg

E Femmes et politique

Dans votre article 'Femmes politiques – "Juppettes": les illusions perdues', vous avez mentionné l'Observatoire pour la parité animé par Mmes Roselyne Bachelot et Gisèle Halimi, et sa demande de révision de la Constitution pour assurer 'la parité de la représentation politique des hommes et des femmes'. La législation française, depuis une dizaine d'années, exclut soigneusement toute idée de ségrégation (notamment basée sur le sexe) pour les emplois. Exiger la parité, c'est-à-dire fixer des quotas obligatoires, c'est faire de la ségrégation à l'envers, ce qui est absolument contraire à la loi française et laisse la porte ouverte à tous les abus. En effet, pourquoi, dans ce cas, les gauchers ne réclameraient-ils pas 15% des postes, ce qui correspond à leur proportion dans la population? Les non-voyants, les Noirs, les rouleurs de cigarettes, bref, tout groupe spécifique pourrait fort bien réclamer sa représentation en quota exact dans les instances nationales ou les partis. Les femmes disposent de suffisamment de qualités pour pouvoir obtenir la reconnaissance de leurs nombreux mérites par les mêmes biais que leurs homologues masculins et n'ont pas de raison de se voir privilégiées par une décision régalienne et donc non légitime.

A. Pizon

F Liberté, Égalité, Fraternité

Il est temps que nous redonnions à la devise républicaine 'Liberté, Égalité, Fraternité' sa vraie valeur en faisant en sorte que les hommes et les femmes puissent participer ensemble à la mission de leur pays. S'il faut instaurer un système de quotas pour y parvenir, soit! Suivons l'exemple des pays nordiques où ce genre de solution s'est avérée efficace.

E. Berrichon

| À VOUS 2 | *Exprimer une opinion à l'écrit* |

Pour marquer la Journée internationale de la femme, un quotidien a effectué un sondage parmi ses lecteurs en leur posant la question ci-dessous. À vous d'imaginer les opinions – assez différentes – des trois autres lecteurs à partir des informations sous chaque photo. Rédigez leurs réponses en employant différentes techniques d'argumentation.

Quelles sont vos attentes, pour cette nouvelle année, en ce qui concerne les droits des femmes?

René, Lyon **58 ans, contremaître** **en préretraite**	**Danielle, Metz** **40 ans, divorcée,** **3 enfants, secrétaire**	**Sandrine, Paris** **22 ans, publicitaire**	**André, Marseille** **28 ans, père de 2** **enfants, ouvrier** **spécialisé**

René, Lyon: Pour moi, les femmes ont déjà suffisamment de droits comme ça et si ça continue, il faudra créer la Journée nationale des hommes. Prenez mon exemple: j'ai été mis en préretraite il y a deux ans maintenant. Et vous savez pourquoi? Parce que les femmes, elles, occupent les emplois des hommes. Ne croyez-vous pas que c'est l'homme qui devrait subvenir aux besoins de sa famille et non le contraire? Il en a toujours été ainsi et pourquoi est-ce que ça changerait, après 2 000 ans?

Femmes et politique

Bien que majoritaires dans le corps électoral, les femmes sont fort peu représentées dans les instances de pouvoir politique. La France reste un des pays de l'Europe des Douze les plus retardataires en ce domaine.

Mais à qui la faute? On pourrait facilement faire le reproche aux femmes elles-mêmes, soit parce qu'elles ne voteraient pas pour des candidates femmes, soit parce qu'elles ne seraient pas capables ou auraient peur d'assumer des fonctions politiques. Quelles sont les vraies raisons de cette absence? Le point sur la question.

Médecins, avocates, ministres, cadres supérieures, grands reporters, membres de l'Académie . . . femmes politiques, sportives ou professionnelles, occupent le devant de la scène. En effet, on assiste à la mutation d'un modèle dominant de femmes au travail. Le nombre de femmes ingénieurs diplômées a quintuplé, l'ÉNA* compte environ un quart d'élèves féminines. On constate une féminisation des catégories professionnelles supérieures et une diminution des écarts de rémunération. La famille traditionnelle laisse place à l'autorité parentale partagée. C'est incontestable, la politique de promotion de l'égalité des chances a porté des fruits. Pourtant, il semble qu'un dernier bastion masculin de pouvoir ne soit pas tombé, celui de la politique.

Pour Janine Mossuz-Lavau, directrice de recherche au CNRS** et professeur de la Fondation Nationale des Sciences Politiques, plusieurs raisons expliquent cela. D'une part l'influence de la religion catholique sur la conception de la femme et donc de sa relation à la politique. Celle-ci a, en effet, pour mission la tenue du foyer et la responsabilité des enfants. Les pays protestants sont davantage ouverts à l'entrée des femmes dans la vie sociale et politique, ce qui explique en partie la coupure entre l'Europe du Nord (en Suède, par exemple, le Parlement est composé de 41,1% de femmes) et l'Europe du Sud. En France le Code Napoléon en 1804 faisant de la femme une personne mineure, donc sans droit, a été lourd de conséquences. Il a fallu attendre 1944 pour permettre l'octroi du droit de vote aux femmes.

On notera aussi la règle du cumul des mandats en France qui entretient ce milieu politique plutôt restreint. D'ailleurs, les partis politiques ne semblent guère enclins à remédier à cette 'chasse gardée des hommes'. La politique est une véritable culture qui a ses règles et un cheminement qui lui est propre. Les femmes adhèrent de plus en plus aux partis politiques et pourtant les militantes progressent difficilement dans la hiérarchie. La simple rivalité pour un même mandat est le principal facteur d'explication de la sous-représentation des femmes. En effet, celles-ci n'ont pas eu l'habitude d'exercer et de prendre le pouvoir et elles pensent manquer de compétences et de disponibilité. Elles attendent donc plutôt que l'on vienne les chercher. Elles culpabilisent vis-à-vis de leurs enfants et de leur conjoint. Denise Cacheux affirme qu'être militante 'c'est mener trois vies de front: la famille, le travail et l'engagement'.

Malgré les obstacles auxquels se heurtent les femmes, on remarquera souvent, chez celles qui s'engagent, des qualités d'investissement: travail intensif, grande opiniâtreté, sensibilité différente, esprit concret et pragmatique, capacité d'écoute . . . Et tout cela c'est drôlement important! Les femmes introduisent ainsi de nouvelles valeurs dans la politique mais c'est aussi pourquoi elles s'engageront notamment dans les associations, surtout dans les secteurs concrets: santé, affaires sociales, culture . . . domaines qui touchent elles et leurs familles. Elles se préoccuperont plus de l'environnement parce qu'elles s'occupent plus étroitement de la génération qui les suit. Antoinette Fouque dira que pour les femmes la politique a une finalité différente: 'dans toute femme, il y a une mère, c'est-à-dire une générosité, un amour du prochain. Nous voulons être égales économiquement, politiquement, socialement, mais au-delà de cette égalité, il y a une compétence propre.' Simone Weil a souligné que 'la société ne pouvait changer sans une plus grande proportion de femmes dans des fonctions de responsabilité.'

Claire Catimel

*ENA: École nationale d'administration = une grand école qui prépare les hauts fonctionnaires
**CNRS: Centre national de la recherchie scientifique

8.3 *LECTURE* Femmes et politique

A | Idées

Lecture globale

1   Le premier paragraphe fait le bilan des changements intervenus dans la société française et établit le problème de la sous-représentation des Françaises en politique. Le reste du texte est consacré à deux thèmes:
    a.   **les raisons** qui expliqueraient cette sous-représentation
    b.   **les qualités** propres aux femmes en matière de politique
    Prenez des notes sous ces deux rubriques pour pouvoir résumer l'essentiel du texte.

2   Quel est le but de ce texte?

Lecture analytique

3   Que disent les auteurs suivants:
    a.   Janine Mossuz-Lavau
    b.   Denise Cacheux
    c.   Antoinette Fouque
    d.   Simone Weil

4   Êtes-vous d'accord avec leurs affirmations?

B | Mots et expressions

> on *assiste* à la mutation d'un modèle dominant
> l'ENA *compte* environ un quart d'élèves féminines
> On *constate* une féminisation des catégories professionnelles supérieures

1   Vérifiez si nécessaire le sens des verbes en italique. Puis, complétez les phrases suivantes avec la forme voulue de l'un de ces verbes:
    a.   Nous _____ à une féminisation progressive du monde du travail.
    b.   Aujourd'hui on _____ une centaine de députées dans le Parlement britannique.
    c.   On _____ depuis quelques années une mobilisation des femmes pour lutter contre la sous-représentation en politique.
    d.   En France on ne _____ qu'une seule femme maire d'une grande ville.
    e.   Selon certains, on _____ aujourd'hui à une régression des droits de la femme dans le monde.

2 Trouvez dans le texte le mot qui appartient à la même famille que celui qui est donné ci-dessous, comme dans l'exemple. Puis, employez chaque mot dans une phrase.

a. retard → adjectif = *retardataire*
b. écarter → nom
c. parent → adjectif
d. couper → nom
e. remède → verbe
f. adhérent → verbe
g. disponible → nom
h. coupable → verbe
i. opinion → nom
j. étroit → adverbe

C Structures

L'expression des relations logiques « 1.1, 2.5, 6.6

Exercice 1

La structure de ce texte est assez explicite. Commentez la fonction des mots-connecteurs suivantes:

1 en effet (paragraphes 1, 2 et 3)
2 pourtant (paragraphes 1 et 3)
3 d'ailleurs (paragraphe 3)
4 donc (paragraphes 2 et 3)
5 ainsi (paragraphe 4)

Les pronoms relatifs « 3.5

Exercice 2

1 Dans les phrases suivantes, insérez la préposition voulue entre le verbe et son complément d'objet:
a. on assiste _____ la mutation d'un modèle dominant
b. elles s'engageront notamment _____ les associations
c. elles se préoccuperont plus _____ l'environnement
d. elles s'occupent plus étroitement _____ la génération qui les suit
2 Maintenant complétez les phrases suivantes avec la forme relative qui convient:
a. La mutation _____ on a assisté aux années quatre-vingts concernait surtout l'égalité de la femme au travail.

b. L'association _____ _____ je me suis engagée a pour but de défendre les droits de la femme au travail.

c. Le dossier _____ nous nous occupons à présent est celui du salaire parental.

d. Une question _____ je me préoccupe est celle du cumul des mandats: quand va-t-on mettre en place un système qui interdise à un maire de devenir député?

À VOUS 3	*Résumé écrit « 2.6*

Rédigez un résumé écrit (de 70 à 100 mots) du texte 'Femmes et politique'.

8.4 *ÉCOUTE* Débat: la parité en politique

A Avant d'écouter

1 Relisez le court texte à la page 235 pour vous rappeler les principales mesures proposées par les signataires du 'Manifeste pour la parité'.

2 Lisez ci-dessous les quatre questions qu'Hubert pose aux intervenants. Comment répondriez-vous à ces questions?

B Idées

Écoutez le débat et notez les différentes opinions des intervenants:

1 *Êtes-vous pour ou contre la mesure du manifeste qui veut qu'un tiers des mandats dans les domaines politique et public soit donné aux femmes?*
Édith
Didier
Marie

2 *Êtes-vous pour ou contre le cumul des mandats dans le milieu politique?*
Didier
Marie
Édith

3 *Êtes-vous pour ou contre le financement des partis politiques en fonction du respect ou non de la parité?*
Marie
Didier
Édith

4 Êtes-vous pour ou contre un référendum proposant aux Français un change-
   ment de la constitution pour légaliser la parité?
   Marie
   Didier
   Édith

C Mots et expressions

Complétez les phrases avec l'un des mots encadrés:

> pouvoir – catégorie – sondages – citoyenne – corruption – sain – soutenir – cumul –
> critères – compétence – débat – quotas – accès – se former – appliquée – contre – égalité

1 La parité peut reposer soit sur l'_____, c'est-à-dire
   cinquante–cinquante, soit sur des _____ qui, dans le manifeste, ont été
   fixés à un tiers pour les femmes et deux tiers pour les hommes.
2 Didier est _____ les quotas mais il pense qu'il est plus important de
   _____ l'ambition des femmes et de les aider à _____.
3 Marie pense que les femmes ne sont pas une _____ à part et qu'il y a
   deux _____ à retenir: la _____ et la représentativité.
4 Didier pense que le _____ des mandats encourage la _____. D'après
   lui, ce n'est pas _____ de concentrer trop de _____ dans trop peu de
   mains.
5 Édith ajoute que si la mesure du cumul des mandats est _____, plus de
   femmes auront _____ à plus d'emplois.
6 Marie pense que proposer le référendum, c'est un peu renoncer à l'égalité
   _____.
7 Édith déclare que d'après les _____, 75% de la population seraient pour
   la parité. Donc un référendum réglerait ce genre de _____ et on serait
   enfin tous d'accord.

D Structures

C'est ≠ il est « 3.5, 4.3, 7.1

▷ Lorsqu'un article est placé avant le nom, on emploie **c'est** plutôt qu'**il /elle est** . . .

> Alain Juppé . . . *il est* à la fois premier ministre . . . Mais *il est* également maire de Bordeaux . . . *c'est* quand même **un** travail à temps plein.

▷ **Il est** introduit une nouvelle idée, tandis que **ce** et **cela** renvoient à une idée déjà précisée. À l'oral, on emploie souvent **c'est** à la place d'**il est** dans ce contexte.

> *Il est* plus important de soutenir l'ambition des femmes.

> Si trop de pouvoir est concentré dans les mains de trop peu, je crois que *ce* n'*est* pas sain.

> Je suis contre ce cumul de mandats parce que je crois que *cela* encourage la corruption.

▷ **Cela** (ça) fonctionne également comme la forme accentuée de **ce.**
▷ **Ça** est la forme abrégée de **cela.**
▷ En règle générale, **ce** s'emploie avec *être*, alors que **cela** s'emploie avec d'autres verbes.

Exercice 1

Complétez les phrases suivantes avec *il, elle, c'* . . . ou *cela*.

1 Je connais bien M. Dufour. _____ est chef de section chez Renault.
2 _____ est important que les Français fassent connaître leur opinion sur la parité.
3 _____ fait des années que nous attendons la parité. _____ est injuste.
4 Une révision de la constitution a été proposée dans le manifeste. _____ demande réflexion.
5 J'ai fait la connaissance de M. Duroy. _____ est un homme extraordinaire.
6 Le parti socialiste est prêt à inscrire la parité dans les statuts du PS. _____ est remarquable.
7 De nos jours _____ est impératif d'avoir plus de femmes députées.
8 Je vais demain à Bordeaux. _____ est une ville qui a une architecture superbe.
9 Je n'ai pas pu voir Michèle. _____ est en vacances jusqu'à lundi.
10 Limitons le cumul des mandats: _____ permettra aux femmes d'accéder à davantage de postes publics.

| À VOUS 4 | *Préparer un débat* |

Divisez-vous en groupes de quatre ou cinq pour organiser un débat de 6 à 8 minutes que vous présenterez dans la section Savoir-Faire. Tout comme dans le débat que vous venez d'entendre, trois personnes débattront d'un thème et la quatrième présidera le débat.

1   Mettez vous d'accord sur le thème du débat et sur le rôle que jouera chaque participant:
  ▷ le président du débat ouvrira le débat, puis relancera ou réorientera la discussion
  ▷ les intervenants présenteront des points de vue opposés.
2   Faites ensemble un 'remue-méninges' sur votre thème. Pour ordonner vos idées, vous pouvez:
  ▷ noter des réponses aux questions *qui, quoi, quand, pourquoi* etc.
  ▷ classer vos idées sous les rubriques causes–conséquences, problèmes–solutions ou aspects positifs–négatifs (« 3.2).
  Un schéma non linéaire comme celui ci-dessous sur le thème du tabac est souvent plus utile qu'une simple liste d'idées.

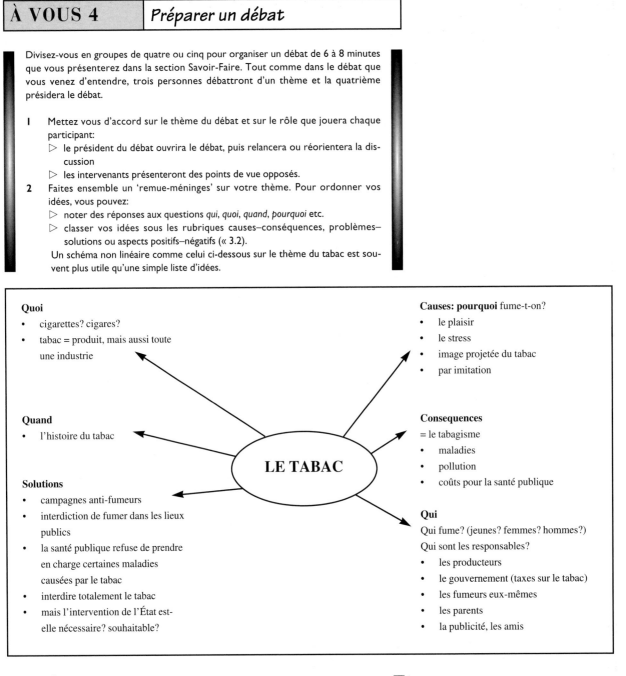

Quoi
• cigarettes? cigares?
• tabac = produit, mais aussi toute une industrie

Quand
• l'histoire du tabac

Solutions
• campagnes anti-fumeurs
• interdiction de fumer dans les lieux publics
• la santé publique refuse de prendre en charge certaines maladies causées par le tabac
• interdire totalement le tabac
• mais l'intervention de l'État est-elle nécessaire? souhaitable?

LE TABAC

Causes: pourquoi fume-t-on?
• le plaisir
• le stress
• image projetée du tabac
• par imitation

Consequences
= le tabagisme
• maladies
• pollution
• coûts pour la santé publique

Qui
Qui fume? (jeunes? femmes? hommes?)
Qui sont les responsables?
• les producteurs
• le gouvernement (taxes sur le tabac)
• les fumeurs eux-mêmes
• les parents
• la publicité, les amis

3   À partir de vos notes:
  ▷ dégagez une liste d'arguments 'pour' et 'contre'.
  ▷ faites une liste d'informations à rechercher (ex. trouver des statistiques sur la proportion de fumeurs dans la population, etc.)

8.5 GRAMMAIRE

Le subjonctif dans la proposition complétive

A Réflexion

Etudiez les phrases encadrés, extraites des documents que vous avez étudiés jusqu'ici. Identifiez parmi les propositions complétives celles qui sont au subjonctif et à l'indicatif. Justifiez ensuite l'emploi du subjonctif.

> **a.** J'aimerais que nous parlions de vos villes d'origine.
> **b.** Il fallait que je fasse très attention à acheter mon paquet de cigarettes pendant la journée.
> **c.** Il est très important que les transparents soient lisibles et clairs.
> **d.** Je trouve que Molière est un des classiques qui est vraiment facile à lire.
> **e.** Crois-tu qu'il faille beaucoup d'herbe à ce mouton?
> **f.** Je pense heureusement qu'il y a une évolution dans les pratiques masculines.
> **g.** Je crois que les mentalités ont changé.
> **h.** Il importe peu aux Français que les lois soient faites par des hommes ou des femmes.
> **i.** Il est temps que nous redonnions à la devise républicaine sa vraie valeur . . .
> **j.** Il semble qu'un dernier bastion masculin ne soit pas tombé.
> **k.** Les femmes attendent plutôt que l'on vienne les chercher.

B Comprendre l'emploi du subjonctif

Le subjonctif exprime des faits et des actions que le locuteur considère comme irréels ou incertains, ou tout simplement colorés par ses sentiments.

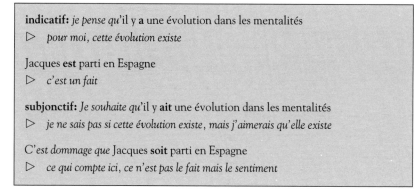

indicatif: *je pense qu'*il y **a** une évolution dans les mentalités
▷ *pour moi, cette évolution existe*

Jacques **est** parti en Espagne
▷ *c'est un fait*

subjonctif: *Je souhaite qu'*il y **ait** une évolution dans les mentalités
▷ *je ne sais pas si cette évolution existe, mais j'aimerais qu'elle existe*

C'est dommage que Jacques **soit** parti en Espagne
▷ *ce qui compte ici, ce n'est pas le fait mais le sentiment*

C Employer le subjonctif

Un verbe au subjonctif, introduit par *que*, est employé:

▷ dans une proposition indépendante, exprimant un vœu ou un souhait:

> *Qu*'on **laisse** aux Français le pouvoir de décider de leur sort!

▷ après certaines conjonctions de subordination (» 9.5):

> *Bien que* ce **soit** une satire de l'époque, certains aspects de cette satire sont toujours valables aujourd'hui.

▷ dans une proposition complétive après certains verbes introducteurs qui expriment l'incertitude, la volonté, la nécessité, le souhait et le sentiment.

INCERTITUDE		SUBJONCTIF
douter être + impossible, possible, peu probable, douteux ne pas être + certain, évident, sûr, vrai Il se peut Il semble	que	les mentalités **aient** changé
VOLONTÉ, NÉCESSITÉ, SOUHAIT		**SUBJONCTIF**
aimer, avoir envie, attendre, éviter, exiger, nécessiter, préférer, souhaiter, vouloir Il faut Il importe Il est important, essentiel, nécessaire, urgent Il est temps Il vaut mieux	que	les femmes **soient** mieux représentées
SENTIMENTS		SUBJONCTIF
avoir peur, craindre, détester, s'étonner, regretter être content, déçu, désolé, heureux, ravi, surpris, triste être favorable, hostile à ce Il/C'est dommage Ça m'étonne, me surprend, me dégoûte	que	le gouvernement ne **fasse** rien

D Les verbes d'opinion

Notez que *l'indicatif* est employé après les verbes tels que *croire, penser, espérer* à la forme affirmative. Cependant, aux formes interrogative et négative, on peut choisir, après ces mêmes verbes, un subjonctif pour exprimer l'idée d'incertitude ou d'un fait envisagé mais pas réel. Le choix du subjonctif dans ces contextes marque alors un registre plutôt soutenu.

VERBES: croire, espérer, estimer, imaginer, penser; être + certain, clair, évident, probable, sûr, vrai; Il me semble		
Constat, opinion		**Indicatif**
À la forme affirmative: Je pense	que	les mentalités **ont** changé
Incertitude		**Subjonctif / Indicatif**
Aux formes négative et interrogative: Je ne crois pas *I don't believe the idea that*	que	les mentalités **aient** changé *attitudes may have changed*
Je ne crois pas *My belief is that*		les mentalités **ont** changé *attitudes have not changed*
Crois-tu *Do you think*	qu'	il **faille** de l'herbe à ce mouton? *that this sheep might need some grass?*

Exercice 1

Ci-dessous quelques réponses à un sondage sur la parité. Mettez les verbes entre parenthèses au subjonctif:

> Je ne suis pas sûr qu'un référendum sur la parité (être) une bonne chose. Il faudrait que le gouvernement (mettre) en place la parité dès que possible.
>
> Moi, je suis favorable à ce que la constitution (être) modifiée et je ne suis pas hostile non plus à ce que les partis politiques (recevoir) plus de fonds en fonction de la place faite aux femmes.
>
> Il est urgent que le gouvernement (faire) quelque chose en ce qui concerne le cumul des mandats pour qu'il y (avoir) plus de postes accessibles aux femmes. Ceci dit, je ne crois pas que la parité (être) une solution au problème.

Exercice 2

Complétez les phrases suivantes en employant un verbe au subjonctif ou à l'indicatif:

1 Je trouve que la parité . . .
2 Il est inadmissible que les femmes . . .
3 Il est évident que les hommes politiques . . .
4 Je me réjouis que . . .
5 C'est vraiment dommage que . . .
6 J'espère que . . .
7 Le gouvernement devrait . . .
8 Il est impossible que . . .
9 Le gouvernement est maintenant certain que . . .
10 Je suis déçu(e) que . . .

E | Réflexion: le conditionnel

Relisez ci-dessous le deuxième paragraphe du chapeau du texte 'Femmes et politique' (« 8.3). Expliquez pourquoi la journaliste a choisi de mettre tous les verbes au conditionnel.

> Mais à qui la faute? On *pourrait* facilement faire le reproche aux femmes elles-mêmes, soit parce qu'elles ne *voteraient* pas pour des candidates femmes, soit parce qu'elles ne *seraient* pas capables ou *auraient* peur d'assumer des fonctions politiques. Quelles sont les vraies raisons de cette absence?

F | Employer le conditionnel

La **forme conditionnelle** du verbe permet de:

▷ communiquer des **projets hypothétiques** ou des **informations non confirmées**:
   la parité *devrait* reposer sur l'égalité . . . il *faudrait* la moitié . . . cela *signifierait* que pour chaque homme ministre, il y *aurait* une femme ministre . . .

   Le Parti socialiste *aurait* accepté le principe de la parité à 50%
   The Socialist Party appears to have accepted the principle of a 50% quota for women

▷ **atténuer** une demande ou un souhait
   J'aimerais que nous parlions de vos villes d'origine
   Je *voudrais* poser une question

▷ Pour préciser les conditions d'**une hypothèse**, on peut employer *si + verbe à l'imparfait*: (« 7.4, »10.5)
   Si vous *pouviez* habiter dans une ville francophone, où *habiteriez*-vous?
   imparfait   *conditionnel*

Exercice 3

Mettez les verbes entre parenthèses au conditionnel ou à l'imparfait:

1 Si le cumul des mandats (être) interdit, il y (avoir) plus de postes pour les femmes.
2 Je crois qu'on (voir) une politique plus efficace dans le domaine de la santé si plus de femmes (occuper) des postes de responsabilité politique.
3 Si le financement des partis politiques (dépendre) du taux de représentation des femmes, tous les partis politiques (faire) de grands efforts pour soutenir des candidates.
4 Même si on (mettre) en place la parité dans les partis politiques, cela ne (changer) pas grand' chose au niveau des mentalités.
5 S'il y (avoir) plus de femmes ministres dans le gouvernement, plus de femmes (s'intéresser) à la politique.

8.6 *STRATÉGIES* Savoir débattre

A Enchaîner des arguments

Le but d'un débat, c'est de convaincre. Pour cela il faut affronter le point de vue d'une autre personne. Ainsi il ne suffit pas de préparer ses arguments. Il faut les articuler à partir des arguments de l'adversaire.

Ci-dessous la transcription d'une partie du débat que vous avez écouté dans la section 8.4.

1 Observez comment les intervenants enchaînent leurs arguments, soit en concédant un point, soit en s'opposant à un argument proposé par un autre intervenant.

Édith: Moi, **je pense que** la parité devrait reposer sur l'égalité, **donc** cinquante–cinquante. **Donc** moi, j'irais beaucoup plus loin que le tiers . . . **il faudrait** la moitié . . . absolument . . . absolument. **Ça signifierait** pour chaque homme ministre, il y aurait une femme-ministre, pour chaque maire-homme il y aurait un maire-femme et cetera; tout, tout en cinquante–cinquante.	opinion proposition précision
Didier: Ben moi, je . . . moi en fait **je pense que la parité est une bonne chose, mais en fait je suis contre** les quotas, du moins à cinquante pour cent. **Je pense qu'il est plus important de** soutenir l'ambition des femmes à être élues, en les aidant à se former **par exemple**, ou en leur donnant les moyens pour résoudre leurs problèmes personnels et familiaux.	concession opposition proposition exemples

Marie:	**Moi, je ne suis pas d'accord avec** ce qui vient d'être dit. **Je crois que les femmes ne sont pas une catégorie à part** dans les citoyens et que les critères qu'**il faut** retenir, les critères qui sont valables, sont la compétence et la représentativité **plutôt que d'**instaurer des quotas.	opposition proposition
Édith:	Moi, **je pense que c'est un petit peu une façon de . . . de . . . ne rien faire.** Si . . . euh . . . s'il y a un système . . . s'il y a un système à légaliser comme ça, cinquante–cinquante . . . au moins c'est une façon de . . . de . . . c'est une façon active, pro-active de . . . de régler un . . . un . . . problème. On est à la traîne en France, par rapport au reste de l'Europe. C'est . . . c'est le pays où il y a le moins de femmes au gouvernement ou à des positions élues, et c'est un problème.	opposition arguments à l'appui

2 Comment Marie (qui est contre la parité) aurait-elle continué? Rédigez sa réponse à Didier.

Exercice 1

Ci-dessous le début d'un débat entre deux amis qui ne partagent pas le même point de vue sur le salaire parental.

1 Remettez dans le bon ordre les interventions.
2 Notez tous les arguments 'pour' et 'contre' le salaire parental.
3 Identifiez les techniques d'argumentation utilisées et soulignez les expressions qui introduisent les différents actes de parole.
4 De quel point de vue vous sentez-vous le plus proche?

1 Sylvie
Moi je suis tout à fait contre la décision de payer un salaire parental aux femmes pour qu'elles restent chez elles à élever leurs enfants! C'est une idée absurde! Cela coûterait trop cher et où irait-on trouver l'argent? Imagine que chaque femme ait 5 ou 6 enfants! Ce serait la faillite pour la Sécurité Sociale!

2 Mohamed
Soyons bien clairs sur ce que tu appelles 'égalité des chances'. Aujourd'hui 'l'égalité des chances' est synonyme de galère: les femmes doivent mener de front leur vie familiale et leur carrière avec pour conséquence une qualité de vie peu enviable. Alors oui, je suis d'accord avec toi, les relations dans la famille changeront mais pour le meilleur puisque les femmes seront rémunérées pour rester chez elles et s'occuper de leurs enfants.

3 Sylvie
D'accord – beaucoup de femmes se sentiraient soulagées de pouvoir rester à la maison tout en touchant un salaire. Mais attention! As-tu pensé aux femmes célibataires ou à celles qui n'ont pas d'enfants . . . Où est la justice?

4   Mohamed

Sur la question financière, oui, je suis d'accord avec toi. Ça risque de coûter très cher à la Sécu, même si à long terme, le pays devrait en bénéficier. Mais en ce qui concerne la faillite de la Sécurité Sociale, alors là, je n'y crois pas. Les allocations versées aux mères de famille seront rééquilibrées par l'économie réalisée sur les crèches. Par contre as-tu pensé au nombre d'emplois que le salaire parental pourrait libérer?

5   Sylvie

Question emploi, c'est vrai qu'avec le retour des femmes au foyer, la situation sur le plan chômage pourrait s'améliorer. N'empêche que sur le plan égalité des chances, c'est une régression, un retour au siècle dernier: les hommes au travail et les femmes à la maison . . . Crois-tu que les femmes vont accepter ça?

6   Mohamed

 Ben, celles-là, elles travailleront – tout comme les hommes. Il faut reconnaître qu'élever des enfants, c'est un travail qui demande beaucoup de compétences . . . Et puis il faut penser à l'avenir de la France . . . et aux jeunes pour prendre la relève. Une fois le taux de naissances en hausse, c'est l'indice de consommation qui montera . . . donc la croissance du pays . . . Tu vois bien que le salaire parental est une bonne chose!

À VOUS 5 | *Mini-débat*

En travaillant avec un partenaire, vous allez débattre l'un des thèmes suivants.

▷   Il est normal que les étudiants de l'enseignement supérieur soient obligés de payer leurs études.
▷   Tout le monde devrait apprendre une langue étrangère à l'école.
▷   La seule solution au problème de la pollution est d'interdire les voitures dans les centres-villes.
▷   L'enseignement devrait être public, obligatoire et le même pour tous jusqu'à l'âge de 18 ans.

I   Choisissez votre thème. L'un d'entre vous sera 'pour', l'autre 'contre'.
2   Pendant 10 minutes, notez des arguments pour et contre et préparez votre intervention.
3   Votre mini-débat durera environ 5 minutes. Pendant ce temps, vous essayerez de convaincre votre partenaire de votre position.

8.7 *LECTURE*   'Taslima face aux filles voilées'

A Avant de lire

Avant de lire le débat 'Taslima face aux filles voilées', renseignez-vous sur 'l'affaire du voile islamique' en lisant le court texte ci-dessous:

L'affaire du voile islamique

La France compte 2,5 millions de Musulmans, soit 5% de la population totale du pays. Depuis la fin des années 80, un débat sévit dans le monde de l'éducation française sur le droit des jeunes filles musulmanes de porter le voile – signe religieux – à l'école publique. La France est l'un des rares pays où l'école publique est strictement 'laïque', c'est-à-dire indépendante de tout groupe politique ou religieux . . .

L'affaire du voile islamique commence en octobre 1989 lorsque, au nom de la laïcité, le collège de Creil dans la banlieue parisienne, interdit à trois adolescentes musulmanes d'assister aux cours la tête couverte. Deux principes chers à la société française entrent ici en conflit: d'une part le principe de la laïcité qui exige que 'aussi peu que possible de signes et de manifestations d'appartenance religieuse, politique et philosophique' soient visibles à l'intérieur des établissements de l'éducation nationale; d'autre part, le principe de la liberté de conscience, consacré par la Déclaration des droits de l'homme de 1789.

Lionel Jospin, alors ministre de l'Éducation nationale, demande qu'aucune élève ne soit exclue, l'école étant 'faite pour éduquer, pour intégrer, pas pour rejeter'. Un arrêt de loi, voté le 27 novembre 1989, accorde aux écoles elles-mêmes le droit de décider dans des affaires de ce genre, mais en 1992 un nouvel arrêt du Conseil d'État revendique pour chacun 'l'exercice de la liberté d'expression et de manifestation de croyances religieuses'. Cependant, en 1994, le ministre de l'Éducation nationale d'un gouvernement de droite, François Bayrou, établit la distinction entre 'signes religieux ostentatoires' qui sont interdits à l'école publique et 'signes discrets' qui sont admis. C'est ainsi qu'au cours des années 90, de nombreux 'incidents' se sont produits dans des collèges et des lycées: à Nantua, à Grenoble, à Saint-Jean-de-Ruelle et à Mantes-la-Jolie.

78% des Français sont contre l'autorisation du port du voile dans les écoles.

Le voile est un signe discriminatoire envers les femmes.

La laïcité en France est de plus en plus ressentie par les Musulmans comme une discrimination.

Le port du voile peut être religieux, ce n'en est pas moins l'expression d'une discrimination entre l'homme et la femme.

Qu'est-ce que le foulard? Une simple marque de pudeur pour mettre les jeunes filles à l'abri des regards des hommes.

B | Idées

Première lecture
1 Lisez ci-contre le titre et le chapeau, puis devinez l'argumentation du débat.

Lecture globale
Lisez le texte entier et prenez des notes pour répondre à ces questions:

2 Que reproche Taslima Nasreen à la religion islamique?
3 Que reprochent Hakima et Fatima à Taslima Nasreen?
4 Notez les différentes opinions exprimées sur le port du foulard.

Lecture analytique
5 Pourquoi, selon Fatima, Taslima devrait-elle 'défendre la femme européenne'? (1.5–6)
6 Expliquez la distinction que font Hakima et Fatima entre 'l'islam' et 'la tradition'. (1.7–14)
7 Taslima accepte que la discrimination de la femme existe dans toutes les sociétés, mais quelle distinction fait-elle entre les sociétés chrétiennes et les sociétés de loi islamique sur ce point? (1.47–52)
8 Hakima oppose à la laïcité les principes des Droits de l'homme tels qu'ils apparaissent dans la Constitution. Pourquoi? (1.68–72)
9 Taslima utilise l'analogie du Bangladesh pour appuyer ses arguments. En quoi la situation de ses interlocutrices diffère-t-elle de celle des femmes du Bangladesh? (1.73–76)
10 Quelle est votre position dans ce débat? Relevez des affirmations que vous approuvez ou que vous opposez. Utilisez vos notes pour À Vous 6.

> NOTRE ÉPOQUE
> ## Taslima face aux filles voilées
>
> L'une, Taslima Nasreen, menacée de mort par les intégristes, a dû quitter son pays, le Bangladesh. Les trois autres – Hakima, Fatima et Rahima – ont choisi de porter le voile en France. Le Nouvel Observateur les a réunies.

'Seriez-vous d'accord pour rencontrer et affronter des intégristes en foulard lors de votre visite officielle en France?' Taslima Nasreen avait accepté d'emblée la proposition: *'Je leur parlerai Coran en main.'* De leur côté, Hakima, 21 ans, Fatima, 20 ans, et Rahima, 16 ans, ont répondu oui aussi spontanément. Toutes les trois habitent à Mantes-la-Jolie. Hakima est mariée et fait une licence de sciences économiques; Fatima est en deuxième année de DEUG d'anglais. Rahima, lycéenne à Saint-Exupéry, vient de passer en conseil de discipline pour refus d'enlever son foulard. Finalement, *'par goût de l'étude'*, elle a accepté de troquer le voile pour un bonnet qui couvre ses cheveux.

T. Nasreen:	. . . Puisque vous prétendez avoir lu le Coran, où trouvez-vous qu'il n'y a pas de discrimination contre les femmes?	1
Fatima:	Il n'y en a absolument aucune. Pas plus qu'en France, en tout cas, où nous vivons avec des femmes 'libérées' qu'on voit se mettre nues, pour vendre un yaourt! Désolée de vous le dire: je trouve ça aussi scandaleux que ce que vous dénoncez dans la condition féminine en islam, et je vous reproche de ne pas défendre la femme européenne.	5
Hakima:	Nous avons trouvé dans notre religion une paix, des devoirs et des droits précis. Par exemple, prétendre que l'islam interdit aux femmes d'étudier est une contrevérité extraordinaire. C'est la tradition maghrébine et orientale en général qui impose aux femmes de rester à la maison. Là-dessus, vous avez raison, et je vous soutiens. Mais ce n'est pas la religion qui en est responsable, comme vous le prétendez.	10
T. Nasreen:	Vous êtes donc contre la tradition?	
Fatima:	Oui, à partir du moment où elle porte atteinte à la liberté de la religion, et surtout à celle de l'homme et de la femme. Il est vrai que la tradition arabe, perse condamne la femme. Quand je vois la pratique, j'ai un peu peur de l'islam [. . .]	
T. Nasreen:	Je ne suis pas sûre que vous ayez lu le Coran comme je l'ai fait, plutôt cent fois qu'une . . . J'ai écrit un livre qui s'appelle 'Les Femmes et le Coran'. J'y analyse ce qu'il y a de positif et de négatif dans ce texte . . .	15
Hakima:	Si vous appelez négatif le fait que l'adultère et la fornication soient interdits, pour nous c'est positif.	
T. Nasreen:	L'interdiction de l'adultère ne vise que les femmes.	
Fatima:	Non, l'homme est la femme sont égaux devant cette interdiction. Et je ferai remarquer que si en France un homme n'a pas légalement droit à quatre épouses, il a trois ou quatre maîtresses, plus sa femme. Quand on vous entend à la télévision, c'est toujours: 'L'islam opprime les femmes.' Pourquoi répétez-vous cela sans arrêt?	20
T. Nasreen:	Puisque, si je comprends bien, vous êtes à la recherche de l'islam originel, il faut nécessairement en revenir au Coran. Je n'y ai trouvé qu'une seule chose positive: l'interdiction de tuer les petites filles à la naissance . . . Pour le reste, il dit très nettement que l'homme est supérieur à la femme. D'abord, il affirme qu'elle est née d'une côte de l'homme. Cela n'a rien d'objectif, de scientifique. Ce n'est qu'une façon de montrer dès le départ l'infériorité de la femme. Ensuite, pourquoi l'homme aurait-il le droit de prendre quatre épouses, et pas l'inverse? L'égalité serait dans une réciprocité. Ensuite il est dit que lorsque l'homme veut répudier, divorcer, il lui suffit d'annoncer son intention . . .	25
Hakima:	Vous faites une mauvaise interprétation de la religion. Regardez-nous: avons-nous l'air d'être si opprimées?	30
T. Nasreen:	Vous avez la chance de vivre dans un État laïque et vous faites comme vous voulez. Vous n'avez donc pas l'air d'être opprimées, en effet. Mais je parle, moi, de valeurs. Des valeurs que vous adoptez à titre personnel. Pourquoi éprouvez-vous, vous femmes, le besoin de porter, d'afficher ce foulard qui est le symbole d'une discrimination?	

DEUG = Diplôme d'études universitaires générales, qui sanctionne deux ans d'études universitaires après le baccalauréat

Hakima:	Dans l'islam, une femme ne doit pas laisser apparaître que son visage et ses mains. C'est une obligation, une protection et une pudeur. Il faut avoir la noblesse physiquement et moralement.

35

Rahima: J'ai 16 ans et j'ai mis le foulard à l'âge de 13 ans, à la puberté, qui marque le moment où une femme doit le porter. Au tout début, on le fait pour ainsi dire par conformisme, parce qu'on voit la mère, les grandes sœurs, les tantes le mettre. Puis on grandit, et on comprend pourquoi il faut agir ainsi. Je suis musulmane et pourrais dire que j'ai le droit de pratiquer ma religion comme je l'entends. Il y a d'ailleurs des polémiques autour de cette obligation du foulard. Pour moi, je le porte parce qu'on sait qu'il y a une différence scientifiquement prouvée entre l'homme et la femme, et que l'homme est beaucoup plus attiré par la femme que le contraire. Il ne faut donc pas le provoquer, et pour cela – comme Dieu et non pas l'homme nous l'a demandé – on essaie de cacher notre corps. Il est vrai que la femme doit baisser le regard, mais l'homme aussi! Dans le Coran, il est marqué que l'homme doit le faire le premier, la femme ensuite.

40

45

T. Nasreen Qu'il faille maîtriser cette attirance sexuelle, d'accord. Mais pourquoi tout le boulot revient-il à la femme?

Fatima: Parce qu'elle est plus intelligente! [. . .]

T. Nasreen: Je suis pour l'égalité des droits entre hommes et femmes, et je ne vois pas en quoi vous la défendez avec votre discours. J'ajoute que les discriminations et les injustices à l'égard des femmes sont innombrables dans toutes les sociétés, chrétiennes, hindoues, bouddhistes et bien sûr islamiques. Mais ces pratiques se sont estompées, elles disparaissent petit à petit sous le coup de lois modernes et égalitaires. Autrement dit, des sociétés chrétiennes ont trouvé les moyens de surmonter le poids de la religion. Aujourd'hui, ce n'est toujours pas le cas des sociétés où règne la loi islamique.

50

Hakima: Le problème, avec vous, c'est que vous attaquez une religion sans apporter d'arguments réels, en vous fondant uniquement sur votre tradition opprimante du Bangladesh. Je ne vous reproche pas votre athéisme. Je vous reproche d'attaquer les valeurs auxquelles nous tenons le plus, et ainsi de nous offenser. J'ai l'impression que vous avez saisi une opportunité – pour faire de l'islam un bouc émissaire, suivant en cela Salman Rushdie.

55

T. Nasreen: Je me suis élevée contre une société et une religion hostile aux femmes parce que je le devais. Les intégristes ne l'admettent pas. Par dizaines de milliers, ils ont défilé dans les rues et réclamé que je sois tuée, d'où la fatwa. Or j'ai le droit de m'exprimer.

60

Fatima: J'admire votre courage et je n'aimerais pas être à votre place. Mais je dirai que vous vous êtes servie des médias pour véhiculer vos idées, et que ces médias vous utilisent, surtout les français, pour combattre le soi-disant intégrisme musulman implanté en France. Par ailleurs, quoi que vous prétendiez, je ne vous ai jamais entendue parler que de l'islam. L'islam, toujours l'islam, obscurantiste!

Hakima: Chacun s'amuse à fantasmer sur l'islam, à donner ses interprétations. Il faudrait le pratiquer tel qu'il a été révélé. Ni l'Iran, ni l'Arabie Saoudite, ni l'Algérie ne le font. [. . .]

65

T. Nasreen: Alors parlons de la laïcité dans le pays où vous vivez.

Hakima: On comprend que la France soit laïque. Elle n'a pas la même histoire que les pays musulmans. Mais dans ce pays que vous dites laïque, où il y a les droits de l'homme, on nous refuse le premier de ces droits, l'éducation. Douze filles ont été exclues du lycée de Rahima parce qu'elles refusent d'enlever leur foulard . . . Tout cela vous devez le combattre, si vous êtes vraiment honnête. Puisque vous êtes pour les droits de la femme, eh bien vous devez logiquement combattre cette laïcité qui nous interdit l'éducation.

70

T. Nasreen: 90% des Bangladais sont musulmans, et la plupart des femmes souhaiteraient ne pas porter le foulard,

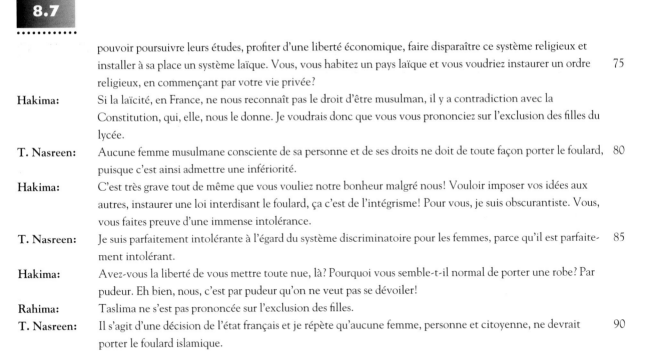

pouvoir poursuivre leurs études, profiter d'une liberté économique, faire disparaître ce système religieux et installer à sa place un système laïque. Vous, vous habitez un pays laïque et vous voudriez instaurer un ordre religieux, en commençant par votre vie privée? 75

Hakima: Si la laïcité, en France, ne nous reconnaît pas le droit d'être musulman, il y a contradiction avec la Constitution, qui, elle, nous le donne. Je voudrais donc que vous vous prononciez sur l'exclusion des filles du lycée.

T. Nasreen: Aucune femme musulmane consciente de sa personne et de ses droits ne doit de toute façon porter le foulard, 80 puisque c'est ainsi admettre une infériorité.

Hakima: C'est très grave tout de même que vous vouliez notre bonheur malgré nous! Vouloir imposer vos idées aux autres, instaurer une loi interdisant le foulard, ça c'est de l'intégrisme! Pour vous, je suis obscurantiste. Vous, vous faites preuve d'une immense intolérance.

T. Nasreen: Je suis parfaitement intolérante à l'égard du système discriminatoire pour les femmes, parce qu'il est parfaite- 85 ment intolérant.

Hakima: Avez-vous la liberté de vous mettre toute nue, là? Pourquoi vous semble-t-il normal de porter une robe? Par pudeur. Eh bien, nous, c'est par pudeur qu'on ne veut pas se dévoiler!

Rahima: Taslima ne s'est pas prononcée sur l'exclusion des filles.

T. Nasreen: Il s'agit d'une décision de l'état français et je répète qu'aucune femme, personne et citoyenne, ne devrait 90 porter le foulard islamique.

C | Mots et expressions

1 Reliez les mots ci-dessous à leur définition:
   a. l'intégrisme   d. l'obscurantisme
   b. le Coran   e. un bouc émissaire
   c. la fatwa   f. le conseil de discipline

   i   personne qui est rendue responsable de toutes les fautes
   ii   arrêt de mort signé contre ceux qui s'opposent à l'État islamique
   iii commission dans un lycée qui décide des sanctions disciplinaires
   iv   attitude d'esprit de certains croyants qui se refusent à toute évolution
   v   livre sacré des Musulmans
   vi   attitude d'opposition à l'instruction, à la raison et au progrès.

D Analyse

Relevez des expressions qui pourraient vous être utiles pour débattre. Comparez votre liste avec celle de votre partenaire.

E Structures

Le subjonctif « 5.7, 8.5 » 9.5

Exercice 1

Sans consulter le texte, mettez les verbes entre parenthèses soit à l'indicatif, soit au subjonctif présent en faisant les accords nécessaires. Vérifiez ensuite avec le texte:

1 Je ne suis pas sûre que vous (avoir) lu le Coran comme je le (faire).
2 (Le Coran) affirme qu'elle (naître) de la côte d'un homme.
3 Qu'il (falloir) maîtriser cette attirance sexuelle, d'accord!
4 J'ai l'impression que vous (saisir) une opportunité pour faire de l'islam un bouc émissaire.
5 Je dirais que vous (se servir) des médias pour véhiculer vos idées.
6 Douze filles sont exclues du lycée de Rahima parce qu'elles (refuser) d'enlever leur foulard.
7 Je voudrais donc que vous (se prononcer) sur l'exclusion des filles du lycée.
8 C'est très grave tout de même que vous (vouloir) notre bonheur malgré nous!

| À VOUS 6 | *Mini-débat sur le port du foulard* |

Travaillez en petits groupes de trois à cinq personnes. Notez tous les arguments possibles **pour** le port du foulard à l'école publique et tous les arguments **contre**. Débattez de la question pendant 5 à 10 minutes et puis rapportez la conclusion du groupe au reste de la classe.

8.8 *SAVOIR-FAIRE*

A Le débat

Préparez le débat de 5 à 7 minutes que vous avez mis en route dans la section 8.4.

1 Avant de présenter le débat dans sa version finale, faites une répétition générale. Ne lisez pas vos notes mais ayez sous les yeux un schéma des arguments-clés que vous introduirez.
2 Enregistrez votre débat, puis évaluez-vous. Avez-vous présenté vos arguments de façon convaincante? Avez-vous répondu aux arguments des autres intervenants?

B Lettre à la presse

1 Lisez les deux textes ci-contre: le premier est l'abrégé d'un article de *L'Express* sur les activités des animatrices d'Atlanta + qui, de Paris, mènent campagne contre 'l'apartheid des femmes'. Le second, paru dans *L'Événement du Jeudi*, présente Lida Fariman, la championne de tir iranienne.
2 Rédigez une lettre soit à *l'Express*, soit à *l'Événement du Jeudi* pour exprimer votre point de vue. Revoyez la section 8.2. Dans la lettre:
   a. vous ferez référence au journal où vous avez lu l'article
   b. vous donnerez votre opinion appuyée par des arguments convaincants
   c. vous pourriez aussi, après avoir analysé les points de vue des trois animatrices d'Atlanta + et de Lida Fariman, présenter une nouvelle proposition.
3 Faites évaluer votre texte par un partenaire avant de rédiger la version finale.

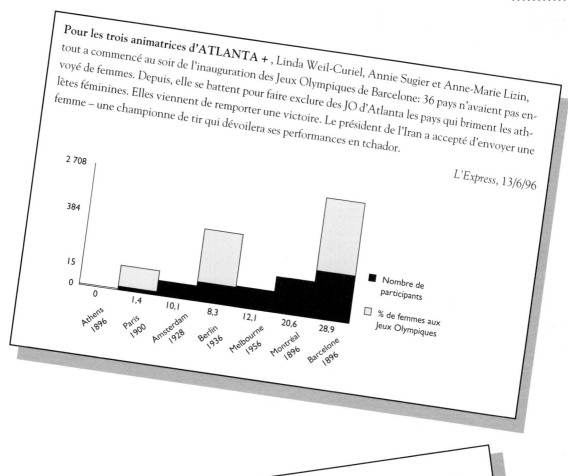

Pour les trois animatrices d'ATLANTA +, Linda Weil-Curiel, Annie Sugier et Anne-Marie Lizin, tout a commencé au soir de l'inauguration des Jeux Olympiques de Barcelone: 36 pays n'avaient pas envoyé de femmes. Depuis, elle se battent pour faire exclure des JO d'Atlanta les pays qui briment les athlètes féminines. Elles viennent de remporter une victoire. Le président de l'Iran a accepté d'envoyer une femme – une championne de tir qui dévoilera ses performances en tchador.

L'Express, 13/6/96

Lida Fariman, une Iranienne aux Jeux: islamiquement correcte

'Le fondateur des Jeux, Coubertin, ne voulait pas de femmes, au nom de la morale. Il faut revenir à ses principes. Il faut organiser des Jeux séparés pour les hommes et les femmes, comme ça nous serons fidèles aux vraies valeurs de l'Olympisme', dit la jeune femme au foulard islamique. On voudrait qu'elle éclate de rire, mais Lida Fariman, tchador vert, yeux noisette, ne rit pas. Voilà la fille par qui le scandale arrive, la sportive au tchador, la caution olympique de l'Iran sexiste, la tireuse à la carabine du pays des mollahs, première femme iranienne aux Jeux depuis la révolution islamique. Elle ne rit pas, mais, entre les trois officiels qui l'encadrent pour l'interview, Lida Fariman sourit, ironique ou complice. Au-delà de ses réponses islamiquement correctes, cette fille est dangereusement vivante . . . elle dit: 'Je représente les femmes musulmanes d'Iran et j'en suis fière. Tout le monde doit faire du sport, mais il faut respecter nos valeurs. Il faut sortir de la débauche de nudité et d'argent.' Le mystère s'épaissit.

Le mystère a 23 ans. Vient de Tabriz, capitale de l'Azerbaïdjan iranien. Son père, décédé, était camionneur. Elle a un frère et quatre sœurs. Elle fait du tir depuis l'adolescence. Et, à part ça, veut étudier l'art à l'université, aime Rembrandt et Monet, cherche, chez elle, à faire exposer ses propres tableaux.

L'Événement du Jeudi, 25–31 juillet 1996

9

le cv et l'entretien

9.1 ÉCOUTE:

 Micro-campus: l'expérience professionnelle

- l'expression de la quantité

À VOUS 1: discussion sur l'expérience professionnelle

9.2 DÉCOUVRIR:

Les démarches nécessaires pour décrocher un emploi

- lire une annonce

À VOUS 2: choisir un(e) candidat(e)

- le curriculum vitae
- lettres de candidature

À VOUS 3: rédiger une lettre de candidature

9.3 LECTURE:

'Votre CV à la loupe'

9.4 ÉCOUTE:

Interview avec une conseillère d'orientation

À VOUS 4: entretien d'orientation

- les pronoms relatifs

9.5 GRAMMAIRE:

Le subjonctif

- après une conjonction de subordination
- dans une proposition relative

À VOUS 5: liste de conseils

9.6 STRATÉGIES:

Savoir se préparer à un entretien

- s'informer sur l'entreprise
- mettre son CV à jour

À VOUS 6: rédiger son CV

- se préparer à l'entretien

9.7 ÉCOUTE:

Entretien professionnel

9.8 SAVOIR-FAIRE

Rédiger une lettre de candidature spontanée

Passer un entretien

Micro-campus: l'expérience professionnelle

Dans le prochain enregistrement, Didier et Edith parlent de leur expérience professionnelle et des démarches qu'ils ont dû faire pour obtenir un entretien.

A | Avant d'écouter

1   Avez-vous déjà travaillé? Si oui, quelles démarches avez-vous effectuées pour trouver votre emploi?
2   Vérifiez le sens des expressions suivantes:
    a. une candidature spontanée   **e.** un(e) assistant(e) commercial(e)
    b. une boîte d'informatique (*fam.*)   **f.** décontracté
    c. une lettre de motivation   **g.** un(e) fonctionnaire
    d. un formateur, une formatrice

B | Idées

Première écoute
1   Édith et Didier nous présentent deux expériences professionnelles très différentes. Résumez les points essentiels à partir des rubriques ci-dessous:

> **ÉDITH**
> ▷ Le secteur de travail et la société contactée
> ▷ La démarche effectuée pour obtenir un emploi
> ▷ Le déroulement de l'entretien
>
> **DIDIER**
> ▷ La démarche effectuée pour obtenir un emploi
> ▷ La façon dont l'emploi lui a été proposé
> ▷ Les deux types de tests qu'il a dû passer
> ▷ La description de l'emploi

Deuxième écoute
Édith
2   L'annonce disait: '*nous cherchons des débutants assistants commerciaux et / ou formateurs*'. Expliquez pourquoi l'annonce correspondait exactement à ce que recherchait Édith.
3   D'après elle, en quoi le contenu de sa lettre de motivation lui a-t-il permis de décrocher un entretien?

Didier

4   En quoi la situation lorsqu'il a été convoqué par téléphone était-elle comique?

5   Expliquez son angoisse face au test.

C Mots et expressions

Didier emploie beaucoup d'expressions qui se rapportent à l'administration. Complétez le texte ci-dessous avec les mots encadrés:

> *un test – classer – tamponner – diriger – le directeur – le secteur public – fonctionnaire – assurés sociaux – banal*

Didier a travaillé pour _____ en tant que _____ pendant six mois. Avant d'obtenir le poste à la Sécurité sociale, _____ lui a fait passer _____. Didier devait _____ par ordre alphabétique une quinzaine de dossiers d' _____. Le travail était _____ et ennuyeux: il suffisait d'ouvrir les lettres, les _____ et ensuite de les _____ vers le service correspondant.

D Structures

L'expression de la quantité: les quantificateurs » 10.5, 10.7

Les quantificateurs sont employés pour désigner une quantité, mais ils sont moins spécifiques que les chiffres. Pour en savoir plus, voir p. 307.

Exercice 1

Reformulez les phrases ci-dessous en y ajoutant le quantificateur entre parenthèses et en apportant les changements nécessaires à la phrase:

1   *Les jeunes* doivent travailler afin de pouvoir se payer des études. (la plupart)
2   Didier a eu *des réponses* à ses demandes d'emploi. (quelque)
3   *Les lettres* de motivation doivent inclure un CV. (tout)
4   Didier avait *des lettres* à tamponner. (trop)
5   Édith a passé *du temps* à faire une liste de toutes les sociétés. (beaucoup)
6   Quand on cherche du travail, il faut *de la persévérance*. (pas mal)
7   Didier *avait classé* en quelques minutes. (tout)
8   *Les candidatures* avaient été envoyées. (une quinzaine)

À VOUS 1	*Discussion sur l'expérience professionnelle*

1   À l'oral, comparez les expériences d'Édith et de Didier à partir de vos notes.
2   Avec un partenaire, discutez de votre expérience professionnelle et précisez:
   a.   le type d'emploi pour lequel vous avez postulé
   b.   les démarches effectuées pour obtenir un entretien
   c.   l' entretien avec l'employeur
   d.   le bilan de votre expérience: positif? négatif?

9.2 *DÉCOUVRIR* — Les démarches nécessaires pour décrocher un emploi

A | Lire une annonce

1   Lisez l'offre d'emploi. Puis résumez les informations essentielles de l'annonce sous les rubriques ci-dessous:

• Nom de l'entreprise	
• Effectif	
• Chiffre d'affaires	
• Activités	
• Formation et expérience souhaitables pour les candidats	
• Postes proposés	
• Lieu de travail	
• Les démarches à effectuer pour poser sa candidature	

+50% Nos 50% de croissance vous offrent 100% d'opportunités

7 500 personnes et 5 milliards de dollars de CA dans le Monde ; en moins de 10 ans DELL s'est imposé parmi les premiers constructeurs de micro ordinateurs mondiaux. Depuis 1990 notre croissance est de 50% par an avec plus de la moitié de nos ventes réalisée auprès de grandes entreprises. Nous renforçons nos équipes et recherchons pour notre site parisien.

Ingénieurs Commerciaux
Sédentaires

▶ De formation Bac + 2 à 4, vous avez une première expérience de la vente en milieu «high-tech» et une bonne maîtrise des techniques de négociation par téléphone. Vous êtes reconnu comme un professionnel dynamique, accrocheur et soucieux de la qualité du service et de la satisfaction du client.

▶ Intégré à une équipe vous aurez pour mission, en binôme avec un ingénieur commercial terrain, la gestion des clients grands comptes et le déploiement des affaires nationales auprès des centres de décision régionaux.

La maîtrise du PC (traitement de texte, bases de données, tableurs) est indispensable.

UN des TROIS

Merci d'adresser votre candidature (CV, lettre manuscrite, photo et prétentions), s. réf. 96044/D, à notre Conseil : UN des TROIS Ressources Humaines - 101 rue Saint-Lazare 75009 Paris.

DELL®

2 Trouvez l'equivalent en anglais de ces expressions employées dans l'annonce:

> *prétentions – accrocheur – CA – traitement de texte – ingénieur commercial – terrain – sédentaire – soucieux de la qualité du service et de la satisfaction du client*

3 Trouvez dans le texte l'equivalent en français:

> *50% growth – a good command – spreadsheet – handwritten – working in collaboration with – database*

4 Ci-dessous trois petites annonces. Lisez-les et:
    a. dites s'il s'agit d'une demande ou d'une offre d'emploi
    b. composez un glossaire à partir des abréviations relevées et donnez leur signification

1
Rech. 2 dames pour
2 mi-tps SMIC aide pers. âgées
handic. + petits travx
ménagers.
Paris 01.9e 39.65.90.42

2
H sér, réf, ch, place fixe
Plongeur à temps complet
ou partiel
T. 01.41.33.89.07

3
Agce de Pub rech.
CIAUX 20 ans min.
débuts. acceptés, format.
assurée.

À VOUS 2 | *Choisir un(e) candidat(e)*

À partir des quatre photos suivantes, choisissez avec un partenair le/la candidat(e) idéal(e) pour le poste d'ingénieur commercial chez Dell (page 264). Justifiez votre choix. Faites preuve d'imagination et d'humour: en réalité, on ne choisit pas un(e) candidat(e) uniquement à partir d'une photo!

1   2   3   4

B | Le curriculum vitae

1   Lisez les deux versions du même CV (pages 268 et 269): l'une a été préparée par la candidate tandis que la seconde a été remaniée par une professionnelle. Quelle est, selon vous, à première vue, la meilleure version? Justifiez votre réponse.

2   Regardez le deuxième CV et répondez aux questions:
   a.   Quelle est la fonction de 'l'accroche' (la phrase encadrée sous l'identité en haut à gauche)?
   b.   Dans quel but présente-t-on le CV dans un ordre antichronologique?
   c.   Quel est l'avantage de séparer la rubrique *Expériences professionnelles* en deux: *Chronologie professionnelle* et *Domaines de compétences*?
   d.   Pourquoi la rubrique *Formation* a-t-elle été placée en dernier?

3   Reliez chaque sigle et abréviation à son équivalent en anglais:
   a. PME/ PMI (Petites et Moyennes Entreprises/ Industries)
   b. SA (Société Anonyme)
   c. CAP (Certificat d'Aptitude Professionnelle)
   d. Sté (société)
   e. BEP (Brevet d'Études Professionnelles)
   f. BEPC (Brevet d'Études du Premier Cycle)
   g. SMIC (salaire minimum interprofessionnel de croissance)

   i   public limited company
   ii   statutory minimum wage indexed to retail prices
   iii small and medium-sized commercial and industrial companies
   iv   roughly equivalent to GCSE, set in the final year of *collège*
   v   vocational qualification equivalent to City & Guilds
        (below BEP)
   vi   roughly equivalent to BTEC (vocational /technical qualification)
   vii firm, company

4   Maryse décide d'aller travailler en Grande-Bretagne. Elle vous demande
     de traduire en anglais la section 'Domaines de compétences'.

Maryse S Dournon
11 rue des Deux Croix

44190 CLISSON

Née le 13.10.57
Mariée, 2 enfants scolarisés
Permis B – Voiture personnelle

FORMATION
- B.E.P.C. :
                – 1973 – Collège Immaculée Conception – Clisson

- C.A.P. Comptable
- B.E.P. Comptable
            – 1975 Lycée Talensac – Nantes
- Langue étudiée : Anglais (1969-1975)
- Traitement de texte : WORD 5
- Logicals   : MULTIPLAN, DBASE II, DBASSE III
            de Septembre à Décembre 1990 – GRETA REZE.

EXPÉRIENCES PROFESSIONNELLES
- **Employée de bureau, accueil**
            – Juillet 1975 à Avril 1976
            – Société TRANSVET à Clisson (Transports de
    vêtements sur cintres)

- **Employée au Service Comptabilité Clients.**
            – Mai 1976 à Juin 1990
            Société LACROIX à Clisson (Grossiste en Jouets)
            – Suivi des comptes clients, relances
            – Enregistrement des chèques
            – Gestion du Portefeuille (effets)
            – Remise en banque
            – Traitement des Impayés
            – Suivi du contentieux.

- **Employée au Service Administratif**
            – Décembre 1990 à Octobre 1992
            Société MARGE à Nantes (Grossiste en
            Import-Export en Chaussures)
            – Suivi des comptes clients, relances
            – Enregistrement des commandes, facturation
            – Enregistrement des chèques
            – Gestion du Portefeuille (effets)
            – Remise en banque

- **Assistance Commerciale**
            – Février 1993 à Mai 1993
            SA CLERFEUILLE à Nantes (PME spécialisée dans
            la Grand Distribution)
            – Suivi des commandes clients
            – Enregistrement des commandes
            – Proposition de marchés

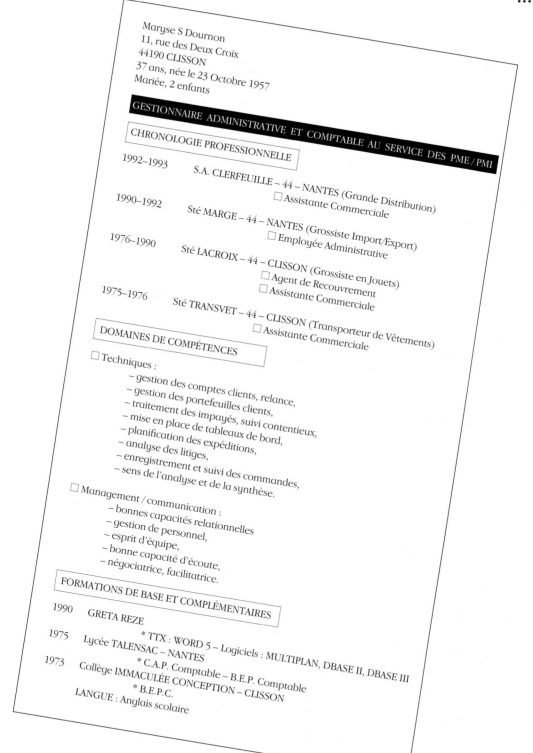

Maryse S Dournon
11, rue des Deux Croix
44190 CLISSON
37 ans, née le 23 Octobre 1957
Mariée, 2 enfants

GESTIONNAIRE ADMINISTRATIVE ET COMPTABLE AU SERVICE DES PME / PMI

CHRONOLOGIE PROFESSIONNELLE

1992–1993 S.A. CLERFEUILLE – 44 – NANTES (Grande Distribution)
☐ Assistante Commerciale

1990–1992 Sté MARGE – 44 – NANTES (Grossiste Import/Export)
☐ Employée Administrative

1976–1990 Sté LACROIX – 44 – CLISSON (Grossiste en Jouets)
☐ Agent de Recouvrement
☐ Assistante Commerciale

1975–1976 Sté TRANSVET – 44 – CLISSON (Transporteur de Vêtements)
☐ Assistante Commerciale

DOMAINES DE COMPÉTENCES

☐ Techniques :
– gestion des comptes clients, relance,
– gestion des portefeuilles clients,
– traitement des impayés, suivi contentieux,
– mise en place de tableaux de bord,
– planification des expéditions,
– analyse des litiges,
– enregistrement et suivi des commandes,
– sens de l'analyse et de la synthèse.

☐ Management / communication :
– bonnes capacités relationnelles
– gestion de personnel,
– esprit d'équipe,
– bonne capacité d'écoute,
– négociatrice, facilitatrice.

FORMATIONS DE BASE ET COMPLÉMENTAIRES

1990 GRETA REZE
* TTX : WORD 5 – Logiciels : MULTIPLAN, DBASE II, DBASE III

1975 Lycée TALENSAC – NANTES
* C.A.P. Comptable – B.E.P. Comptable

1973 Collège IMMACULÉE CONCEPTION – CLISSON
* B.E.P.C.
LANGUE : Anglais scolaire

GRETA = groupment régional d'établissements
(un organisme de formation continue)

C Lettres de candidature

Il y a deux types de lettres de candidature: la réponse à une annonce et la candidature spontanée. Cette dernière, qui consiste à proposer ses services directement à l'entreprise, représente plus de 50% des emplois obtenus.

Notez qu'en France une lettre de candidature est en général manuscrite.

A

Josiane Coubertin
136 Bd Charles de Gaulle
64 750 BAYONNE
Tél. : 05 59 67 24 33

Bureau d'études GAMEY
11, rue du Maréchal Foch
64 754 Bayonne

Ref.. : 77/FS
Objet : poste de Secrétaire Comptable

Bayonne, le 13 février 1997

Messieurs,

L'annonce parue ce jour, dans <u>Sud-Ouest</u>, concernant un poste de secrétaire comptable m'ayant vivement intéressée, je me permets de vous adresser mon curriculum vitae.

Mon contrat à durée déterminée dans le cabinet Levarois touche à sa fin. Je suis à la recherche d'un emploi qui puisse me permettre de développer mes compétences dans le droit des sociétés et d'utiliser mes connaissances de l'outil informatique (Word/Excel). Dynamique et motivée, je suis à même d'assumer avec efficacité les responsabilités rattachées au poste envisagé.

En espérant que ma proposition retiendra votre attention, je me tiens à votre disposition pour un entretien.

Je vous prie d'agréer, Messieurs, l'expression de mes sentiments distingués.

Josiane Coubertin

Pièce jointe : un curriculum vitae

1   Lisez les lettres A et B. La première est adressée à un bureau d'études de notaires (solicitors' office); la seconde, à une société de produits de restauration. Identifiez ensuite (a) la réponse à une annonce et (b) la candidature spontanée.

2   Les deux lettres contiennent principalement trois paragraphes organisés autour d'idées bien précises. Identifiez la lettre et le paragraphe dans lequel le candidat :
   a.   se réfère à l'annonce
   b.   justifie son choix pour l'entreprise
   c.   exprime son désir de travailler dans l'entreprise
   d.   développe un ou deux points forts du CV en accord avec les besoins de l'entreprise
   e.   insiste sur ses qualités personnelles

B

Michel Delacaze
18, rue des Lilas,
94 807 Villejuif
Tel : 04.41.05.45.83

Monsieur Kermorvan
Haurestau
42/58, rue de Montigny
95 100 Argenteuil

Objet : poste de commercial

Villejuif, le 28 juin 1997

Monsieur le Directeur,

   À Argenteuil, et dans l'ensemble du département du Val d'Oise, la réputation de votre filiale du Groupe Haurestau est à la mesure de la qualité de ses produits. J'ai appris que, pour développer vos marchés, vous veniez de lancer une nouvelle gamme de produits Restauration Diététique.

   Je souhaiterais mettre au service de ce développement ma disponibilité et mon dynamisme. Comme vous le constaterez à la lecture de mon curriculum vitae, j'ai assumé des missions de commercial à formation hôtelière, me spécialisant dans la prospection et la vente directe. Par ailleurs, ayant le goût des contacts humains, j'ai suivi une formation continue sur les techniques modernes de communication et de négociation. Je parle bien l'allemand et possède des bases solides en informatique.

   Je me tiens donc à votre disposition, si ma candidature vous intéresse, pour convenir d'un entretien et vous prie d'agréer, Monsieur le Directeur, l'expression de mes sentiments distingués.

Michel Delacaze

P.J: un curriculum vitae

3 Identifiez, dans les deux lettres, les formules qui expriment que:
   a. l'on a lu l'annonce dans un journal
   b. son CV accompagne la lettre
   c. son contrat est terminé
   d. l'on désire travailler pour l'entreprise
   e. l'on a déjà acquis une première expérience ou que l'on se sent
   capable de faire face à des responsabilités
   f. l'on est prêt à se rendre à un entretien

À VOUS 3 | *Rédiger une lettre de candidature*

Vous passez un an à Paris afin d'améliorer votre français. Vous cherchez un poste à mi-temps. Vous tombez sur l' annonce suivante dans le journal *L'Enseignant*. Préparez une lettre de candidature pour proposer vos services.

Animateurs–enseignants en anglais

Interlangues recherche dès maintenant des anima-teurs–enseignants pour initier des jeunes entre 12 et 18 ans à l'anglais oral. Postes à temps partiel.
Profil: très bon niveau d'anglais avec un accent parfait
Rémunération: de 180F à 200F l'heure
Contact: envoyer un CV, une lettre et une photo à Interlangues, Service de recrutement, Mme Lerdu, 34 rue Mozart, Paris 75015

9.3 *LECTURE* — 'Votre CV à la loupe'

Le magazine *Rebondir* s'adresse à tous ceux qui cherchent un emploi ou qui désirent améliorer leur image professionnelle. Ci-contre les conseils du magazine pour rendre le CV de Maryse plus intéressant. Lisez le texte en revoyant les deux versions du CV de Maryse aux pages 268–9 ainsi que vos notes.

Votre CV à la loupe
'Lorsque vous détaillez les différentes facettes de votre métier, évitez toujours les répétitions.'
COLETTE MARIE-JOSEPH, GÉRANTE D'ADÉQUATION, CADRES POSTES

Pour attirer l'attention de votre futur employeur, ajoutez une accroche en en-tête de votre CV, dans laquelle sera mentionné clairement votre objectif. En annonçant avec précision le poste que vous recherchez, 'Gestionnaire administrative et comptable', vous faciliterez la tâche de celui qui reçoit votre CV. De plus, en précisant votre volonté d'intégrer une PME, vous faites gagner du temps à votre lecteur. Les employeurs apprécient les candidats qui savent ce qu'ils veulent.

• L'expérience avant la formation

À 37 ans, vous êtes une professionnelle confirmée et, pour certaines tâches, très expérimentée. Il est donc improbable qu'un employeur ne vous engage qu'au vu de votre BEPC, obtenu en 1973. C'est pourtant ce que vous avez choisi d'inscrire en premier sur votre CV. C'est une erreur. En outre, le stage d'informatique suivi au Greta est demeuré une formation théorique. Vous n'avez presque jamais utilisé ces logiciels sur le terrain. Intervertissez l'ordre de vos rubriques et faites passer la formation après avoir détaillé les différents postes occupés.

Concernant votre formation, présentez vos derniers acquis en premier. À la fin du paragraphe, ajoutez une information concernant votre niveau d'anglais. Elle sera appréciée si vous postulez dans une PME exportatrice ou dirigée par un anglo-saxon. Lorsque vous énumérez les logiciels utilisés, employez une abréviation courante, 'TTX' pour 'traitement de texte'.

• Adoptez l'ordre anti-chronologique

Qu'il s'agisse de la formation ou du parcours professionnel, présentez toujours votre dernière expérience en premier. Ce sont les activités les plus récentes qui intéressent au premier chef les employeurs. Après 18 ans d'expérience professionnelle, il y a peu de chances que vous soyez interrogée sur votre premier emploi! Ce type de présentation appelé 'ordre anti-chronologique' s'impose désormais à tous les candidats, quel que soit leur métier.

• Évitez les répétitions

Pour un employeur, rien n'est plus pénible que de lire deux fois la même chose dans un CV. Mais comment décrire, sans vous répéter, le contenu de vos différents postes si vous avez occupé les mêmes fonctions, plusieurs fois de suite, comme cela a été le cas entre 1976 et 1992?

D'abord séparez en deux parties la rubrique 'Expérience professionnelle'. Dans un premier paragraphe, intitulé 'Chronologie professionnelle' (vous auriez aussi pu l'appeler 'Parcours professionnel'), vous vous contenterez d'indiquer les dates d'emploi, le nom de l'entreprise, le secteur auquel elle appartient et l'intitulé du poste. De cette façon, le lecteur apprécie d'un coup d'œil l'ensemble de votre carrière. Il peut aussi constater qu'il n'y a pas de 'trous' dans votre CV, autrement dit des périodes de chômage. Ce qui indique que vous n'avez jamais eu de difficultés à changer d'entreprise. C'est un 'plus' pour vous. Dans un second paragraphe, intitulé 'Domaines de compétences', décrivez les tâches qu'on vous a confiées et les qualités indispensables à leur accomplissement.

Puisque vous avez occupé des postes différents, indiquez, en les séparant, vos compétences techniques (issues de votre expérience comptable) et vos qualités relationnelles (votre expérience commerciale). En éliminant toutes les répétitions, votre CV est tout de suite plus agréable à lire.

Conclusion

Donner envie d'en savoir plus, voilà l'objectif d'un bon CV. Il vaut mieux rester sobre plutôt que d'écraser le lecteur sous une énumération répétitive. Faites une sélection des qualités qui correspondent à l'emploi que vous recherchez. Si la gestion comptable exige, bien sûr, des connaissances techniques précises, l'administration d'une PME réclame aussi de la souplesse d'esprit et des qualités relationnelles.

Dernier conseil: une fois rédigé, faites impérativement relire votre CV par une personne férue d'orthographe ou par un conseiller de l'ANPE. Vous ne pouvez vous permettre d'y laisser une seule faute de frappe. C'est pourtant ce qui est arrivé: vous avez écrit 'Logicals' au lieu de 'Logiciels'. Il s'agit d'une petite bévue, mais croyez-vous qu'un employeur puisse faire confiance à une comptable qui risque de laisser passer un chiffre erroné parce qu'elle ne relit pas ses documents?

ANPE = Agence nationale pour l'emploi

A Idées

Ci-dessous les attentes d'un(e) employeur. Pour chaque point, trouvez dans le
texte le conseil correspondant donné à Maryse:

1 Il/Elle s'intéresse tout d'abord aux activités les plus récentes.
2 Il/Elle a horreur de lire deux fois la même chose.
3 Il/Elle aime lire d'un coup d'œil l'ensemble de la carrière du candidat.
4 Il/Elle s'intéresse à la maitrîse d'une langue étrangère.
5 Il faut que le CV lui donne envie d'en savoir plus.
6 Il/Elle veut pouvoir faire confiance à sa future employée.

B Mots et expressions

Sans consulter le texte, reconstituez les conseils donnés à Maryse en faisant
correspondre les deux parties des phrases:

a. Ajoutez une accroche
b. Intervertissez l'ordre
c. Faites passer la formation
d. Présentez
e. Enumérez les logiciels
f. Adoptez pour tous les CV
g. Évitez
h. Séparez en deux rubriques

i. Faites une sélection
j. Faites relire

i   des qualités qui correspondent à
     l'emploi
ii   les répétitions
iii l'expérience professionnelle
iv   l'ordre antichronologique
v   vos derniers acquis en premier
vi   de vos rubriques
vii votre CV
viii en employant une abréviation
     courante
ix   en en-tête du CV
x   après l' expérience

C Commentaires

En petits groupes, discutez des conseils de Mme Marie-Joseph. Êtes-vous
d'accord avec ce qu'elle dit? Dans quelle mesure est-ce qu'un CV français
ressemble à un CV brittanique?

Interview avec une conseillère d'orientation

Dans la prochaine interview, vous allez entendre Jocelyne Conté, conseillère d'orientation, donner des conseils pour réussir un entretien professionnel.

A | Avant d'écouter

À partir de votre expérience personnelle, faites une liste de conseils que vous donneriez à une personne qui se présente à son premier entretien professionnel.

B | Idées

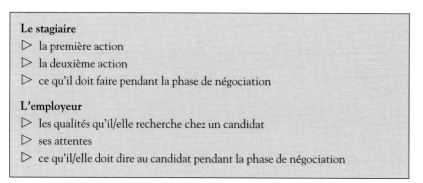

Ecoutez l'enregistrement, puis résumez les conseils donnés par Mme Conté à partir des rubriques ci-dessous:

Le stagiaire
▷ la première action
▷ la deuxième action
▷ ce qu'il doit faire pendant la phase de négociation

L'employeur
▷ les qualités qu'il/elle recherche chez un candidat
▷ ses attentes
▷ ce qu'il/elle doit dire au candidat pendant la phase de négociation

C | La reformulation

La reformulation est une stratégie extrêmement utile pour tout entretien ou toute négociation. Non seulement c'est un moyen de vous aider à retenir l'essentiel, mais cela montre à l'interlocuteur/trice que vous l'écoutez. Cela lui permet également de reprendre un point que vous avez peut-être mal saisi ou qu'il/elle veut préciser.

Pendant l'interview, Hubert reformule les explications de Jocelyne. Transcrivez les trois reformulations d'Hubert.

En travaillant à deux, vous allez vous interviewer à tour de rôle sur votre expérience professionnelle et vos objectifs pour l'avenir. L'interviewer/euse prendra le rôle de conseiller/ère d'orientation et à la fin de l'interview, proposera des métiers à l'interviewé(e). Préparez des notes pour les deux rôles. Lorsque vous assumez le rôle de l'intervieweur, pratiquez la reformulation.

D | Structures

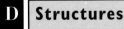

Les pronoms relatifs « 3.5, 4.1, 4.7, 8.3

Complétez les phrases suivantes (extraites de l'interview) avec le pronom relatif qui manque:

1   Je dirais que le stagiaire doit être intéressé par l'emploi pour _____ il passe l'entretien.
2   Le patron cherche des gens motivés . . . ayant la capacité de s'exprimer sur ce _____ ils veulent faire.
3   Donc il faut dire . . . le genre d'emploi _____ l'on recherche exactement.
4   Avant l'entretien, il faut qu'il ait réfléchi à ce _____ il recherche pour lui.
5   Les patrons veulent savoir ce _____ motive les candidats et la façon_____ ils envisagent leur avenir.
6   Vous devez à ce moment-là reformuler ce _____ vous avez compris.

9.5 *GRAMMAIRE*   Le subjonctif

A | Réflexion

Justifiez l'emploi du subjonctif dans les phrases ci-contre:

a. Je veux un mouton qui *vive* longtemps.

b. Ils avaient besoin de quelqu'un qui *puisse* commencer tout de suite.

c. Qu'il s'*agisse* de la formation ou du parcours professionnel, présentez toujours votre dernière expérience en premier.

d. Quel que *soit* le poste pour lequel vous postulez, il faut toujours rédiger votre lettre de candidature à la main.

e. Il y a toutes les chances pour que vous *entriez* alors dans une phase de véritable négociation.

f. Bien que ce *soit* une satire de l'époque, certains aspects de cette satire sont toujours valables aujourd'hui.

g. Vous avez orienté des jeunes pour qu'ils *trouvent* leur vocation professionnelle.

h. Il est important de reformuler ce qui vous est dit de façon que ce *soit* parfaitement clair dans votre esprit.

B Le subjonctif après des conjonctions de subordination « 1.5, 2.5

Le subjonctif est employé après la plupart des conjonctions de subordination qui expriment:

LA CONCESSION	bien que, quoique
LA CONDITION	à condition que, à moins que, pourvu que, sans que
LE BUT	pour que, afin que, de peur que
L'ANTÉRIORITÉ	avant que, jusqu'à ce que, en attendant que

L'indicatif est employé après des conjonctions de subordination qui expriment:

LA CAUSE	puisque, comme, parce que, étant donné que
LA SIMULTANAÉITÉ	pendant que, alors que, tandis que
LA POSTÉRIORITÉ	après que, depuis que, une fois que, dès que, lorsque

Après les conjonctions qui introduisent une **conséquence** – *de façon (à ce) que, de sorte que, de manière que* – on utilise:
▷ l'indicatif lorsque la conséquence est réelle
▷ le subjonctif lorsque la conséquence n'est qu'envisagée:

Dans la maison, il y a une cave, de sorte que nous *gardons* les vélos à l'intérieur.
In the house, there's a basement, so we keep our bikes inside.
indicatif: *les vélos se trouvent dans la cave*

Il a aménagé un abri dans le jardin, de façon que l'on *puisse* y garder les vélos.
He built a shelter in the garden so that we could keep our bikes there.
subjonctif: *on parle d'une conséquence prévue, mais pas forcément réalisée.*

Exercice 1

Reformulez les phrases suivantes en employant la conjonction entre parenthèses, suivie d'un verbe au subjonctif:

1   Partez tout de suite – ce sera bientôt trop tard. (avant que)
2   Je te prêterai ce livre, mais tu dois me le rendre demain matin. (à condition que)
3   J'écrirai mes commentaires en rouge – comme ça vous pourrez les lire plus facilement. (pour que)
4   J'accepterai ce poste, mais seulement si on me permet de partir le vendredi à midi. (pourvu que)
5   (En attendant que) Terminez vite votre travail – entre-temps, je regarderai le journal télévisé.
6   (Quoique) Il pleut mais je vais quand même me baigner.
7   J'ai quitté mes invités – ils ne s'en sont pas aperçus. (sans que)

C | Les propositions infinitives « 1.5

Rappelez-vous qu'il est préférable d'employer l'infinitif après *afin de, avant de, pour, sans* lorsque le sujet est le même que dans la principale.

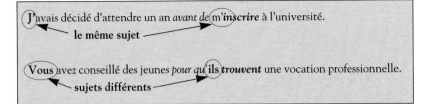

J'avais décidé d'attendre un an *avant de* m'*inscrire* à l'université.
le même sujet

Vous avez conseillé des jeunes *pour qu'*ils *trouvent* une vocation professionnelle.
sujets différents

D | Le subjonctif passé

Il faut que le candidat **ait réfléchi** avant de passer l'entretien.
maintenant   *action antérieure*

Le subjonctif passé, formé de l'auxiliaire *être* ou *avoir* au subjonctif + le participe passé, est employé uniquement quand l'événement évoqué dans la subordonnée est antérieur au sentiment ou à la volonté exprimée dans la principale.

Exercice 2

Combinez ces deux phrases en employant le subjonctif passé, comme dans l'exemple: Tu n'as pas pu venir à la réunion? Je regrette . . .
▷ *Je regrette que tu n'aies pas pu venir à la réunion.*

1 Vos parents sont déjà rentrés? Je doute . . .
2 Marianne est déjà partie? Ça m'étonne
3 Vous avez gagné le premier prix? Je suis ravie . . .
4 Il a oublié la réunion? Ce n'est pas possible . . .
5 On ne vous a pas invité à la soirée? C'est regrettable . . .

E | Le subjonctif dans une proposition relative

On emploie le subjonctif dans une proposition relative pour indiquer la 'virtualité' de la personne ou de la chose dont on parle:

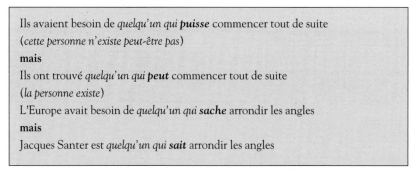

Ils avaient besoin de *quelqu'un qui* **puisse** commencer tout de suite

(*cette personne n'existe peut-être pas*)

mais

Ils ont trouvé *quelqu'un qui* **peut** commencer tout de suite

(*la personne existe*)

L'Europe avait besoin de *quelqu'un qui* **sache** arrondir les angles

mais

Jacques Santer est *quelqu'un qui* **sait** arrondir les angles

Par exemple, un employeur dirait en parlant d'un poste à pourvoir:

'Je cherche quelqu'un qui **soit** indépendant, mais qui **puisse** aussi travailler en groupe, qui **sache** organiser ses propres projets, qui **soit** capable de prendre la relève quand je suis en déplacement . . .'

Exercice 3

En imitant ce modèle, écrivez ce que diraient les employeurs dont vous avez lu les annonces dans la section 9.2.

F │ *Qui, quoi, que, où* + subjonctif

Qui que	vous *soyez*, il faut respecter le règlement.
*Quoi qu'	il *arrive*, on considère que les filles sont nulles en maths.
**Quel que	*soit* le poste pour lequel vous postulez, il faut rédiger votre lettre à la main.
**Quels que	*soient* les inconvénients, ce projet est toujours intéressant.
Où que	nous *allions*, nous avons toujours besoin de l'ordinateur.

*Il faut distinguer entre *quoique* (qu'on peut remplacer par *bien que*) et *quoi que*.
**Notez que *quel* dans cette structure s'accorde en genre et en nombre avec le nom auquel il se rapporte.

Exercice 4
Traduisez en français:

1 Whatever he does, we will not employ him. (embaucher)
2 Whatever the price of the dictionary, I'm going to buy it.
3 Whatever may be said about it, IBM is a highly successful company.
4 Wherever you work, the tasks are the same.
5 Whatever your abilities (aptitudes), we will help you apply for a job.
6 Whoever you are, you will need computer skills.

G │ Le subjonctif pour exprimer des alternatives

▷ On peut employer *que* + *le subjonctif* pour **introduire** différents exemples:

*Qu'*il s'**agisse** de la formation *ou* du parcours professionnel, présentez toujours votre dernière expérience en premier

Si tu regardes l'humour dans les bandes dessinées *que* ce *soit* Brétécher *ou* les Bidochons . . .

▷ On emploie *soit* tout seul pour **préciser**:

Le Times est vendu 40p, *soit* environ moitié moins cher (= *c'est-à-dire*)

▷ et pour **présenter des alternatives**:

Je voulais travailler *soit* comme assistante commerciale *soit* comme formatrice.

Exercice 5: Révision

Mettez les verbes entre parenthèses au temps de l'indicatif ou du subjonctif qui convient:

1   Arrange-toi pour qu'elle (venir) te chercher.
2   J'espère que nous (se revoir) l'année prochaine.
3   Il se peut qu'il (venir) quand il aura fini son travail.
4   Il est important qu'elle (savoir) la vérité.
5   Viens chez moi vers 17 heures de façon qu'on (pouvoir) finir notre travail avant de sortir.
6   Je suis sûr qu'il (aller) venir mais je doute qu'il (avoir) terminé le travail.
7   Bien que notre fils (conduire) depuis pas mal de temps, nous préférons qu'il ne (prendre) pas la voiture la nuit.
8   Nous cherchons une candidate qui (remplir) toutes les conditions.

H | Le subjonctif – quelques mythes!

◊ le subjonctif est difficile

La conjugaison du subjonctif est simple. Dans la plupart des cas, il est formé à partir de la 3ème personne au pluriel du temps présent. Dans le cas des verbes en -er, les formes *je, tu, il, elle, ils, elles* sont les mêmes qu'à l'indicatif.

Les constructions les plus fréquentes sont celles où l'emploi du subjonctif est obligatoire – par exemple, *je veux que tu viennes, il faut que tu le fasses*.

◊ le subjonctif n'est pas employé à l'oral

Au contraire! certaines constructions où l'emploi du subjonctif est obligatoire (*je veux que . . . il faut que . . .*) sont très fréquentes dans la langue orale. Par contre, dans le cas de constructions où l'emploi du subjonctif est facultatif, le *choix* du subjonctif relève d'un registre plutôt soutenu.

◊ le subjonctif n'existe pas en anglais

Le subjonctif en anglais est en voie de disparition, mais en voici quelques exemples bien contemporains:

'Jacques Santer has recommended that the special arrangement for Northern Ireland be continued.' (BBC Radio 4)

'We're going to have to find a room for the meeting, whether it be here or on the other site.' (conversation between colleagues)

À VOUS 5 | *Liste de conseils*

À partir de vos notes et de votre expérience personnelle, faites la liste des conseils que vous donneriez à un(e) candidat(e) pour l'aider à décrocher un stage ou un poste. Utilisez des constructions impersonnelles (« 8.5C) telles que: *il est important que, il vaut mieux que, il est nécessaire que, il faut que,* etc. pour introduire chacun de vos conseils.

9.6 *STRATÉGIES* Savoir se préparer à un entretien

A | S'informer sur l'entreprise

Envoyer une candidature spontanée signifie que l'on est suffisamment motivé par une entreprise pour vouloir y travailler. Il s'agit donc de montrer, dans sa lettre, que l'on connaît bien l'entreprise, ses produits et ses qualités, et de dire en quoi l'on pourrait y être utile. Une candidature spontanée demande donc en amont, un certain travail de recherche sur l'entreprise elle-même.

Cherchant un poste de professeur de français en Angleterre, Marie Coste a vu dans une revue française, une publicité pour une école de langues à Londres. Lisez la publicité, puis faites l'exercice 1.

LONDILS
London International Language School

Ses ressources
- Laboratoire de langues
- Salles informatisées
- Médiathèque

Ses cours
- toute l'année
- petits groupes
- professeurs certifiés et expérimentés

- **Pour apprendre**
  l'anglais, le français, l'allemand, l'italien, l'espagnol
- **Pour vous perfectionner**
  six niveaux
- **Pour vous spécialiser en**
  langue des affaires
  civilisation, littérature
  langue du tourisme et de l'hôtellerie

Son centre de formation pédagogique
- Formation de formateurs en didactique du français langue étrangère et seconde
- Enseignement précoce des langues
- Stages sur objectifs spécifiques (utilisation de l'outil informatique en classe de langue etc.)

Le collège
Situé dans un quartier animé au cœur de Londres
À 10 minutes de Hyde Park

Londils, 13 Gloucester Place, London SW1, UK
Tél. +44 171 993 3849/3850   Fax +44 171 495 0962

Exercice 1

Marie décide d'écrire une lettre de candidature spontanée à l'école de langues Londils. Comme elle désire en savoir davantage sur les cours, les étudiants, les examens etc., elle téléphone à la secrétaire de l'école pour poser un certain nombre de questions. Préparez cinq questions qu'elle pourrait poser.

Marie COSTE
89, Av. Richelieu
69005 LYON
Tel: 04 78 24 25 91
Fax: 04 78 24 82 56

DIPLÔMES OBTENUS

1987	**Baccalauréat A2** (lettres et langues) Mention Bien
	Lycée St Just, Lyon
1990	**DEUG Anglais** (Langue et Civilisation)
	Université Lumière, Lyon
1992	**Licence Anglais** (Mention Français Langue Étrangère)
	Université Lumière, Lyon
1993	**Maîtrise Anglais**, Mention Bien
	Mémoire: 'Repurposing Home Learning First Language Material: the Ladybird Series'
	Université Jean Moulin, Lyon
1994	**DEA** (Diplôme d'études approfondies), Mention Bien
	Langue Anglaise de Spécialité, méthodologie de la recherche didactique,
	linguistique, culturelle, technologique
	Note de recherche: 'La didactisation de matériel authentique pour
	l'enseignement de la civilisation à l'école élémentaire'
	Université Bordeaux 2
1995	**Doctorat**
	Université de Technologie de Compiègne
	Recherche ayant pour objet l'enseignement joint du lexique et de la
	civilisation en Langue étrangère à l'école primaire.

EXPÉRIENCE PROFESSIONNELLE

1995–96	Lectrice Brighton University, GB
1992–95	Professeur d'Anglais au Lycée Maisonneuve, Lyon
1992–95	Professeur d'Anglais à l'école primaire, Ville de Lyon
1989–95	Professeur d'Anglais à l'école primaire Pascal, Lyon
1991:	Assistante de Français dans une 'Secondary School'
	De Lisle School, Loughborough, GB

Emplois saisonniers

1989–92	Vendeuse en Librairie (rayons scolaire, poches et langues étrangères)
	Librairie Decitre, Lyon
1992–96	Professeur d'Anglais en séjours linguistiques
	EF Voyages Linguistiques, Paris.

DIVERS

Monitrice de colonie de vacances pendant 4 ans (Alpes)
Sports : ski de fond, natation

B | Mettre son CV à jour

Exercice 2

Lisez le CV de Marie Coste et identifiez le sens des mots encadrés
ci-dessous en les reliant à leur définition:

> *mentions – DEUG – licence – DEA – le lycée – mémoire – rayon*

1   Diplôme d'études approfondies: diplôme qui prépare à un doctorat.
2   Établissement scolaire pour les étudiants de 15 à 18 ans.
3   Diplôme universitaire sanctionnant la première année d'études du
     second cycle: bac + 3.
4   Section d'un magasin réservée à un type de produits.
5   Diplôme d'études universitaires générales sanctionnant la deuxième
     année du premier cycle : bac + 2 ans
6   Au nombre de quatre: passable, assez bien, bien, très bien, elles corre-
     spondent aux bonnes appréciations données par un jury pour un
     examen, un diplôme.
7   Exposé scientifique ou littéraire soumis à un jury en fin de maîtrise.

Exercice 3

À partir de la liste de conseils que vous avez préparée dans À Vous 5, proposez des modifications au CV de Marie.

À VOUS 6 | *Rédiger son CV*

Préparez votre CV en français en mettant en pratique tous les conseils donnés
jusqu'ici.

C | Se préparer à l'entretien

Pour bien vous préparer à un entretien professionnel, il est essentiel de:
- définir clairement votre objectif
- réfléchir aux questions que l'employeur pourrait vous poser
- faire la liste des questions que vous voudriez poser.

Exercice 4

Vous avez reçu une convocation à un entretien avec Mme Lerdu, professeur à
l'école *Interlangues*, suite à la lettre de candidature et au CV que vous avez
envoyés (À Vous 3 et À Vous 6). Il s'agit donc maintenant de vous préparer à

l'entretien. Ci-dessous huit questions fréquemment posées par les employeurs. Exercez-vous à y répondre avec votre partenaire:

1   À quoi passez-vous votre temps libre?
2   Pour quelles raisons aimeriez-vous travailler dans notre société?
3   Quelle est votre formation?
4   Quelles sont, parmi vos aptitudes, celles qui vous permettent de penser que vous réussirez dans un tel emploi?
5   Préférez-vous travailler seul(e) ou en équipe?
6   Parlez-moi de votre expérience professionnelle (de vos anciens postes, employeurs).
7   Si vous étiez totalement libre de choisir, quel est l'emploi que vous souhaiteriez occuper dans notre société?
8   Comment vous jugez-vous? Quels sont vos plus grandes qualités et vos plus grands défauts?

Exercice 5

Maintenant pour chaque réponse ci-dessous, formulez la question correspondante.

1   Non, le poste que vous occuperez n'est pas un poste nouveau. Nous devons remplacer un professeur qui part travailler à l'étranger.
2   Nous vous offrirons un contrat à durée déterminée pour un an.
3   Oui, après une période d'essai satisfaisante d'un an, nous serons en mesure de vous offrir un contrat à temps plein.
4   Je serai votre responsable pour tout ce qui est côté pédagogie et suivi des étudiants.
5   Il y a la cantine pour étudiants avec coin réservé aux professeurs.
6   Vous enseignerez l'anglais en cours intensifs à des petits groupes.
7   Oui, bien sûr vous aurez droit à 2 semaines de congés payés.
8   Votre salaire sera basé sur le nombre d'heures d'enseignement que vous dispenserez; dans votre cas, ce sera 15 heures par semaine donc une rémunération de 12 000 francs par mois.

9.7 *ÉCOUTE*   Entretien professionnel

Dans le prochain enregistrement, vous allez entendre l'entretien entre Marie Coste et Madame Roussin, responsable de la section française de Londils.

A   Avant d'écouter

Pensez à deux questions que la responsable de la section française va poser à Marie et à deux questions qui lui seront posées par Marie.

B Idées

Première écoute

1 Ecoutez l'entretien et résumez les informations essentielles à partir des rubriques ci-dessous:

Mme Roussin	Marie
a. Poste à pourvoir	**a.** Motivation pour l'emploi
b. Étudiants	**b.** Diplôme pour enseigner le FLE (Français Langue Etrangère)
c. Type de cours, organisation, niveaux, examens	**c.** Expérience dans l'enseignement du FLE (niveaux, étudiants)
d. Matériaux pédagogiques accessibles	**d.** Objectif pour l'emploi

Deuxième écoute

2 Imaginez que ce soit vous qui fassiez passer l'entretien à Marie. Réécoutez l'enregistrement et remplissez la grille d'évaluation ci-dessous. Faites une analyse détaillée de la personnalité de la candidate.

Communication

a. Est-ce que la candidate s'exprime clairement:
  - sur son objectif à elle?   oui/non
  - sur ce qu'elle peut apporter à Londils?   oui/non

b. Pose-t-elle des questions pertinentes?   oui/non

Personnalité

c. Semble-t-elle motivée?   oui/non
d. Sait-elle écouter?   oui/non
e. Parle-t-elle trop?   oui/non
f. Semble-t-elle avoir confiance en elle?   oui/non
g. Semble-t-elle ambitieuse?   oui/non

Formation et expérience personnelle

h. A-t-elle le/les diplôme(s) nécessaire(s)?   oui/non
i. A-t-elle une bonne expérience professionnelle? oui/non

Vos commentaires:

C Mots et expressions

Reliez les éléments donnés ci-dessous pour reconstituer la réponse de Marie à la question: *Pourquoi avez-vous pensé à notre école?*

1   j'ai entendu parler
2   je prépare
3   il me semblait intéressant
4   j'ai vu
5   ça pourrait me servir
6   je m'intéresse

a.   de participer à ce centre de formation
b.   pour ma recherche
c.   à la méthodologie et à l'utilisation des matériaux authentiques
d.   que vous aviez beaucoup de ressources
e.   un doctorat sur l'enseignement des langues aux enfants
f.   de votre centre de formation pédagogique

9.8 *SAVOIR-FAIRE*

A Rédiger une lettre de candidature spontanée

Vous avez l'intention de suivre des cours de français à la Sorbonne, pendant un an, tout en travaillant à mi-temps pour financer vos études. Vous avez repéré cette publicité (page 288) pour un MBA de management à Paris. Vous leur écrivez pour leur proposer vos services en tant que lecteur/lectrice d'anglais. Rédigez une lettre de candidature spontanée à laquelle vous joindrez votre CV en français.

```
┌─────────────────────────────────────────────────────────────┐
│                    MBA UNIVERSITIES                          │
│                                                              │
│            L'EXCELLENCE FRANCO-AMÉRICAINE                    │
│              Votre MBA à Paris et à Chicago                  │
│                                                              │
│   MBA Universities est un programme de 3e cycle créé en      │
│   1981 par l'École Supérieure franco-américaine de gestion   │
│   (ESUFAG) et développé en association                       │
│              avec la Business School de Saint Louis.         │
│            Durée du programme: 16 à 20 mois                  │
│         8 mois à Paris – 8 à 12 mois à Saint Louis           │
│                 Octobre à Janvier ou Mai                    │
│                                                              │
│                      2 DIPLÔMES                             │
│                                                              │
│       * MBA (MASTER OF BUSINESS ADMINISTRATION)             │
│          de l'université de Saint Louis accréditée ACBT      │
│       * Certificat de 3e cycle de MBA Universities          │
│                                                              │
│   MBA UNIVERSITIES – ESUFAG, 43, rue du Grand-Jour,         │
│                     75015 Paris                             │
│                 Tel. (33-1) 42-86-96-51                     │
│         Enseignement international supérieur privé           │
└─────────────────────────────────────────────────────────────┘
```

B Passer un entretien

Vous avez été convoqué(e) à Paris pour un entretien.

▷ Préparez une liste de questions pour en savoir plus sur le poste, les conditions de travail etc . . .

▷ Réfléchissez aux questions qui vous seront peut-être posées lors de l'entretien.

▷ Un professeur ou un autre étudiant jouera le rôle du directeur des études de MBA Universities. Enregistrez l'entretien pour pouvoir l'évaluer par la suite.

10

la table ronde et le rapport

10.1 ÉCOUTE:

Le téléphone sonne: l'exclusion

- l'accord du participe passé
- les pronoms
- le subjonctif

10.2 DÉCOUVRIR:

Le dossier d'information

Témoignages de nos lecteurs

- classer par thème et par type d'information
- établir une fiche de synthèse

À VOUS 1: préparation d'une table ronde

10.3 LECTURE:

'L'insertion en campagne'

À VOUS 2: rapport oral et grille de synthèse

10.4 ÉCOUTE:

Table ronde: vaincre l'exclusion

- les adverbes d'énonciation

À VOUS 3: discussion sur le thème de l'emploi

10.5 GRAMMAIRE:

Les auxiliaires de mode

Le conditionnel passé

La séquence des temps après *si*

L'expression de la quantité: les quantificateurs

10.6 STRATÉGIES:

Savoir intervenir

- stratégies d'intervention
- garder la parole

À VOUS 4: mini table ronde

10.7 LECTURE:

'Le rôle majeur des institutions dans la solidarité'

- les quantificateurs

10.8 SAVOIR-FAIRE:

Organiser une table ronde

Écrire un rapport

Le téléphone sonne: l'exclusion, comment peut-on agir?

> **exclusion** les problèmes sociaux associés à la pauvreté et au chômage, qui obligent un secteur de la population à vivre en marge de la société.

Le prochain enregistrement est un extrait du *téléphone sonne* sur le thème de l'exclusion. Cette émission a été réalisée à l'occasion de la sortie du 'Livre blanc *France inter –La Croix–L'Événement*', un rapport rassemblant des recommandations pour remédier au problème de l'exclusion.

A | Avant d'écouter

1   D'après vous, quelles sont les causes de l'exclusion dans notre société?
2   Vérifiez le sens des expressions suivantes:
  a. bricoler   **e.** les collectivités locales
  b. un changement de regard   **f.** l'insertion professionnelle
  c. avoir mauvaise conscience   **g.** une campagne de sensibilisation
  d. la répartition des compétences

B | Idées

Première partie
(jusqu'à ' . . . *nous aurons des réactions à chaud à l'ensemble de ces propositions*).'
Écoutez l'enregistrement jusqu'à l'intervention du premier auditeur, puis résumez les idées essentielles à partir des questions suivantes:

Témoignage de Caroline
1   Que fait Caroline pour lutter contre l'exclusion?
2   Pourquoi, à votre avis, qualifie-t-elle son action de 'bricolage'?
3   Quelle attitude recommande-t-elle?
4   Qui est Caroline?

Rapport de Frédéric Carbonne
5   Qu'est-ce qui ressort des 3 000 lettres?
6   Citez les trois exemples d'actions pour combattre l'exclusion.
7   Quel est le but de l'émission organisée par *France inter*?

C | Mots et expressions

Réécoutez la première partie, puis donnez le sens des expressions en italique:

1 des choses très simples qui *sont à la portée de tous*
2 il faut se considérer *comme un maillon d'une grande chaîne*
3 . . . c'est très *valorisant*
4 des gouttes d'eau qui, *mises bout à bout*, ressemblent à un fleuve
5 *un fleuve qu'il faut peut-être canaliser*
6 les *bonnes volontés* sont là; il reste à les organiser
7 nous aurons des réactions *à chaud* à l'ensemble de ces propositions

D | Avant d'écouter

Deuxième partie
Avant d'écouter la deuxième partie, faites les activités suivantes:

1 Comment expliquez-vous la montée du chômage pendant les quinze dernières années?
2 Quels secteurs de la population sont particulièrement touchés par le chômage et l'exclusion?
3 Vérifiez le sens des expressions suivantes:
   a. la délocalisation de l'industrie
   b. un manœuvre
   c. des pistes à rechercher
   d. l'illéttrisme
   e. une campagne de sensibilisation
   f. sur les ondes

E | Idées

Lisez ci-dessous, en italique, les questions posées par les deux auditeurs. Écoutez ensuite les réponses des invités et résumez-les à partir des rubriques données:

1 *Les exclus et une partie des chômeurs actuels ne sont-ils pas dûs à la délocalisation de l'industrie qui employait autrefois des manœuvres?*
   a. le plus grave problème
   b. les personnes vulnérables sur un plan professionnel
   c. les pistes à suivre
2 *Qu'est-ce qu'on attend pour régler le problème du chômage?*
   a. la réponse de René Lenoir à cette question
   b. la campagne nationale

F | Mots et expressions

1 Ci-dessous un résumé des réponses des deux invités à la première question. Remplissez les blancs à partir des mots encadrés:

> *sur le trottoir – aboutir – les collectivités – non-qualifiés – l'accès – mathématiques – réinsérer – retour à l'emploi – des liens – ces emplois – qualifications – de longue durée*

Les manœuvres sont des ouvriers _____ . Jadis beaucoup de tâches manuelles étaient confiées au sein de l'entreprise à des créatifs. Aujourd'hui _____ ont disparu et l'on demande aux employés de plus en plus de connaissances en informatique et en _____ , ce qui fait que beaucoup de ces travailleurs se retrouvent _____ . Les personnes particulièrement vulnérables sont celles qui sont sans _____ . Si elles perdent leur emploi après avoir travaillé quinze ou vingt ans, elles risquent de tomber dans le chômage _____ , car il devient très difficile de les _____ dans la société. Il est donc important d'appuyer au maximum toutes ces mesures qui permettent _____ à l'emploi et en particulier, les contrats de _____ . Toutefois pour _____ à des solutions d'insertion professionnelle il faut tisser _____ entre les entreprises, _____ et les associations.

2 Expliquez le sens des expressions en italique:
   a. Nous allons mettre l'accent non pas sur '*L'Etat n'a qu'à . . . .*'.
   b. . . . les associations . . . vont *se remettre en cause* sur la façon dont elles abordent l'exclusion.
   c. Faites-nous de bonnes politiques publiques *en amont*, nous aurons moins de travail à faire sur le terrain après *en aval*.

G | Structures

L'accord du participe passé

Accordez, dans les phrases ci-dessous, les participes passés entre parenthèses, puis rappelez les règles dans chacun des cas:

1 Frédéric Carbonne, vous avez (lu) les lettres que les auditeurs de *France inter* ont (envoyé) pour cette opération.
2 Qu'est-ce qui vous a (étonné) le plus à la lecture de ces lettres?
3 Aujourd'hui de plus en plus de personnes sont (sensibilisé) à ce problème.
4 Depuis ce matin, la rédaction de *France inter* s'est donc (mobilisé).
5 Nous aurons des réactions à chaud avec les différents invités qui sont (réuni) dans ce studio.

Les pronoms « 3.5, 5.7

Exercice 1

Complétez les phrases avec le pronom nécessaire, puis vérifiez vos réponses en réécoutant l'enregistrement.

1 Ça c'est très important . . . il faut toujours _____ penser.
2 On a mauvaise conscience et puis, on n'_____ arrive plus.
3 Le témoignage que vous venez d'entendre, c'est _____ de Caroline.
4 . . . puis cette jeune fille, je vous _____ parle parce qu'elle vient de venir me voir à *France inter*.
5 . . . nous allons donc entendre vos propositions, _____ que vous nous faites en ce moment au standard de *France inter*.
6 _____ m'a demandé de formuler une question courte . . .
7 . . . et tous ces gens, on veut _____ faire faire des études alors qu'ils n'_____ sont pas capables et malheureusement aucun homme politique ne veut _____ dire.

Le subjonctif « 5.7, 8.5, 8.7, 9.5

Exercice 2

Justifiez l'emploi du subjonctif dans les phrases suivantes, extraites de l'enregistrement.

1 Est-ce que vous avez des pistes pour que ces entreprises *puissent* faire ces propositions?
2 Il faut travailler . . . pour qu'on *puisse* aboutir à des solutions . . .
3 . . . qu'est-ce qu'il faudrait? C'est plutôt quelqu'un qui *soit* un capitaine. Que ce *soit* un combat national, parce que . . . il y en a besoin.

10.2 *DÉCOUVRIR* Le dossier d'information

Le but d'une table ronde est de comparer des idées, d'échanger des informations à propos d'un problème bien déterminé et de proposer une action. Souvent, les participants reçoivent, avant la réunion, un dossier d'information sur le problème; à l'issue de la table ronde, un rapport est rédigé et distribué comme aide-mémoire de l'action adoptée.

A | Classer par thème et par type d'information

1 Ci-dessous plusieurs lettres écrites par les lecteurs de *La Croix-L'Événement* sur le thème de l'exclusion. Lisez-les, puis reliez chacune d'entre elles à l'un des grands thèmes encadrés du Livre blanc. Si vous envisagez plusieurs réponses, vous pourrez en discuter en groupe par la suite.

> **a.** Inventer de nouveaux emplois et trouver des pistes contre le chômage.
>
> **b.** Secourir ceux qui vivent dans la rue et construire davantage de logements sociaux.
>
> **c.** Rendre les villes et les banlieues plus accueillantes et faire revivre les campagnes.
>
> **d.** Combattre l'échec scolaire et venir à bout de l'illèttrisme.
>
> **e.** Combattre notre indifférence.

2 Maintenant, analysez l'information contenue dans chacun des textes et dites s'il s'agit:
  a. d'une **initiative** ou d'une **action** entreprise
  b. du **témoignage** d'une personne qui veut partager son expérience
  c. d'une **idée** ou d'une **proposition**

3 Trouvez un titre pour les lettres qui n'en ont pas.

Témoignages de nos lecteurs

A Ma rencontre avec Christian, 50 ans, s'est faite dans la rue, il y a un peu plus d'un an, en achetant le journal *Macadam*. Puis, un jour de novembre, je lui ai proposé de venir déjeuner à mon domicile. Depuis, je l'accueille une fois par semaine avec mon mari et mes enfants. Il a perdu sa femme et ses deux enfants dans un accident de voiture. Il voudrait trouver du travail, il en rêve . . . difficile de savoir où il habite, quelquefois à l'hôtel, souvent dehors . . . Je ressens la nécessité de trouver des gens susceptibles de me donner des pistes . . .

M. Saul (Paris, 75)

B Je suis prêtre, j'ai 60 ans. Ayant vécu onze ans en HLM, au milieu de la population d'un quartier de banlieue parisienne, j'ai pu me rendre compte du bienfait qu'a été la création d'une 'petite mairie' où les gens pouvaient très facilement se rendre pour leurs papiers et pour avoir des renseignements. À mon avis, on devrait créer dans tous les quartiers de banlieues des 'points', où les gens pourraient aller exposer leurs problèmes et recevoir des conseils. Des bénévoles pourraient accompagner ceux qui ne savent pas faire seuls les démarches dont ils ont besoin.

G. Defosse (Paris, 75)

C Les gendarmeries des bourgs ne pourraient-elles pas assurer un accueil social et offrir une chambre avec douche et WC aux sans-abri, ajoutant à l'image d'anges de la route celle d'anges de la nuit?

M. Laplagne (Alès, 30)

D

Symphathie
C'était au mois de février dernier, il faisait froid, un homme, qui devait avoir la cinquantaine, était sur un banc, mendiant quelques pièces. Je n'avais rien sur moi, j'en étais gênée. Puis il me raconta sa vie. Cette complicité me fit découvrir la réalité: ce n'est pas seulement d'un don matériel que ces gens ont besoin, mais surtout de sympathie.

Martine (Toulouse, 31)

E

Le tourisme comme source d'emploi

L'abbaye Saint-Georges-de-Boscherville et l'association touristique de l'abbaye romane ont réalisé, depuis sept ans, une opération d'insertion pour la restauration de ce domaine et les fouilles archéologiques qui ont précédé. De 1987 à 1993, notre association a employé 279 chômeurs qui ont réalisé 159 000 heures de travail rémunéré. Un cycle de formation a été proposé à chacun et, en fin de chantier, une rencontre a été organisée avec des chefs d'entreprise susceptibles de recruter certains d'entre eux. Le développement du tourisme en France est une richesse créatrice d'emplois et la mise en valeur de notre patrimoine y contribue grandement. Ne serait-il pas utile de faire l'inventaire de tous les sites et de toutes les possibilités d'insertion auprès des communes et des associations?

J. M. Simon (St. Martin-de-Belleville, 76)

F

Ma famille et moi habitions une HLM. Nous avons trouvé notre maison de rêve dans un village calme. Elle nous a coûté 100 000 F. Le prêt bancaire nous a été refusé. Nous avons obtenu par l'association 'La colombe', qui emploie mon mari en contrat emploi-solidarité, un prêt d'un ami, à 8% pendant dix ans. L'allocation-logement couvre la totalité de l'emprunt. Elle est versée directement à cet ami. Dans dix ans, ma maison sera payée, et nous serons chez nous: mon mari, moi et nos enfants (bientôt cinq). Pour compléter le demi-salaire du CES, nous faisons des légumes et du petit élevage.

J.F. Genevaux (Savignac-de-L'Isle, 33)

G

Le partage du travail

Moi, je suis pour le partage du travail. Si l'on me donnait mon vendredi, je serais prêt à gagner moins (2 000 F).

M. Masurel (Saint-Brieuc, 22)

H

A la réunion paroissiale de . . . , l'idée a été lancée de créer un 'Café du chômeur', où les personnes sans emploi pourraient, autour d'une tasse de café, échanger des conseils, des bonnes adresses, se soutenir les unes les autres.

Jean-Luc (Bayonne, 64)

I

L'enseignement à domicile

Après avoir aidé des enfants turcs à faire leurs devoirs, j'ai proposé à leur mère de lui apprendre le français. Elle m'a demandé si une Marocaine pouvait se joindre à nous. Pendant quatre ans, je suis allée tous les soirs chez les Turcs. Puis j'ai connu des Laotiens, dont N . . . qui avait un énorme problème de communication avec les adultes. Après deux mois de patience, il s'est apprivoisé. Je lui ai fait rencontrer d'autres adultes. La première fois qu'il a parlé à une de mes amies, je l'ai félicité: tu vois ce n'était pas si dur que ça!

M. Basserie (Marseille, 13)

J

Je possède en Gironde, au cœur du vignoble, une grande demeure désespérément vide. Je cherche à la restaurer et la remplir de vies humaines. Si l'un d'entre vous peut m'indiquer les démarches à suivre, j'ouvrirai immédiatement ma maison aux sans-abri.

R. Jobard (Bordeaux, 33)

K

Pourquoi ne pas lancer une sorte de parrainage entre deux exclus et une famille qui voudrait bien les recevoir de temps en temps, à qui ils pourraient téléphoner, ceci en lien avec le service social qui les suivrait?

J. Ferry (Paris, 75)

L

Une nouvelle amie

Au début, je voulais juste rendre un service ponctuel. L'hiver était rude, les rues gelées . . . J'ai croisé la petite dame âgée qui habite en-dessous de chez moi, et je lui ai proposé de faire ses courses. Elle était surprise, mais elle a accepté. Je me contentais de prendre la liste et de ranger au retour. Peu à peu, nous nous sommes mises à parler. Elle m'offre le thé, parfois c'est moi qui l'invite. Je la distrais peut-être de sa solitude, mais elle m'apporte un tas de choses. J'ai découvert un personnage extraordinaire qui a traversé le siècle, je ne suis pas près de la laisser tomber.

F. Avril (Lyon, 69)

B | Établir une fiche de synthèse

Une fiche de synthèse est un document essentiel sur lequel sont rassemblées et classées toutes les informations nécessaires à la discussion qui aura lieu durant la table ronde.

1 En petits groupes, complétez la fiche ci-dessous pour faire la synthèse des lettres.

2 Notez l'opinion générale du groupe sur ce qui a été exposé dans les lettres.

3 Ajoutez dans la grille vos idées et vos propres expériences.

Fiche de synthèse

Titre du texte	Thèmes /Dossiers	Initiative	Témoignage	Idée
Le tourisme comme source d'emploi	**a.** Inventer de nouveaux emplois et trouver des pistes contre le chômage	Former des chômeurs pour la restauration de sites et les fouilles archéologiques		
	b. Secourir ceux qui vivent dans la rue et construire davantage de logements sociaux			
	c. Rendre les villes et les banlieues plus accueillantes et faire revivre les campagnes			
	d. Combattre l'échec scolaire et venir à bout de l'illéttrisme			
	e. Combattre son indifférence			

| À VOUS 1 | *Préparation d'une table ronde* |

1 Vous allez commencer la préparation d'une table ronde pour la section Savoir-Faire («10.8). Dans chaque groupe, il y aura deux ou trois intervenants et un animateur. Choisissez parmi les cinq grands thèmes sur l'exclusion celui que votre groupe abordera.

2 Faites des recherches sur le dossier que vous allez présenter: consultez des livres, des articles et écoutez des documents audiovisuels. Ordonnez les idées, les témoignages ou les actions qui vous semblent intéressants. Ci-dessous l'exemple d'un aide-mémoire pour orienter la discussion lors d'une table ronde.

Dossier: une chance pour chaque enfant

1 Au niveau national

  a. Accorder plus de fonds aux collectivités territoriales: départements et communes

  b. Nommer davantage d'instituteurs

  c. Mettre en place un test-diagnostic permettant d'identifier les élèves en difficultés dès l'établissement primaire

2 Au niveau local

  a. Organiser des classes de soutien scolaire dans le primaire

  b. Créer davantage de crèches pour prendre en charge les jeunes enfants de milieux défavorisés

  c. Établir un système de solidarité: les meilleurs élèves aident les moins forts

3 Au niveau 'associations'

  a. Créer des foyers de soutien dans les quartier défavorisés

  b. Lancer une campagne pour mobiliser des volontaires à l'apprentissage des jeunes à la lecture

---

10.3 *LECTURE*   'L'insertion en campagne'

A Avant de lire

Avant d'aborder la question de l'insertion des exclus en campagne, lisez le texte à la page 298. Trois paragraphes expliquent différents aspects du malaise des campagnes. Trouvez un titre pour ce texte et proposez, par écrit, une solution commune aux problèmes des sans-logis et une solution à la désertification des campagnes.

> **434 'cantons ruraux en crise'** ont été identifiés par les études de la Société d'études géographiques et sociologiques appliquées. Ce sont des cantons de faible densité et en régression démographique permanente, couvrant 17,5% du pays.

> **100 000 créations d'entreprises non agricoles** ont été relevées en milieu rural par la SEGESA, entre 1980 et 1990. Il s'agit, dans 60% des cas, d'entreprises individuelles, donc sans salariés.

> **10 000 habitants** quittent chaque année le 'milieu rural profond', 8 000 communes où vivent 2 millions de personnes, les agriculteurs n'y représentent que 10% des chefs de ménage, contre 30% de retraités. Selon les sondages, 5% seulement des Français se déclarent prêts à s'installer à la campagne.

B   Idées

Ci-contre deux textes: le premier, 'L'insertion en campagne', résume les idées et les suggestions de lecteurs pour reloger les sans-abri; le second, 'Une famille d'accueil au village', est le récit d'une initiative entreprise par un couple dans un village de 350 habitants. Lisez-les et résumez-en l'essentiel sous les rubriques suivantes:

L'insertion en campagne:

a.   Problèmes de la campagne française

b.   Propositions pour faire revivre les campagnes et résoudre le problème des sans-abri

Une famille d'accueil au village:

c.   Description de l'initiative

d.   Vie quotidienne à Hespéride

e.   Financement de la maison d'accueil

f.   Aspects positifs de l'expérience

L'insertion en campagne

D'un côté, la ville, surpeuplée, avec ses poches de misère; de l'autre côté, la campagne, la désertification et les jachères. Le contraste vous frappe, vous vous demandez s'il n'est pas possible, par une politique volontariste, par des incitations, par des explications, de combler ce fossé.

De votre courrier ressort une proposition globale que résume cette lettre d'un habitant des Alpes-Maritimes:

«En parcourant la campagne française, nous constatons avec peine combien les villages se dépeuplent. Des maisons sont abandonnées, le commerce périclite, certains hameaux ne sont plus que des maisons vides.. Ne pourrait-on pas imaginer de loger des personnes seules ou des familles qui feraient souche, par la suite, dans ces maisons qui n'ont peut-être pas de propriétaire? On mettrait à leur disposition un petit terrain pour faire un peu d'élevage. Ainsi retrouveraient-elles leur dignité et leur indépendance.»

Un peu plus loin dans ce courrier, cette phrase: «Vous devez penser que j'ai lu Jean-Jacques Rousseau* et que je rêve, mais cette idée me vient à l'esprit chaque fois que je vois un village s'étioler.» Vous êtes nombreux à partager ce sentiment. Vous vous dites que cette notion de retour à la campagne a un côté utopique, irréaliste, mais cela ne vous empêche pas de l'évoquer. Une dame, par exemple, suggère de «recenser les villages abandonnés de France et de proposer à ceux qui en ont le courage, de s'y installer pour leur redonner vie. Bien sûr, il faudrait organiser, dans le cadre d'un service civique, des équipes de jeunes qui les aideraient». Les maires des communes rurales sont aussi invités à s'associer à de tels projets, un ingénieur de Bois-d'Arcy, en région parisienne, propose de poser au conseil municipal cette question: «Seriez-vous prêts à aménager une ou plusieurs maisons vides et à accueillir dans chacune une famille en difficulté?» Dans ce domaine, donc, beaucoup d'interrogations, le sentiment général qu'il y a quelque chose à faire en matière d'aménagement du territoire, et aussi quelques réalisations. Un couple a ainsi installé, dans un bourg de 350 habitants, une maison collective dans laquelle séjournent, quelques semaines ou quelques mois, des familles en difficulté venues de tous les coins de France.

«Les villages, souligne le promoteur de cette idée, ont souvent une dimension plus humaine, plus conviviale que les villes.»

Dans le même registre, la Halte Saint-Martin dans une petite ville de la vallée du Rhône, offre le gîte à des itinérants à la recherche d'un emploi saisonnier.

Le ton des vos lettres est parfois proche de l'appel au secours quand il s'agit d'habitants de zones rurales défavorisées. Ainsi cet agriculteur de la Creuse qui s'exclame: «Arrêtez le massacre des petites exploitations sans moyens, faites connaître le monde rural à ces exclus.»

Le malaise des campagnes côtoie le malaise des villes. Les deux peuvent-ils se combattre en parallèle? c'est la question que vous posez.

Une famille d'accueil au village

Ma compagne et moi avons lancé en milieu rural une expérience de réinsertion de personnes en difficulté. Elles viennent d'horizons très divers, mais nous les accueillons à Chissey (Jura) pendant quelques jours, quelques mois, quelques années, le temps nécessaire. Depuis 1986, une trentaine d'«exclus» sont ainsi passés par notre association «Hespéride».

Souvent, nous héritons de cas sociaux, déjà rejetés par les autres structures d'accueil et d'insertion. Nous fonctionnons comme une famille traditionnelle: tout est mis en commun, le mode de vie de la campagne permet à chacun de s'y retrouver. Ici, pas de travail au noir mais un système de troc. Par exemple, un coup de main pour la récolte de pommes de terre se paye en ... pommes de terre. Il y a aussi pas mal de travail à domicile.

Grâce à un emprunt sur dix ans, nous sommes propriétaires de notre maison d'accueil. À la ville, nous n'aurions jamais pu la créer. Ce serait trop cher. De même, seule la campagne offre de multiples possibilités pour conserver des ressources suffisantes grâce à des productions domestiques: jardin potager, basse-cour, verger, cueillette de fruits, de champignons, bois de chauffage à bas prix grâce au nettoyage des coupes en forêt.

Nous nous sommes interdits le recours aux subventions, mais nous avons fait à deux reprises appel à la générosité de nos concitoyens. La solidarité rurale a permis très vite de recueillir 40 000 F. sur une souscription lancée cette année.

Nous sommes installés depuis trois ans dans la commune de Chissey-sur-Loue (350 habitants) et nous sommes très bien intégrés dans la communauté villageoise, y compris au niveau des associations locales.

Certes, notre bilan demeure modeste, si on le compare à des organismes caritatifs importants. Cependant, je pense que cette expérience pourrait être reprise un peu partout sans que cela coûte des fortunes à la collectivité. Cela pourrait redonner vie et espoir à bien des villages qui se meurent. Quant aux exclus, ils peuvent retrouver un semblant de vie de famille qui est un ancrage essentiel dans la société.

P. Cailleteau
(Chissey-sur-Loue, 39)

---

*Jean-Jacques Rousseau est un philosophe du 18ème siècle. D'après lui, tout le bien chez l'homme viendrait de la nature et tout le mal, de la société.

C | Mots et expressions

Donnez le sens des expressions en italique:

1   . . . vous vous demandez s'il n'est pas possible par *une politique volontariste* . . . de combler ce fossé
2   le commerce *périclite*
3   Ne pourrait-on imaginer de loger des personnes seules ou des familles qui *feraient souche* par la suite dans ces maisons . . .
4   Les villages ont souvent une dimension plus humaine, plus *conviviale*

À VOUS 2 | *Rapport oral et grille de synthèse*

1   Entraînez-vous, en petits groupes, à faire un rapport oral à partir de ce que vous avez lu:
    ▷ commentez les informations sur la désertification dans les régions rurales en France
    ▷ décrivez et évaluez les idées et les initiatives (celles de l'article et les vôtres) pour faire à la fois revivre la campagne et aider les exclus
2   Préparez la table ronde que vous allez présenter dans la section 10.8. Avec le reste du groupe:
    ▷ comparez vos notes sur les recherches que vous avez faites dans À Vous 1
    ▷ établissez une grille de synthèse sur le modèle donné dans 10.2

10.4 *ÉCOUTE* | Table ronde: vaincre l'exclusion

Dans le prochain enregistrement, vous allez entendre Hubert, Marie, Didier et Édith discuter de l'exclusion. Cette table ronde reprend les points développés lors d'une émission télévisée *La Marche du Siècle*, diffusée au moment de la parution du Livre blanc *France inter–La Croix*.

A | Avant d'écouter

Marie propose la création de petits boulots pour lutter contre le chômage. En petits groupes, notez les avantages et inconvénients de cette proposition.

B | Idées

1 Écoutez la table ronde et notez dans la grille les opinions de chaque intervenant.

RMI (revenu minimum d'insertion = 429 F par mois): allocation payée à une personne qui n'ont pas d'autres revenus.

	1 Petits boulots	2 Création d'emplois dans l'environnement	3 Réduction du temps de travail
Didier			
Hubert			
Marie			
Édith			

2 En petits groupes, mettez vos notes en commun. Faites une synthèse des propositions avec leurs avantages et leurs inconvénients.

C | Mots et expressions

1 En associant chaque verbe avec son complément d'objet, retrouvez les expressions employées par les intervenants:

combattre	de l'argent
venir à bout de	le temps de travail
trouver	l'échec scolaire
tondre	l'expérience
embaucher	l'illettrisme
gagner	des emplois
régler	une femme de ménage
créer	les gens
former	la pelouse
tenter	des solutions
licencier	le problème du chômage
réduire	des gens

2 Choisissez six de ces expressions et insérez-les dans des phrases.

D | Structures

Les adverbes d'énonciation « 8.1

Les adverbes d'énonciation ci-dessous sont employés en début de phrase pour introduire une intervention et exprimer une réaction immédiate à une proposition.

---

a. 'Ça, c'est une situation temporaire?'

— *Absolument*, oui.'

b. 'Mais est-ce que ça n'est pas un peu humiliant, ce genre de boulot?

— *Pas forcément* . . .'

c. 'Il faut quand même qu'il y ait des structures pour accueillir ces personnes.

— *Justement*, ça crée des emplois.'

d. 'On annonçait des idées comme la semaine de 36 heures, la semaine de quatre jours

— Oui, le partage de travail.

— Oui, *exactement*.'

D'autres adverbes d'énonciation s'employant en début de phrase:

Bien sûr!	*Absolument pas!*
Effectivement	*Au contraire!*
Évidemment!	*Certainement pas!*
Naturellement	*Pas du tout!*
Heureusement!	*Malheureusement*

Exercice 1

1 Faites correspondre chaque expression ci-dessous à l'un des adverbes en italique dans l'encadré:

a. ça dépend . . .

b. c'est ça.

c. mais c'est ça qui est important!

d. tout à fait!

2 Proposez deux réponses différentes aux affirmations ci-dessous. Introduisez votre réponse par un adverbe d'énonciation:

a. 'Il est clair qu'il faut réduire le temps du travail.'

b. 'Il faudrait réduire les salaires pour pouvoir créer plus d'emplois.'

c. 'Si on augmentait les allocations-chômage, il faudrait également augmenter les impôts.'

d. 'Les jeunes sont de plus en plus conscients de leurs responsabilités envers les autres dans la société.'

À VOUS 3 | *Discussion sur le thème de l'emploi*

En petits groupes, reprenez la proposition de la table ronde qui vous semble la plus intéressante. Présentez-la au groupe et donnez votre point de vue personnel. Dans la discussion, utilisez les adverbes d'énonciation!

10.5 *GRAMMAIRE*

Les auxiliaires de mode sont les verbes tels que *devoir, pouvoir, savoir* et *vouloir*, qui s'emploient avec d'autres verbes à l'infinitif pour indiquer l'obligation, le degré de certitude ou la possibilité de l'action.

A | Réflexion: Les auxiliaires de mode

1   Traduisez en anglais les phrases ci-dessous en prêtant une attention particulière aux auxiliaires de mode en italique.
2   Identifiez le temps de chaque verbe en italique.

---

a.   De plus en plus de jeunes *doivent* travailler avant leurs études.

b.   Vous *devez* penser que j'ai lu Jean-Jacques Rousseau et que je rêve.

c.   J'ai commencé à travailler dans un bureau de quinze personnes . . . je *devais* ouvrir les lettres et les tamponner.

d.   Un homme, qui *devait* avoir la cinquantaine, était sur un banc.

e.   À l'âge de 17 ans, Édith *a dû* quitter le 1er arrondissement pour la banlieue nord.

f.   Didier n'est pas encore là. Il *a dû* oublier notre rendez-vous.

g.   Pour ne pas perdre d'argent, *InfoMatin* *aurait dû* vendre 130 000 exemplaires chaque jour.

h.   Ayant vécu onze ans en HLM . . . *j'ai pu* me rendre compte du bienfait qu'a été la création d'une 'petite mairie' où les gens *pouvaient* très facilement se rendre pour leurs papiers et pour avoir des renseignements.

i.   À mon avis, on *devrait* créer dans tous les quartiers des 'points' où les gens *pourraient* aller exposer leurs problèmes.

j.   Elle m'a demandé si une Marocaine *pouvait* se joindre à nous.

k.   À la ville, nous *n'aurions* jamais *pu* créer notre maison d'accueil. Ce serait trop cher.

B Devoir et pouvoir

Notez les différents sens que peuvent avoir les verbes *devoir* et *pouvoir*. Classez
les phrases de l'encadré à la page 303 selon leur sens.

Devoir	Exemples
▷ une obligation, une nécessité ▷ une probabilité, une intention	a. . . . b. . . .
Pouvoir	
▷ une possibilité ▷ une permission ▷ une capacité	h. . . . j. . . . k. . . .

C Les auxiliaires de mode aux temps du passé

Le sens des verbes *devoir, falloir, pouvoir, vouloir* varie selon qu'ils sont au passé
composé ou à l'imparfait.

	Passé composé	**Imparfait**
Pouvoir	J'*ai pu* me rendre compte (*J'ai réussi à me rendre compte*)	. . . où les gens *pouvaient* se rendre (*Description: ils avaient cette possibilité*)
Devoir/ Falloir	Édith *a dû* déménager Il *a fallu* déménager en banlieue (*Elle était obligée de faire quelque chose et elle l'a fait*)	Je *devais* ouvrir les lettres Il *fallait* que j'aille tous les jours à Paris (*Description: j'étais obligé de . . .*) Je *devais* déménager, mais finalement je n'ai pas vendu la maison (*C'était prévu que je déménage mais . . . on ne sait pas si je l'ai fait ou non*)
Vouloir	J'*ai voulu* partir, mais ce n'était pas possible (*J'ai essayé de partir. . . .*)	Je *voulais* partir (*J'avais envie de partir . . .*)

D | *Pouvoir ≠ savoir*

Etudiez les phrases ci-dessous, puis expliquez la différence d'usage entre les verbes *savoir et pouvoir*.

> **a.** Je *sais* conduire, mais je ne *peux* pas conduire car ma vue est trop faible.
>
> **b.** Je *sais* réparer le moteur de ma voiture mais je ne *peux* pas le réparer car je n'ai pas les bons outils.

Exercice 1

Choisissez entre *devoir*, *falloir*, *pouvoir* et *savoir* pour compléter les phrases suivantes. Mettez le verbe au temps qui convient:

1 Marc _____ malheureusement repasser son examen car il avait échoué à la session de juin. Il aura les résultats lundi.
2 J'ai finalement obtenu un emploi le mois dernier. Mais il _____ que j'envoie beaucoup de lettres de candidature.
3 Il ne _____ pas se servir d'un ordinateur. Personne ne le lui a appris.
4 Le train _____ arriver il y a 10 minutes. Mais ils ont annoncé un retard de 20 minutes.
5 Marie n'est pas là pour l'instant mais elle _____ revenir bientôt.
6 Quand j'étais à Paris, je ne _____ pas partir le week-end, parce que je travaillais le samedi soir.
7 Vous _____ me téléphoner hier soir pour me dire que vous ne veniez pas! Je vous ai attendu jusqu'à dix heures et demie.
8 Fred est allé à la bibliothèque et enfin il _____ trouver le livre qu'il cherchait.
9 S'il fait beau, on _____ faire une promenade à la campagne demain.
10 Tu _____ boire moins de café! C'est mauvais pour la santé.

Exercice 2

Traduisez les phrases suivantes en français:

1 I think we should set up a café where people could come to find out about voluntary organisations.
2 We would never have been able to set up this association, if we hadn't been given a grant.
3 You must think we're a bit naive.
4 I had to go the library twice yesterday but I wasn't able to find the book.
5 I know how to mend the puncture, but I can't do it today.
6 I was supposed to attend the meeting, but in the end I couldn't go.

E | Formation du conditionnel passé

Le conditionnel passé se réfère à une action virtuelle dans le passé, une action qui ne s'est pas produite. Il est formé de l'auxiliaire *avoir* ou *être* au conditionnel, suivi du participe passé.

> Nous sommes propriétaires de notre maison d'accueil. À la ville nous n'*aurions* jamais *pu* la créer.

F | Séquence des temps après *si* « 4.3, 7.4, 8.5

Lorsque *si* introduit une condition, la séquence des temps est la suivante:

Si + présent	Proposition principale	
Si l'un d'entre vous *peut* m'indiquer les démarches à suivre	*j'ouvrirai* ma maison aux sans-abri	**futur**
Si cette réduction *est* trop importante	on *se retrouve* avec trop de temps	**présent**
Si + imparfait		
Si l'on me *donnait* mon vendredi	je *serais* prêt à gagner moins	**conditionnel**
Si + plus-que-parfait		
Si nous n'*avions* pas *quitté* la ville	nous n'*aurions* jamais *pu* créer la maison d'accueil	**conditionnel passé**
Si Philippe Geluck *était né* en France	son humour *serait* certainement différent	**conditionnel**

Exercice 3

Mettez les verbes entre parenthèses au temps qui convient:

1 Si elle avait cultivé son jardin potager, elle (pouvoir) conserver des ressources suffisantes pour nourrir sa famille.
2 Prends ta voiture, si elle (rouler) bien. Sinon, nous irons dans la mienne.
3 Nous serions venus s'il nous (faire signe). Mais il ne s'est pas manifesté.
4 Si tu me donnes son adresse, je lui (écrire) demain.
5 Nous (ouvrir) une maison d'accueil, si nous le pouvions.
6 S'ils (lire) la notice, ils n'auraient pas cassé leur machine.

G Réflexion: les quantificateurs

Les quantificateurs sont des adjectifs, des pronoms et des noms; ils désignent une quantité approximative. Dans les phrases ci-dessous, soulignez les quantificateurs:

a. Seriez-vous prêt à aménager une ou plusieurs maisons vides . . . et à accueillir dans chacune une famille en difficulté?

b. Dans ce domaine, donc, beaucoup d'interrogations, le sentiment qu'il y a quelque chose à faire.

c. Depuis 1986, une trentaine d'exclus venus de tous les coins de France sont passés par notre association.

d. Le mode de vie de la campagne permet à chacun de s'y retrouver.

e. Ici, pas de travail au noir, mais un système de troc.

f. Cela pourrait redonner vie et espoir à bien des villages.

g. Nous fonctionnons comme une famille traditionnelle: tout est mis en commun.

H L'accord de *tout*

Tout en tant qu'adjectif s'accorde avec le nom qu'il accompagne. *Tout* en tant que pronom reste invariable.

a. Une trentaine d'exclus venus de *tous* les coins de France sont passés par notre association.

b. Nous fonctionnons comme une famille traditionnelle: *tout* est mis en commun.

I Emploi de l'article après la préposition *de* « 4.5

Quelques quantificateurs, tels que *la plupart*, s'emploient avec la préposition *de* + l'article défini. La plupart des quantificateurs sont suivis de *de* + nom, sans article.

du, de la, des + nom	de + nom
bien des, chacun des, la plupart des,	beaucoup de, peu de, trop de, assez de, plus de, moins de, pas de, une dizaine de, trentaine de, etc.
	Attention: • il a *beaucoup* d'amis (beaucoup = quantificateur) • il me parle *beaucoup des* amis qu'il a (beaucoup = adverbe qui modifie *parle*)

Exercice 4

Complétez les phrases ci-dessous avec les mots entre parenthèses. Ajoutez la préposition *de* et l'article si nécessaire:

1 Il a fait rénover _____ les façades de St.-Étienne. (tout)
2 Ils ont confiance en l'avenir d'une _____ façon. (certain)
3 On a de bons rapports avec _____ les enseignants. (tout)
4 Il y a une _____ croissance dans _____ États-membres. (certain, chacun)
5 Il y a _____ sortes d'interprétariat. (plusieurs)
6 Dans _____ universités en France, on a des classes . . . (la plupart)
7 Nous avons accès à _____ documents authentiques. (beaucoup)
8 _____ pays participent à cet universalisme. (Peu)
9 Les lettres étaient sur son bureau; _____ n'était signée. (aucun)
10 _____ personne qui lit le roman y apporte quelque chose. (Chaque)

10.6 *STRATÉGIES* Savoir intervenir

A Stratégies d'intervention

Comme vous avez pu le constater en écoutant les enregistrements de ce chapitre et du chapitre 8, il y a différentes stratégies pour intervenir dans un débat ou une table ronde. On peut:

1 donner son avis
2 indiquer qu'on est d'accord avec ce qui vient d'être dit
3 indiquer qu'on est d'accord, mais . . . : concéder et s'opposer
4 indiquer qu'on n'est pas d'accord: s'opposer

5	reformuler ce qui a été dit
6	demander des précisions
7	apporter des précisions
8	ajouter un autre point
9	reprendre une idée déjà mentionnée

Exercice 1

Ci-dessous une transcription *partielle* de la table ronde (« 10.4). Identifiez à partir de l'encadré ci-dessus les différentes stratégies employées par les participants pour intervenir.

	Hubert:	Alors vous avez trouvé des idées originales dans le journal?
a.	Marie:	**Je crois qu'**il y a des propositions qui sont faites, au niveau de ce que l'on appelle 'les petits boulots' . . . des propositions qui sont intéressantes.
b.	Didier:	Oui **mais moi je ne suis pas tout à fait convaincu** que ça va donc résoudre le chômage. Ça, c'est une situation temporaire.
c.	Hubert:	**Absolument oui.**
d.	Édith:	Ça ne résout pas le chômage, **mais ça** peut aider des gens qui sont en fin de droits, par exemple . . .
e.	Didier:	**Mais est-ce que ça n'est pas** un peu humiliant, ce genre de petits boulots?
f.	Marie:	**Tout dépend de** la façon dont c'est fait, je crois . . .
g.	Édith:	**Pas forcément** . . . enfin, c'est assez humiliant, **je crois**, pour beaucoup de gens d'être au chômage pendant longtemps et de pas retrouver de travail. **Je crois** qu'il y a une certaine fierté à gagner de l'argent par son travail et . . . c'est une chose importante pour beaucoup de gens. Beaucoup de gens s'en fichent . . . mais pour beaucoup de gens, c'est important, la fierté de gagner de l'argent en travaillant.
h.	Didier:	**Donc si je comprends bien** . . . ces . . . ces petits boulots-là, ce serait donc . . . ce serait en complément du chômage ou ce serait un boulot plutôt à plein temps?
i.		**Vous voyez ça comment, vous?**
j.	Marie:	Non, **je pense que ça serait plutôt** un complément du RMI, éventuellement . . . **c'est-à-dire** que c'est pas supprimer les droits du chômage aux gens mais c'est simplement les aider à retourner dans une vie active . . . au moins une certaine partie du temps.
k.	Hubert:	**On parle également de** donner le RMI à des gens qui travailleraient également, donc . . . de . . . qui . . . qui assureraient des petits boulots, comme ça?
l.	Édith:	Jusqu'à un certain palier, **pourquoi pas?**
m.	Didier:	**Mais pourquoi** travailler si on obtient le RMI alors? **Je ne vois pas tellement** la démarche, là.
n.	Hubert:	**C'est-à-dire que** le RMI, il faudrait le mériter . . .
	Marie:	Ah oui d'accord ça serait . . .
o.	Didier:	**Alors oui là, je ne suis pas tout à fait d'accord avec cela.**
p.	Édith:	**Non, non, je suis pas d'accord non.**

q.	Marie:	**Je crois que** ce sont des gens qui sont dans une telle détresse que c'est . . . ça serait trop diffi-cile, **il me semble.**
r.	Édith:	Mais ça va beaucoup plus loin qu'une simple détresse financière . . . je crois. **C'est pas simple-ment** un problème financier. **C'est aussi** tout à fait psychologique et c'est retrouver confiance en soi et une espèce de dignité . . .
	Hubert:	D'accord, oui.
s.	Didier:	**Mais pour revenir** un petit peu donc **à** ces nouveaux emplois . . . À part ces petits boulots . . . est-ce qu'il y aurait d'autres voies qu'il faudrait explorer?
t.	Hubert:	**Dans quels domaines?** Par exemple dans l'environnement peut-être?
u.	Didier:	Ben, **pourquoi pas?**
v.	Édith:	Oui . . . oui, **c'est une bonne idée** . . .

B Garder la parole

On s'attend dans un débat à ce que tous les participants puissent parler à tour de rôle et que la discussion ne soit pas dominée par un ou plusieurs inter-venant(s). Pour indiquer que vous allez bientôt terminer votre intervention, vous pouvez dire (comme dans le débat radiophonique « 8.1)

Si vous me permettez . . . une petite anecdote
Si vous me permettez . . . juste un mot . . .

Il est assez fréquent dans un débat ou une table ronde que les intervenants se coupent la parole. Si l'on vous interrompt, vous pouvez dire

Mais . . . laissez-moi terminer, je n'ai pas fini	Je disais que . . .
	Je voulais dire que . . .

À VOUS 4	Mini table ronde

Mettez-vous en groupes de quatre ou cinq. Vous allez discuter du problème évoqué ci-dessous. À la fin de votre discussion (qui durera 5 à 7 minutes), votre groupe proposera une solution au problème.

Choisissez un animateur qui mènera la discussion et qui sera par la suite le porte-parole du groupe. Les deux règles du jeu à respecter:
1 *tout le monde* doit participer à la discussion;
2 il faut trouver une solution.

Pendant 5 minutes, préparez individuellement des notes pour ou contre l'idée d'interdire les chiens aux sans-abri. Notez différentes solutions au problème avec leurs avantages et inconvénients.

INTERDIRE LES CHIENS AUX SANS-ABRI

Il devrait y avoir une loi interdisant aux sans-abri de posséder un chien

Pourquoi?	Les chiens salissent les trottoirs.
	Ce sont les contribuables qui les nourrissent.
Oui, mais	Les sans-abri ont besoin de compagnie.
	Ils s'occupent très bien de leur chien . . .

10.7 *LECTURE* — Le rôle majeur des institutions dans la solidarité

La Caisse des dépôts, établissement public, administre des fonds en dépôt (Sécurité sociale, Caisses d'épargne) et finance les prêts de l'État aux logements sociaux. Son Directeur général a été invité à rédiger un rapport sur les propositions et les témoignages publiés dans le Livre blanc.

A | Avant de lire

Lisez le titre. Quel est, selon vous, le message principal que Philippe Lagayette veut faire passer aux lecteurs?

Le rôle majeur des institutions dans la solidarité

Ces témoignages et propositions sont très riches, et il faut saluer l'initiative de *La Croix-l'Événement* et de *France inter*. On y voit d'abord la variété de formes que prend l'exclusion. Les phénomènes de distance culturelle y apparaissent très bien. Cette distance, qui se transforme rapidement en fossé infranchissable, rend inopérantes beaucoup d'actions anti-exclusion qui n'intègrent pas une forte dimension humaine.

Cela amène à un deuxième constat, celui d'une grande diversité d'initiatives et d'idées. Certaines sont collectives, mais beaucoup sont individuelles. La caractéristique commune à beaucoup d'entre elles, est d'intégrer une démarche active et personnelle. Nombre de ces témoignages font de ces engagements personnels une des clés principales du succès de l'action entreprise; on songe par exemple au rôle des relations entre les bénévoles et les personnes exclues ou aux différentes formes de tutorat.

On voit aussi que les cas où des jeunes sont en situation d'exclusion commençante (échec scolaire) ou prononcée, sont de plus en plus fréquents et qu'il y a beaucoup d'actions possibles (soutien scolaire, tutorat, monitorat d'élève à élève, alphabétisation). Ceci fait aussi apparaître que ceux qui participent à ces actions en retirent un enrichissement personnel, ce qui est une dimension intéressante à souligner.

Nous savons que notre société a beaucoup à faire en direction des jeunes. On commence à voir des formes d'assouplissement de l'école. On aurait pu joindre à ces témoignages les expériences d'école ouverte, telle celle de Saint-Denis (Seine-Saint-Denis) que la Caisse des dépôts a soutenue. On se dit aussi que, parmi les centaines de milliers de chômeurs, il y a un potentiel d'expériences qui pourrait certainement mieux bénéficier à tous ces jeunes qui sont exclus ou qui vont vers l'exclusion; c'est là certainement un champ très vaste pour des intitiatives nouvelles.

Est-ce dire, en prenant connaissance de toutes ces initiatives, que l'État et les institutions diverses (associations, services publics, parfois entreprises) n'ont en fait qu'un rôle secondaire dans la lutte contre l'exclusion? Rien ne serait plus faux. Ils assurent – en particulier l'État et les différents services sociaux – la base, sans laquelle la situation serait encore plus dégradée.

Mais ils doivent conserver dans leurs actions suffisamment de souplesse et de capacité d'adaptation pout être capables de relayer et de donner de l'efficacité à toutes les démarches de solidarité qui viennent des individus ou de petites groupes. Plus que jamais, il faut favoriser la mise en réseau, la capacité de faire travailler ensemble différents acteurs.

Prenons un exemple d'actualité: le Samu social. Cette initiative est le fruit de la consvergence de volontés individuelles de responsables institutionnels et associatifs, de la Ville de Paris et de l'État.

Au-delà de la satisfaction des besoins de base et des droits des individus, il faut donc que les institutions soient capables de «mettre de l'huile dans les rouages» par des actions non répertoriées à l'avance, mais souvent extrêmement productives parce que bien adaptées aux besoins, Ce sera une des dimensions essentielles, dans les années qui viennent, de la lutte contre l'exclusion.

Philippe Lagayette

Directeur général de la Caisse des dépôts et consignations

La Croix-L'Événement

le tutorat = lorsqu'on partage son savoir-faire avec une personne moins expérimentée
le monitorat d'élève à élève = deux élèves qui travaillent ensemble d'une façon suivie
l'alphabétisation = apprendre à quelqu'un à lire et à écrire

B | Idées

Lecture de repérage

1 Relevez dans le texte les mots connecteurs ainsi que les expressions de relations logiques pour vous aider à repérer les idées essentielles du texte.

Lecture analytique

2 Lisez le plan encadré du rapport de M. Lagayette. Retrouvez ensuite les divers éléments correspondant au plan:

- Source du rapport
- 1er constat
- 2ème constat
    - exemple
- 3ème constat
- Proposition
- Rôle de l'État
    - jusqu'à présent
    - son rôle souhaitable à l'avenir
    - exemple
- Conclusion

C Analyse

1 Ci-dessous certaines phrases-clés extraites du rapport de Philippe Lagayette. Lisez-les et identifiez celles qui:
   - i   établissent des faits
   - ii   expriment une opinion
   - iii introduisent des exemples pour renforcer ses opinions
   - iv   proposent des solutions
   a. Ces témoignages et propositions sont très riches
   b. On y voit d'abord la variété de formes que prend l'exclusion.
   c. Cela nous amène à un deuxième constat, celui de . . .
   d. . . . on songe par exemple au rôle des relations entre bénévoles et les personnes exclues
   e. On voit aussi que les cas où . . .
   f. Ceci fait aussi apparaître que . . .
   g. On se dit aussi que parmi les centaines de milliers de chômeurs, il y a un potentiel d'expérience qui pourrait . . .
   h. Mais ils doivent conserver dans leurs actions suffisamment de . . .
   i. Plus que jamais il faut favoriser . . .
   j. Prenons un exemple d'actualité . . .
   k. il faut donc que les institutions soient capables de . . .
2 Comment décririez-vous le rapport de M. Lagayette? Est-il objectif ou subjectif? Commentez le style du rapport en donnant des exemples concrets.
3 Le rapport vous semble-t-il clair et cohérent? Vous devrez dans la section 10.8 écrire un rapport sur une table ronde. Préparez un schéma pour rédiger un rapport. Quels sont les éléments qui devraient y apparaître?

D Mots et expressions

1 Expliquez le sens de ces expressions:
   a. saluer l'initiative
   b. un fossé infranchissable
   c. rend inopérantes
   d. c'est là un champ très vaste
   e. il faut favoriser la mise en réseau
   f. mettre de l'huile dans les rouages

E Structures

Les quantificateurs « 10.5

Exercice 1

Complétez les phrases suivantes avec l'un des quantificateurs encadrés (ci-dessous):

1 _____ sont collectives, mais beaucoup sont individuelles.
2 _____ de ces témoignages font de ces engagements personnels une des clés principales du succès.
3 Nous savons que notre société a _____ à faire.
4 On se dit aussi que parmi _____ milliers de chômeurs, il y a un potentiel d'expériences qui pourrait certainement mieux bénéficier à _____ ces jeunes.
5 Mais ils doivent être capables de relayer et de donner de l'efficacité à _____ les démarches de solidarité.

> *nombre – toutes – beaucoup – certaines – tous – les centaines de*

10.8 SAVOIR-FAIRE

A Organiser une table ronde

Terminez la préparation de votre table ronde.
▷ Assurez-vous de bien connaître le dossier et de faire la synthèse de toutes les idées, témoignages et initiatives que vous allez proposer.
▷ Choisissez un animateur. Son rôle consiste à ouvrir la discussion, inviter chaque intervenant à faire connaître ses idées, relancer la discussion si

nécessaire et clore la table ronde en faisant une synthèse orale des
opinions qui ont été formulées.

▷ Préparez ensemble l'introduction de l'animateur, ainsi que les différentes
questions qu'il abordera avec les intervenants.

▷ Révisez les expressions qui vont vous permettre d'intervenir.

▷ Participez! Si possible, enregistrez votre table ronde.

B Écrire un rapport

▷ Préparez un rapport de 300 mots sur votre table ronde.

▷ Revoyez les sections 10.7 et 6.6.

▷ Utilisez la grille d'écriture («2.6) pour vérifier le fond et la forme.

LES MOTS DE LA GRAMMAIRE
....

Accord = agreement: *une étudiante anglaise, les pommes que j'ai mangées.*
Agreement means changing a word to indicate its connection with another word in the sentence. Verbs agree with their subjects, adjectives with the nouns they relate to, and past participles agree either with a preceding direct object, when the auxiliary is *avoir*, or with the subject when the auxiliary is *être*.

Active, la phrase. See **Passive**.

Adjectif = adjective: *une étudiant **anglaise***. A word which qualifies a noun.
adjectif démonstratif: *ce, cette, ces*
adjectif interrogatif: *quel, quelle, quels, quelles*
adjectif possessif: *mon, ma, mes, ton, ta, tes, son, sa etc.*
adjectif verbal: *un livre **intéressant** (= qui intéresse)*

Adverbe = adverb: ***D'abord**, il faut parler **lentement**. Il faut être **très** clair.*
A word or group of words which qualify a verb (*lentement*), an adjective (*très*) or a whole phrase (*d'abord*). Adverbs don't change their form. Typically, they provide information about the time, manner and place of an action, but they can also be used as *mots-connecteurs*. Many adverbs end in *-ment*.
adverbe d'énonciation = sentence-modifying adverbs (Hawkins, R. and R. Towell (1996) *French Grammar and Usage*: p. 124. London: Arnold). They either indicate links between ideas (*premièrement, pourtant, contrairement*) or indicate how the speaker feels about what is being said (*éventuellement, heureusement, certainement, paradoxalement*).
adverbe de qualité: *bien, mal, mieux, pire*

Affirmatif, négatif, interrogatif = declarative, negative, interrogative:
Ton chat est noir (affirmatif). *Ton chat n'est pas noir* (négatif). *Ton chat, est-il noir?* (interrogatif).

Agent = agent: ***Le rédacteur** a corrigé l'article. L'article a été corrigé par **le rédacteur**.*
This term refers to the thing or person who performs the action expressed by the verb, whether they are the subject of the clause or not.

Apposition: *Siège du Parlement européen; Strasbourg est une ville qui . . . **Construite au 13ème siècle**, la Cathédrale de Reims est . . .*
The use of descriptive phrases, made up of noun or adjectival phrases (including past participles), which are not linked to the noun they describe by the verb *être*.

Article = article: ***La** voiture est garée en face, il y a **des** voitures dans la rue.*
Words placed in front of the noun to indicate whether the reference is specific or general.
article défini = definite article: *le, la, les* = the
article indéfini = *un, une, des* = a, an, some or no article
article partitif = partitive article: *du, de la* = some or no article

Auxiliaire = auxiliary verb: *Je **suis** parti; J'**ai** quitté la maison; Je **dois** partir.*
Auxiliary verbs carry little meaning on their own, but are used with

other verbs to construct different tenses (in particular *être* and *avoir*) or indicate modality (see *auxiliaires de mode* below).

auxiliaires de mode = modal auxiliaries. Modal auxiliaries in English are verbs (such as can, should, may, might, will, would) which indicate whether an action or event is obligatory, possible, certain, uncertain etc. In French, the corresponding verbs are *devoir*, *pouvoir*, *vouloir* and *savoir*.

Complément = complement. Words which link with a noun, verb, adjective or adverb to form a grammatical unit.

complément circonstanciel = adverbial, adverbial clause: ***La semaine prochaine***, *je dois terminer ce travail*.

A word or phrase which expresses the circumstances (time, manner, place, cause, consequences) of the action or idea expressed in the sentence. It can be removed without making the sentence ungrammatical and it can be placed in different places in the sentence, depending on the emphasis required.

complément d'objet direct (COD) = direct object: *J'ai vu **Pierre***.
The noun or noun phrase directly 'affected' by the verb.

complément d'objet indirect (COI) = indirect object: *J'ai parlé **à Pierre***.
The noun or noun phrase 'affected' by the verb, but introduced by the prepositions *à* or *de*.

Conditionnel = conditional tense: *Si j'avais le temps, je le **ferais***. If I had the time, I *would* do it.

Conditionnel passé = conditional perfect: *Si j'avais su, je **serais venu***. If I had known, I *would have come*.

Conjonctions = conjunctions: ***Lorsque*** *ma mère **et** mon père sont venus, elle n'était pas là*.
Words or phrases which link different parts of the sentence together.

conjonctions de coordination = coordinating conjunctions: *et, mais, or*
Words which link two words or phrases which have the same function.

conjonctions de subordination = subordinating conjunctions: *alors que, lorsque, quand*.
Words or phrases which introduce a subordinate clause (**proposition subordonnée**). Most end in *que*.

Connecteur = link word. See **Mot-connecteur**.

Consonne = consonant: a sound or letter other than a vowel.

Dislocation: ***Paris***, *vaut-**il** la peine? Tu **y** es allé hier, **au cours**?*
This is when a noun or noun phrase is placed at the beginning or the end of a sentence, with a pronoun 'copy' also appearing in the sentence. As shown in the examples above, dislocation is a feature of formal **inversion** questions, but also occurs in informal speech, allowing the speaker to give emphasis to a particular element.

Expressions elliptiques: ***La cause:*** *le journal a perdu 160 millions de francs*.
Independent phrases without a verb, usually used as introductory elements.

Familier: see **Registre**.

Futur = future tense: *Elles **finiront** lundi*. They *will finish* on Monday.

Futur antérieur = future perfect: *Demain elles **auront fini** leur travail*. By tomorrow, they *will have finished* their work.

Consists of the future tense of the auxiliary *être /avoir* + past participle.

Gérondif: *Je me suis cassé le bras **en jouant** au tennis.* I broke my arm *while playing* tennis.

Formed by the present participle, preceded by *en*. Corresponds roughly to *by, with, from, through, while* doing.

Groupe nominal: see **Nom**.

Groupe rythmique: a group of words spoken without a pause.

Indicatif = indicative. The 'usual' forms of the verb ≠ **subjonctif**.

Imparfait = imperfect tense: *Autrefois, il y **avait** des trams à Brighton.* There *used* to be trams in Brighton. *Il **sortait** du restaurant lorsqu'il vit Alexandre.* He *was coming* out of the restaurant when he saw Alexander.

Used for descriptions in the past or on-going actions, corresponds to past time whose beginning and ending is not clearly defined.

Impératif = imperative: ***Viens** me voir! **Allons**-y! **Faites** attention.*

Infinitif = infinitive: ***parler, finir, vendre**.*

The base form of the verb found in the dictionary and which is the starting point for conjugation. In French, the infinitive is generally used after another verb where in English, a present participle may used: *J'aime chanter* ≠ I like sing*ing*.

Interrogatif = interrogative. Relating to questions. See **Affirmatif**.

Intransitif = intransitive: *Georges Duroy **s'arrêta**. Elle **court** tous les matins.*

A verb which does not require an object (see **Complément d'objet** and **Transitif**).

Inversion = inversion (of subject and verb). *Comment le **savez-vous**? Ainsi **soit-il**.*

In certain forms of question and after certain adverbs placed at the beginning of a sentence, the subject and the verb change position.

Locution vide = a filler. *Disons que . . . j'sais pas moi . . . ben . . . s'tu veux . . . tu vois . . .*

An expression in speech which has no real information or grammatical content, which serves to give the speaker time to think and organise what he/she is saying.

Mot-connecteur = link word, discourse marker, co-ordinator: these are sometimes referred to as *mots de liaison* or *articulateurs de discours*. We use the term to refer to words or phrases used to indicate the organisation of what is being said (*d'abord, pour commencer*) or its logical relationship with preceding ideas (*pourtant, en revanche, ce qui plus est*). Many of these terms are used adverbially – that is, as invariable elements which can generally be moved within the sentence, depending on the emphasis required. We count coordinating conjunctions (*or, mais, puis*) as *mots-connecteurs*, even though the position they can occupy in the sentence is more tightly constrained. However, we exclude from this category *subordinating* conjunctions (*puisque, parce que*) as these elements are so closely linked to the the subordinate clause (**proposition subordonnée**).

Négation, négatif = negation, negative. See **Affirmatif**. The standard markers for negation in French are *ne . . . pas*, but *pas* can be replaced by other elements: *aucun, plus, guère, jamais, personne, ni . . . ni, nulle part, rien.*

Nom = noun: *un **chapeau**, **Georges**, les **chats***.

Along with the verb, the noun constitutes the basic unit of a sentence. Defined narrowly, the term *nom*/noun relates only to a single word and not to the noun phrase (**groupe nominal**), that is, the noun with its accompanying article, adjectives, prepositions etc., so *chapeau = nom, mon chapeau de paille = groupe nominal*. However, for simplicity's sake, we have used the term *nom* in discussions of sentence structure to refer to both single words and phrases.

Participe = participle

participe passé = past participle: *je suis **parti***. I *left*, I have *left*.

participe présent = present participle: ***Voyant** la foule, je suis parti*. *Seeing* the crowd, I left.

Passé composé = perfect tense: *Je **suis parti***. I *left*, I *have left*.

This tense is used to express completed past time, where the event in question has a clear beginning and end.

Passé simple = past historic: *Le roi **fut** décapité*.

No equivalent in English. It is used to refer to a historic or mythical past, which is not considered to have any connection with the present.

Passive, la phrase = the passive: *Internet **a été conçu** par des chercheurs américains* ≠ *Des chercheurs américains **ont conçu** Internet* (phrase **Active**).

The passive is formed by the verb *être* in the appropriate tense, followed by a past participle, which agrees with the subject. A passive sentence in French cannot be formed from an indirect object: *Jean a dit à Laurence de venir*. ~~Laurence a été dit de venir~~.

Phrase = sentence. Strictly defined, a meaningful unit, including a main clause (see **proposition principale**), indicated in writing by a capital letter at its beginning and a full stop at its end. Speech is often characterised by incomplete sentences, as the speaker puts together ideas as they emerge. Linguists therefore sometimes make the difference between units of speech (*énoncés*) and sentences. However, we have used **phrase** to cover both.

phrase simple: a sentence containing only one clause or verb phrase: *Elle vient ce soir*.

phrase complexe: a sentence containing more than one clause or verb phrase: *Elle vient au cours ce soir / parce qu'elle s'intéresse au thème*.

Plus-que-parfait = pluperfect tense: *Au moment de sortir, il s'est rendu compte qu'il **avait oublié** d'éteindre son ordinateur*. As he went out, he realised he *had forgotten* to switch off his computer.

The pluperfect is used for actions which have already taken place at the time of the narrative and are therefore part of the background.

Préposition = preposition: *à, de, sur, sous, dans* etc. Prepositions typically provide indications as to time and space, but are also used to indicate associations between two nouns, and between a verb and its object complements: *un homme **en** uniforme, une carte **de** séjour, parler **à** quelqu'un*.

Although strictly speaking, the term preposition refers to a single word, we include expressions such as *à côté de, à travers de, au-dessous de* etc. under this heading.

LES MOTS DE LA GRAMMAIRE
....

Pronom = pronoun: <u>Daniel</u> *téléphona <u>au médecin</u>.* **Il lui** *demanda de venir tout de suite.*

A pronoun represents an element already stated in the sentence or implicit in the discourse. **pronom accentué** = emphatic pronoun: *moi, toi, lui, elle, soi, nous, vous, eux, elles.*

pronom complément d'objet direct = direct object pronoun: *le, la, les* etc.

pronom complément d'oject indirect = indirect object pronoun: *lui, leur* etc.

pronom démonstratif = demonstrative pronoun: *ça, ce, celui, celle, ceux, celles* (that, this, that one, this one, the one who/which . . . , those who/which)

pronom interrogatif = interrogative pronoun: *qui?, que?, quoi?, lequel?, laquelle?, lesquel(le)s?* (who? what? which?)

pronom personnel = personal pronoun. This category covers **pronoms sujets, pronoms compléments d'objet direct** et **indirect, pronoms accentués** as well as *y* and *en*.

pronom possessif = possessive pronoun: *le mien, la tienne, les siens, le nôtre, le vôtre, les leurs. Celui-ci est* **le mien,** *celui-là est* **le vôtre.** This one's mine, that one's yours.

pronom réciproque: *se, nous* and *vous* can be used to express a reciprocal action. *Jeanne et Simone* **se** *sont regardées.* Jeanne and Simone looked *at each other.*

pronom réfléchi = reflexive pronoun: *me, te, se, nous, vous, se* (myself, yourself etc.)

pronom relatif = relative pronoun: *qui, que, dont, lequel, laquelle, lesquel(les)* (who, which, whose). See **proposition relative.**

pronom sujet = subject pronoun: *je, tu, il, elle, on, nous, vous, ils, elles*

Proposition = a clause, i.e a group of words focused around a verb.

proposition complétive: a type of subordinate clause introduced by *que:* *Je crois* **que tu vas venir,** *Il est important* **que vous veniez ce soir.**

proposition infinitive: a type of subordinate clause realised by an infinitive: **Avant de partir en vacances,** *j'ai arrosé mes plantes.*

proposition principale = main clause. The clause in the sentence which expresses the main idea and contains the conjugated verb. The main clause, unlike the subordinate clause, can stand alone in a sentence:

Principale	Subordonnée
Elle est allée en France	*pour améliorer son français*
Elle vient au cours ce soir	*parce qu'elle s'intéresse au thème*

proposition relative = relative clause. A type of subordinate clause which provides further information about a noun or pronoun and is introduced by a **pronom relatif:** *J'ai vu André* **qui m'a annoncé la bonne nouvelle.** I saw André **who** *told me the good news.*

proposition subordonnée = subordinate clause. It supports the main clause, providing supplementary information but cannot stand alone in the sentence.

Quantificateur = a quantifier: *la plupart des* *étudiants*, **certains** *professeurs*, **quelques** *chercheurs*.

Expressions indicating quantity: some act as pronouns (e.g. *J'ai acheté* **tout**) while others quantify nouns or noun phrases, as in the examples above.

Question = question

question directe: *Veux-tu venir?*

question fermée: *Quel âge avez-vous?* (presupposes a very limited factual answer)

question indirect: *Je ne sais pas si tu veux venir.*

question ouverte: *Que pensez-vous de ce film?* (no particular answer expected).

question partielle = WH question (who, why, where, when, what, which): *Où est-ce que tu veux aller?*

question totale = yes/no question: *Veux-tu venir?*

Radical = the stem: **parl**er, **pouv**oir, **vend**re. The part of the infinitive that forms the basis for conjugation.

Réfléchi: see **pronom réfléchi**.

Réciproque: see **pronom réciproque**.

Registre = register. Also referred to as *niveaux de langue*. Register refers to 'the degree of formality/informality which a speaker accords the listener' (Batchelor, R. E. and M. H. Offord (1993) *Using French: a Guide to Contemporary French Usage* p. 3. Cambridge: CUP). We distinguish four registers in this book:

soutenu (formal): *Je vous remercie de votre aimable invitation.* I would like to thank you for your kind invitation.

standard (neutral): *Merci de votre invitation.* Thank you for your invitation.

familier (casual): *Ce type et ses deux gosses sont venus me voir.* This guy and his two kids came to see me.

très familier (very informal, taboo): *Espèce de con!* Stupid bugger!

Soutenu: see **Registre**

Subjonctif = subjunctive: *Il est important que le Président* **soit** *là.* It's important that the President should be there. *Je suis contente que Simon* **fasse** *le travail.* I'm pleased Simon's doing the work.

The subjunctive is not a tense, but a 'mood' alongside the **indicative**. This form of the verb indicates that an event is being considered subjectively in some way, either because it is seen as uncertain or hypothetical, or because it is the object of an emotion. What matters, in the above examples, is not the **fact** of the President being there, or Simon doing the work, but the feelings and judgements expressed about those facts.

Sujet = subject: **Le Président** *est là.* **Simon** *va le faire.*

The subject is the person or thing that the clause is about, who/which performs the action expressed by the verb.

Temps composés = compound tenses, i.e. those which are made up of an auxiliary verb, plus the past participle. **Passé composé** (*je suis parti*), **plus-que-parfait** (*il avait oublié*), **conditionnel passé** (*elle serait venue*), **futur antérieur** (*j'aurai terminé*).

Terminaison = ending: *je partirais, ils finissaient, la démocratie, l'enseignement*
Transitif = transitive: *J'ai quitté la maison* ≠ *Je suis parti* (**intransitif**).
   A transitive verb takes an object, either direct, such as 'maison' above, or
   indirect (see **complément d'objet**).
Verbe = verb. A word which expresses actions, states and events. Verbs
   change to indicate tense and person, i.e. who is performing the action
   and when.
   verbe impersonnel: verbs such as *il faut, il s'agit de, il existe, il y a, il reste*
   which cannot be used with any other subject but an impersonal 'il'. 'Il'
   here translates as 'it'.
   verbe introducteur: refers, here, to the verbs used to introduce reported
   speech: *dire, expliquer, indiquer, affirmer* etc.
Voyelle = vowel: a, e, i, o, u.

INDEX DES POINTS GRAMMATICAUX

Les références **en gras** renvoient aux sections Grammaire.

à + nom	0.2
accord du participe passé	0.4, 1.1, 6.1, 7.5, 10.1
adjectif	0.3, 1.2, 5.4
adjectifs possessifs	0.3, 3.5, 4.7
adverbes d'intensité	6.4
adverbes de fréquence	6.4
adverbes d'énonciation	8.1, 10.4
adverbes en *-ment*	6.4
adverbes de qualité, leur position	3.1
adverbes de temps	**2.5**
l'agent: comment l'éviter	2.4
alors	1.1
ainsi, voir aussi connecteurs, les mots	6.6
ant, la forme en	**5.5**
apposition	**1.5**
article défini	**4.5**
article défini, après certains quantificateurs	**10.5**
article défini + noms géographiques	**4.5**
article défini + parties du corps	7.4
article indéfini	**4.5**
article partitif	**4.5**
auxiliaires de mode	**10.5**
ça ≠ *ce*	**3.5**
ce ≠ *ça*	**3.5**
celui	**3.5**
ce que ≠ *ce qui*	**3.5**, 4.1, 9.4
ce qui ≠ *ce que*	**3.5**, 4.1, 9.4
c'est . . . à ≠ *il est . . . de*	7.1
c'est ≠ *il est*	**3.5**, 4.3, 8.4
chiffres, présenter des	2.1, 6.7
comme si + imparfait / plus-que-parfait	4.3
comparaison, l'expression de la	**2.5**, 3.4, 6.1
compléments circonstanciels	**1.5**, 2.7
compléments d'objet	**1.5**
conditionnel	7.4, **8.5**, **10.5**
conjonctions de coordination	**1.5**, 2.5
conjonctions de subordination	**1.5**, 2.5
connecteurs, les mots	1.1, **2.5**, 6.6, 8.3
dans ≠ *en*	**2.5**
de + nom	0.2, **4.5**, 0.5
de, préposition	**4.5**, **10.5**

INDEX DES POINTS GRAMMATICAUX

depuis	**2.5**
des, article indéfini	**4.5**
dès	2.5
devoir	**10.5**
discours rapporté + séquence des temps	6.6
dislocation	5.3, **6.5**
donc	1.1, **2.5**
dont, voir pronoms relatifs	**3.5**, 4.7, 8.3, 9.4
du, de la, article partitif	**4.5**
en + nom	0.2
en + participe présent (gerondif)	**5.5**
en, pronom personnel	**3.5**
en ≠ *dans*	**2.5**
enfin	1.1
entendre + infinitif	**7.5**
faire + infinitif	**7.5**
formes accentuées (*moi, toi, lui*)	**3.5**
futur	8.1
futur antérieur	8.1
gérondif	**5.5**
il, pronom impersonnel	4.1
il ≠ *ça*	**3.5**
il est ≠ *c'est*	**3.5**, 4.3, 8.4
il y a, préposition	**2.5**
imparfait	1.7, 4.3, **5.5**, 5.7, 7.4, **10.5**
imparfait du subjonctif	5.7
infinitive, la proposition	**1.5, 9.5**
intransitifs, verbes	**1.5, 7.5**
inversion	5.3, **6.5**
laisser + infinitif	**7.5**
lequel, pronom interrogatif	**6.5**
lequel, voir pronom relatif	
meilleur ≠ *mieux*	**2.5**
mieux ≠ *meilleur*	**2.5**
mots connecteurs	1.1, **2.5**, 6.6, 8.3
négatifs, l'ordre des mots	3.1
nom ▷ adjectif	1.2
noms, terminaisons et genre	0.2

on	2.4, 6.1
participe présent	**5.5**
passé composé	**5.5**
passé composé ≠ imparfait	1.7, **5.5**, 5.7
passé composé ≠ passé simple	**5.5**, 5.7, 7.3
passé simple ≠ passé composé	**5.5**, 5.7, 7.3
passive, la construction	2.4, 3.3
pays + article défini	**4.5**
pendant	2.5
phrase complexe	**1.5**
plus de ≠ plus que	**2.5**, 6.1
plus-que-parfait	**5.5**
plus-que-parfait, après *si*	4.3, 7.4, **10.5**
pour ≠ pendant	2.5
pouvoir	**10.5**
préfixes *in-, im-*	5.4
pronominaux, verbes	2.4, 4.7, **7.5**
pronoms	**3.5**, 5.7
pronoms démonstratifs (voir aussi *ça, cela, c'est*)	**3.5**, **8.4**
pronoms interrogatifs	**3.5**, **6.5**
pronoms personnels	**3.5**
pronoms personnels, dans une phrase impérative	3.7
pronoms possessifs	**3.5**, 4.7
pronoms relatifs	**3.5**, 4.1, 4.7, 8.3, 9.4
proposition infinitive	1.5, 9.5
proposition principale	**1.5**
proposition subordonnée	**1.5**
puisque	1.1, 6.6
quantité, l'expression de la	2.2, 9.1, **10.5**, 10.7
quantificateurs	9.1, **10.5**, 10.7
qu'est-ce qui ≠ qu'est-ce que	**6.5**
que, voir pronoms relatifs	
quel que, quoi que + subjonctif	9.4
questions, former des	**6.5**
questions indirectes	**6.5**
questions ouvertes ≠ fermées	6.2
questions partielles ≠ totales	**6.5**
qui, voir pronoms relatifs	
qui est-ce qui ≠ qui est-ce que	**6.5**
relations logiques, l'expression des voir aussi les mots-connecteurs	2.5
savoir ≠ pouvir	10.5
se faire + infinitif	7.5

INDEX DES POINTS GRAMMATICAUX

si, séquence des temps après	4.3, 7.4, **8.5**, **10.5**
subjonctif	5.7, **8.5**, 8.7, **9.5**
subjonctif, après une conjonction de subordination	**9.5**
subjonctif, dans la proposition complétive	**8.5**
subjonctif, dans une proposition relative	**9.5**
subjonctif, l'imparfait du	5.7, 7.3
subjonctif passé	**9.5**
subordonnée, voir proposition subordonnée	
suffixes *-able, -ible, -uble*	5.4
superlatifs	**2.5**
temps, l'expression du	**2.5**, 5.3
transitifs, verbes	**1.5**, **7.5**
verbes d'action ≠ verbes d'état	**7.5**
verbes de communication	6.6
verbes, conjugaison	0.4
verbes impersonnels	4.1
verbes irréguliers, conjugaison	0.4
verbes de perception + infinitif	**7.5**
verbes pronominaux	2.4, **7.5**
verbes pronominaux, accords	**7.5**
verbes pronominaux réciproques	4.7, **7.5**
voir + infinitif	**7.5**
vouloir	**10.5**
y pronom personnel	**3.5**